나는 정신병에 걸린

뇌
과
학
자
입
니
다

뇌는 어떻게 우리를 인간답게 만드는가

나는 정신병에 걸린

뇌
과
학
자
입
니
다

바버라 립스카
일레인 맥아들 지음

정지인 옮김

시심

나의 든든한 바위 미레크에게,
삶을 구하는 과학에게,
그리고 과학의 속도를 기다리지 못하고
너무 빨리 떠나버린 비톨트를 기억하며.

차
례

나는 정신질환 생존자입니다

나는 달리고, 달리고, 또 달린다. 몇 시간째 달리는 중이다. 집에 가고 싶지만 집이 어디 있는지 도저히 모르겠다. 이 동네에서 20년이나 살았는데. 그래서 계속 달린다.

평소 달릴 때와 똑같은 차림으로, 그러니까 탱크톱에 달리기용 반바지를 입고 버지니아 외곽의 나무들이 늘어선 이 길을 빠른 속도로 훑고 있다. 차량 두 대가 들어가는 차고가 있고 진입로에 자전거를 세워둔 커다란 집들 앞을 미끄러지듯 지나는 동안 달리는 속도는 빨라지고, 점점 빨라지고, 계속 더 빨라지고, 땀이 흐르고, 심장은 쿵쾅거리지만, 호흡은 고르고 느긋하다.

2015년 봄의 끝 무렵, 유난히 후텁지근한 여름이 시작되고 있다. 말끔하게 깎은 잔디는 아직 초록빛이 생생하다. 분홍색과 흰색 작약이 활짝 피어 있고 무지개처럼 다양한 색깔의 철쭉들이 주변에 온통 터질 듯하다.

지난 20년 동안 조깅을 하며 수백 번 달린 길이다. 모퉁이마다 서 있는 단풍나무 한 그루 한 그루, 동백나무 하나하나, 한 10대 운전자가 성급하게 커브를 틀고 있는 저 길모퉁이 연석에 생긴 갈라진 틈 하나하나 다 알아보는 것이 정상이다. 그 모든 게 내 인생에 속한 다른 모든 것들만큼 익숙한 이정표가 되어주어야 마땅하다.

25년 전, 남편과 함께 암울한 공산국가 폴란드를 떠난 지 겨우 2년 만에 이곳에 우리 집을 장만했던 그때 미국의 이 평범한 교외 마을은 우리의 실현된 꿈 그 자체였다. 우리에겐 얼마나 큰 호사였는지! 새집에 자리를 잡자마자 우리는 재빨리 미국 중산층의 생활 방식을 받아들여 테이크아웃 중국요리로 식사를 하고 아이스크림을 통째로 사다 먹었다. 그 시절 동유럽에는 아예 존재하지도 않던 도락이었다.

어느 날 내가 찍힌 사진 한 장을 보게 되었다. 통통하니 옴폭옴폭 접힌 팔뚝하며, 의자 위에 펑퍼짐하게 퍼져 있는 허벅지. 그 충격에 나는 생활 방식을 대대적으로 바꾸기로 결심했다. 내게는 제대로 된 운동이 필요했고, 그래서 달리기를 시작했다. 소소한 변화 같은 건 영 성미에 안 맞는 나는 하루빨리 실력을 쌓아 경주에 나갈 작정이었다.

처음에는 한 블록도 뛰지 못했지만 1년이 지나자 어느 새 5킬로미터씩 달리고 있었다. 2년 뒤 첫 번째 경기에 출전했다. 10킬로미터를 달리는 대회였고, 나는 내 연령 그룹에서 1등으로 들어왔다. 그때부터 우리 가족 모두가 열렬한 스포츠 애호가가 되었다. 달리기든 사이클이든 수영이든, 우리는 항상 어떤 경기엔가 나가기 위한 훈련을 하고 있었다.

그렇게, 나는 매일 아침 달리게 되었다.

언제나 반복적인 일상에 따라 움직이는 나는 항상 욕실 선반에서 독일산 인조 유방을 꺼내 착용하는 것으로 아침을 시작한다. 2009년 유방암과의 사투 끝에 유방을 절제한 뒤로 늘 착용해온 물건이다. 최첨단 플라스틱 소재에 색깔은 물론 촉감도 진짜 가슴 같고, 내 오른쪽 가슴과 균형을 이루게끔 잘 만들어졌다. 심지어 작은 젖꼭지까지 달려 있다. 운동하는 사람들에게 적합하도록 무게도 가볍고 몸에 꼭 붙어 있도록 아래쪽에는 특수 접착제도 장착되어 있다. 매일 아침 조깅을 하기 전에 인조 유방을 납작한 내 왼쪽 가슴의 살갗에 척 갖다 붙인 다음 옷을 입고 운동화를 신는다. 그러면 출발이다.

그러나 이날 아침, 이날 아침은 조금 달랐다.

늘 그렇듯 물 한 컵을 벌컥벌컥 마신 나는 욕실로 들어갔다가 거울 속 나를 쳐다봤다.

뿌리가 보이네. 나는 생각했다. **염색을 해야겠어.**

지금 당장!

나는 작은 플라스틱 컵에 염색약을 섞었다. 홀푸드마켓에서 산 헤나 염료로, 내 머리카락에 내가 좋아하는 우스꽝스러운 보랏빛을 더해주는 염색약이다. 그걸 두피에 뿌리고 머리 전체에 펴 발랐다. 이어 머리에 비닐봉지를 뒤집어쓴 다음 제자리에 잘 붙어 있도록 봉지 한쪽에 매듭을 지었다.

서둘러야 해. 빨리빨리! 어서 나가서 달리기를 시작해야 해!

나는 셔츠와 반바지를 들고 다시 욕실로 들어갔다. 선반 위에 놓인 인조 유방이 눈에 들어왔다.

아냐, 너무 귀찮아. 날 무겁게 짓누르는 저놈의 유방. 저런 멍청한 물건을 달고서 소중한 시간을 보낼 수는 없지.

나는 비닐봉지를 뒤집어쓴 머리 위로 재빨리 몸에 달라붙는 티셔츠를 입었다. 인조 유방이 없어서 몸이 기우뚱하니 한쪽으로 치우친 듯 보였지만 그 점에 대해 더는 생각하지 않았다.

지금 당장 나가야 해!

집 밖으로 나가 전속력으로 거리를 질주하는 동안 보라색 염색약이 얼굴과 목을 타고 줄줄 흘러내렸다.

아침의 열기 속에서 달리고 있는 지금, 염색약은 티셔츠 위로 흘러내려 내 기우뚱한 가슴 위에 얼룩을 만든다.

아직 잠에서 덜 깬 동네의 거리는 텅 비어 있다. 내 옆을 지나친 몇 안 되는 사람 가운데 누군가는 나의 괴상한 몰골에 놀랐을지 모르지만 나는 그런 낌새를 알아차리지 못한다. 그저 나의 내면에 열중한 채 계속 미끄러지듯 달린다.

한 시간이 지나자 피곤함이 느껴지고 이제 집에 돌아갈 때가 됐다 싶다. 그런데 우리 동네가 이상해 보인다. 분명히 알고 있는 길의 모습을 알아볼 수가 없다. 집들도 마찬가지로 알아볼 수 없다.

내가 어디에 있는지 도무지 모르겠다. 그래서 계속 움직인다.

이렇게 익숙한 장소에서 길을 잃다니 말도 안 되는 일이지만, 그런 사실조차 내 머릿속에서 자각되지 않는다. 어디로 향해 가는지 아무 계획도 없이 그냥 계속 달린다.

한 시간, 어쩌면 그보다 더 오래, 기우뚱한 몸에 온통 핏자국 같은 걸 묻힌 채 계속 달린다. 아무 생각이 없고 뭔가가 잘못되었다는 의식도 없다. 그저 달리고 또 달릴 뿐. 내 생각은 탁 트인 공간과 넓은 하늘을 표류한다.

어떻게 된 건지는 몰라도 마침내 나는 식민지풍으로 지은 2층집, 우리 집 앞에 도착한다. 문을 열어 시원하고 어두운 복도로 들어선다. 피로와 땀으로 범벅이 되어, 운동화와 이미 흠뻑 젖어버린 양말을 벗는다.

2층으로 올라가던 중, 거울에 비친 내 모습이 한순간 눈에 들어온다. 머리는 온통 땀과 염색약으로 덩이지고 정수리에는 굳어버린 비닐봉지가 괴상한 수영모처럼 붙어 있다. 이미 오래전에 검은색으로 변한 보라색 염색약은 목과 팔을 따라 줄줄 흘러내려 셔츠 전체를 물들이고 내 푹 꺼진 왼쪽 가슴을 한껏 강조하고 있다. 힘껏 달려온 탓에 얼굴은 붉게 상기된 채다.

내 눈에는 하나도 이상해 보이지 않는다. 나는 거울을 지나 계속 계단을 올라간다.

남편 미레크는 사무실로 쓰는 방에서 문을 등진 채 컴퓨터 앞에 앉아 있다. 내가 들어오는 소리를 듣고서 그가 말한다.

"당신 꽤 오래 달렸네. 잘 뛰고 왔어?"

이어 미소를 띤 채 내 쪽으로 몸을 돌리더니, 그 자리에서 굳어버린다.

"무슨 일이야?" 그가 소리친다.

"무슨 소리야?" 내가 되묻는다. "좀 오래 뛰었어."

"당신 이런 모습 본 사람 있어?" 그는 충격을 받은 것 같다.

"누가 보든 말든, 내가 신경 쓸 이유가 뭐야? 당신 왜 그러는 건데?"

"씻어내." 그가 말한다. "제발."

"진정해, 미레크! 당신 도대체 무슨 소리 하는 거야?"

그러면서도 나는 그가 시키는 대로 씻기 위해 욕실로 향한다.

저 사람 뭐가 잘못된 거야? 왜 저렇게 이상하게 굴지?

깨끗이 샤워를 하자 긴장이 풀린다. 하지만 뭔가 꺼림칙하다.

내가 사랑하는 남자가 많이 놀라 있잖아. 이유가 뭘까?

미레크의 행동은 이를테면 붉은 깃발일 것이다. 뭔가 끔찍하게 잘못되었다는 단서. 그러나 다음 순간 그 불편한 생각은 내 망가진 정신의 틈새로 새어 나가 사라져버린다.

나는 신경과학자다. 경력의 처음부터 줄곧 정신질환

을 연구해왔다. 처음에는 내 조국 폴란드에서, 1989년부터는 미국 메릴랜드주 베데스다에 있는 국립보건원National Institutes of Health(NIH) 산하 국립정신보건원National Institute of Mental Health(NIMH)에서. 종종 현실과 현실이 아닌 것을 구별하는 데 어려움을 겪는 병인 조현병이 나의 전공이다.

2015년 6월, 아무런 경고도 없이 나의 정신이 이상하고도 무시무시하게 변했다. 뇌에 전이된 흑색종으로 인해 정신질환에 빠져들었고 그 상태는 약 두 달간 지속되었다. 기괴하고도 급격한 추락이었으나 당시 나는 그 사실을 인지하지 못했다. 그리고 행운과 획기적인 과학 발전, 그리고 가족의 재빠른 대처와 지원에 힘입어 그 어두운 곳에서 빠져나올 수 있었다.

정말이지 희귀한 경우다. 뇌종양과 정신질환이라는 무시무시한 경험을 한 뒤, 그 상태에서 벗어나 그동안 나에게 일어났던 일을 설명할 수 있게 되었으니 말이다. 정신과 의사들과 신경과 의사들, 그러니까 뇌와 신경계를 전문으로 다루는 의사들에 따르면 그렇게 심각한 뇌 기능장애를 갖고 있던 사람이 치료에 성공해 정신장애의 어두운 세계에서 되돌아오는 경우는 매우 드물다고 한다. 뇌에 나만큼 종양이 많았고 그로 인해 심각한 결손이 생긴 사람들은 대부분 회복되지 않는다.

내가 겪은 정신적 붕괴는 무척 무시무시했지만, 신경과학자인 나에게 그 경험은 값을 매길 수 없이 소중한 선물이기도 했다. 수십 년간 뇌를 공부하고 정신질환을 연구해왔건만, 내가 몸소 정신질환을 겪어보기 전까지는 정신을 잃었다가 되찾는다는 것이 어떤 일인지 온전히 알 수 없었다.

매년 전 세계 성인 다섯 명 중 한 명이 우울증, 불안장애, 조현병, 양극성장애(조울증) 등 적어도 한 종류의 정신질환을 겪는다.[1] 정신질환의 영향을 받는 사람은 미국에서만 한 해에 약 4400만 명에 달하며,[2] 이는 물질 남용 장애를 제외한 수치다. 유럽에서는 어느 해를 꼽든 성인의 평균 27퍼센트[3]가 심각한 정신장애를 경험한다. 정신질환은 성인기 초기에 나타나 평생 지속되면서 병에 걸린 사람과 그를 사랑하는 사람들에게 엄청난 고통을 안긴다. 노숙자와 수감자 가운데 상당히 많은 수가 정신질환을 앓고 있다.[4] 정신질환의 사회적 결과는 거기서 끝나지 않는다. 정신질환은 사람들을 제대로 기능하지 못하게 하며, 이로 인해 매년 세계경제에 자그마치 1경 달러[5](미국으로 한정하면 1932억 달러[6])의 비용을 치르게 한다. 정신질환은 환자의 생활을 엉망으로 만들 뿐 아니라 목숨까지 앗아 가기도 한다. 해마다 전 세계에서 약 80만 명이(미국으로 한정하면 4만 1000명) 자살로 목숨을 잃는데,[7] 그중 90퍼센트가 정신질환을 앓는 사람들이다.[8]

미국은 다른 어떤 질병보다 정신질환을 치료하는 데 많은 돈을 쓴다. 2013년에는 무려 2010억 달러를 썼다.[9] (그해 1위와 큰 격차를 보이며 2위를 기록한 심장병에는 1470억 달러가 지출되었다.) 그러나 이만한 자원 투여와, 헌신적인 과학자들과 의사들의 어마어마한 노력에도, 정신질환은 대개 그 원인을 정확히 알 수 없으며 치료법 또한 발견되지 않아 여전히 풀리지 않는 수수께끼로 남아 있다. 거의 매일 새로운 발견이 나올 정도로 정신질환을 연구하는 양은 압도적이지만 우리 과학자들은 여전히 정신질환에 걸린 사람들의 뇌에서 어떤 일이 일어나는지 이해하지 못한다. 뇌가 잘못되는 것이 뇌의 어떤 영역 혹은 연결이 제대로 발달하지 않았기 때문인지, 뇌 어딘가에 기형이 생겼기 때문인지, 아니면 다른 어떤 이유에서인지 우리는 아직 모른다. 정신질환을 겪는 사람들은 유전적 기질 때문에 운명적으로 그 병에 걸릴 수밖에 없는 것일까? 아니면 뇌를 고장 내고 뉴런 연결을 엉망으로 만들고 신경 기능을 바꿔버리는 어떤 일을 경험했기 때문에 걸리는 것일까?

지금까지 쌓여온 데이터에 따르면, 정신질환은 유전과 환경의 조합으로 생기는 것 같다. 환경에는 약물 사용 및 남용을 비롯한 여러 가지 요인이 포함되는데, 그 요인들은 자기들끼리 상호작용 할 뿐 아니라 유전자와 복잡한 상호작용을 일으키기도 한다. 그러나 정신질환의 생물학적·화학적 과정을 정확하게 짚어내는 것은 여전히 무척 어려운 일이다. 정확한 검사를 하기보다는 행동을 관찰함으로써 정신질환을 진단하는 것도 그 이유 중 하나다. 암이나 심장병과 달리 정신질환에는 발병 여부를 구별하게 해주는 객관적 척도가 없다. 그러니까 영상 스캔을 보거나 실험실의 검사 결과를 통해 판단할 수 있는 생물학적 지표가 없다는 말이다. 정신질환을 앓는 사람들을 전체적으로 살피면 뇌의 구조나 기능에서 차이점을 발견할 수 있을지 모르지만, 아직까지 혈액검사나 컴퓨터단층촬영CT, 자기공명영상MRI 같은 전통적인 방법으로 환자 개개인을 진단할 수는 없다.

정신질환 진단이 더욱 어려운 이유는 증상들의 조합이 개인마다 다를 뿐 아니라 같은 사람이라도 시간이 지남에 따라 증상이 달라지는 경우가 많기 때문이다. 예를 들면 조현병에 걸린 사람이 누구나 고통으로 비명을 지르는 것은 아니다. 닫아걸고 의사소통을 끊어버리는 환자도 있다. 이와 유사하게 치매에 걸린 사람도 주변 상황에 주의를 기울이다가 어느 순간 자기 안으로 움츠러들 수 있다. 일을 더욱 힘들게 하는 요인은 또 있다. 정신질환의 몇몇 징후는 일반적인 성격 특징이 과장되게 표현되는 정도로 보이곤 하는데, 특히 그런 경우에는 병 때문이라고 인지하기가 더욱 어렵다. 예를 들어 원래 솔직하고 거침없는 사람이 치매 때문에 판단력을 잃어가는 중이어도 초기에는 평소처럼 무신경한 태도를 보이는 것으로 해석될 수 있다. 원래 내향적인 사람이 평소보다 더 많이 움츠러든다 해도 주변 사람들은 그 증상이 알츠하이머병 때문이라고 알아차리기 어렵다.

어떤 정신장애는 명확히 정의된 질병의 범주에 속해 있지 않으며, 특유의 증상과 생물학적 지표의 조합으로 파악된다는 사실을 연구자들도 점차 분명히 깨달아가고 있다. 증상이 같아도 병은 다를 수 있고, 따라서 두 사람이 똑같은 행동을 보여도 서로 완전히 다른 장애를 앓고 있는 것일지 모른다. 반면 다양한 정신장애가 서로 같은 증상과 생물학적 기제 및 원인을 갖는 경우도 있다. 유전자 분석과 임상 분석 결과가 비슷해도 그에 따른 진단명은 매우 다양할 수 있으며, 이는 여러 정신질환이 공통의 신경생물학적 기질을 공유하고 있음을 암시한다. 현재 과학은 이 가능성을 탐색하는 중이다.

오늘날 과학자들은 정신질환에서 기능 문제가 생기는 주요 위치가 전전두피질prefrontal cortex 및 전전두피질과 다른 뇌 영역들 간의 연결망이라고 확신한다. (전전두피질은 뇌의 전면에 있는, 뇌에서 상대적으로 높은 진화 단계에 이른 부위다.) 그러나 거기서 생긴 이상이 무엇인지, 또 다양한 정신적 문제에서 뇌가 정확히 어떤 기능 부전을 보이는지는 여전히 수수께끼로 남아 있다.

나처럼 뇌에 생긴 종양 때문에 행동이 변한 경우에는 신경적 요인과 행동 사이의 인과관계를 파악하기가 쉬워 보일 수 있다. 신경학자들은 모든 문제의 원인을 뇌의 특정 부위에 국한시키려고 노력하고, 때로는 그렇게 하는 것이 그럭저럭 가능하니까 말이다. 그러나 흑색종에서 전이되든 유방암이나 폐암에서 전이되든, 전이성 뇌종양은 대체로 뇌의 여러 부분에서 동시에 문제를 일으키곤 한다. 나처럼 두 군데 이상 종양이 생기면 뇌의 어느 부분이 어떤 행동에 영향을 미치는지 밝혀내기가 특히 까다로워진다. 더욱이 종양에 더해 치료 부작용으로 뇌의 광범위한 영역이 부어오르기라도 하면 뇌 전체가 행동 변화를 일으키는 데 일조한다.

내 뇌에서 정확히 무슨 일이 벌어졌으며 그 일이 구체적으로 어디에서 일어났는지는 아무도 모르지만, 나의 여정은 내게 뇌의 풍경을 여행할 값진 기회를 주었다. 그 결과 나는 말도 못하게 복잡한 뇌라는 구조물과 그 뇌의 산물로서 대단히 놀라운 회복력을 지닌 인간 정신에 관해 더욱 깊이 이해하게 되었다.

정신장애를 앓는 다른 모든 사람처럼 나도 정신이상을 겪으며 내게만 독특하게 나타나는 일련의 증상들을 경험했다. 그러나 정신적 붕괴가 일어난 그 짧은 기간 동안 내게는 임상의들과 연구자들이 다양한 정신질환을 분류할 때 사용하는 공식적 지침인 《정신질환의 진단 및 통계 편람Diagnostic and Statistical Manual of Mental Disorders》 제5판(DSM-5)에 적힌 각종 전형적인 증상 또한 나타났다. 그렇기 때문에 알츠하이머병부터 다른 종류의 치매까지, 양극성장애부터 조현병까지 다양한 정신질환을 앓는 사람들의 경험과 내 경험 사이의 유사성은 충분히 주목할 가치가 있다. 어떤 유사성이 있는지 밝혀내고 그 유사성을 활용해 정신질환의 양상과 원인을 더 잘 이해하고자 하는 것이 이 책의 주요 목표 중 하나다.

전혀 이치에 닿지 않는 것처럼 보이는 세상에 산다는

것이 어떤 느낌인지 나는 깊이 이해하게 되었다. 그것은 당황스러우며 낯선 일이다. 너무나 혼란스럽고 아무도 믿을 수 없는 마음, 특히 가장 가까운 사람들이 나에 대한 음모를 꾸미고 있다는 확신이 들어 그들을 가장 믿지 못하는 마음이 어떤 것인지 나는 안다. 통찰력과 판단력, 공간지각력뿐 아니라 글을 읽는 능력처럼 의사소통에 가장 필수적인 기능을 잃어버린다는 게 어떤 느낌인지도 안다. 그리고 무엇보다 오싹한 것은 바로 그러한 결함들을 스스로 전혀 인지하지 못한다는 점이다. 온전한 정신이 돌아오기 시작한 뒤에야 비로소 나는 그동안 내 현실이 얼마나 왜곡되어 있었는지 깨달았다.

그 어둠에서 벗어나 다시 한 번 온전한 정신으로 살아갈 기회를 얻게 되자, 나는 신경과학자로서 내 뇌에서 대체 무엇이 잘못되었던 것인지 탐구해보고 싶었다. 내 뇌에서는 가장 인간적인 행동을 책임지는 부위인 전두엽과 두정엽이 제 기능을 하지 못했다. 내가 정신질환을 앓는 사람들과 비슷한 행동을 했던 이유는 이로써 어느 정도 설명된다. 왜 내가 익숙한 장소에서 길을 잃었으며 방금 일어난 일을 잊어버렸는지, 왜 가족에게 화를 내고 다정함이라곤 없이 못되게 굴었는지, 내가 곧 죽게 되리라는 사실은 아무렇지 않게 무시하면서 아침 식사로 무엇을 먹었는지와 같은 사소한 사실들에는 왜 그렇게 이상할 정도로 집착했는지, 그리고 무엇보다 충격적이게도, 내 안에서 음흉하게 일어난 변화들을 왜 하나도 인지하지 못했는지 말이다. 정신이 그렇게 망가져가는 동안 나는 내가 정신질환에 빠져들고 있다는 사실을 전혀 알지 못했다.

이런 일을 겪으며 나는 조현병이나 치매 같은 정신질환에 관한 통찰을 얻었을 뿐 아니라, 우리 대부분이 나이를 먹으며 맞닥뜨리기 마련인 정신적 쇠퇴를 포함한 다른 뇌장애를 더 깊이 이해하게 되었다. 많은 사람이 언젠가는 자기 자신에게서, 혹은 배우자나 부모에게서 기억상실, 부적절하고 제멋대로인 행동, 성격 변화, 스스로의 문제를 인지하지 못하는 현상 등 내가 겪었던 당황스러운 정신의 변화와 맞닥뜨릴 수 있다. 내 종양과 뇌부종의 영향을 가장 많이 받은 부위인 전두피질frontal cortex은 우리가 노년기에 접어들 때 흔히 문제가 생기기 시작하는 영역 중 하나다(다른 하나는 해마hippocampus다). 만일 내가 오래 살아서 노년기에 도달한다면 이 시기에 겪었던 것과 똑같은 정신적 변화들을 모두 다시 경험할 가능성이 매우 높다. 정말이지 아이러니 아닌가.

온전한 정신을 잃었다가 되찾은 이후, 나는 정신질환을 직접 겪은 다른 사람들에게 동질감을 느끼게 되었다. 고통받는 타인에게 이런 연결감을 느끼자 나의 이야기를 나눠야겠다는 마음이 생겼다.

정신질환을 향한 관심은 과거 어느 때보다 높아졌지만 사회적 낙인은 여전하다. 정신장애는 본질적으로 생리학적인 문제다. 관상동맥 질환이 심장의 병이듯 정신질환은 뇌의 병이라는 말이다. 그런데도 정신질환자들은 종종 비난받아 마땅한 사람, 뭔가 잘못을 저지른 사람 취급을 받는다. 환자 가족들에게도 낙인이 찍힌다. 암이 환자의 잘못이 아닌 것과 똑같이 정신질환도 환자의 잘못이 아니라는 사실을, 정신질환을 대하는 가장 적절한 태도는 공감과 치료법을 찾으려는 헌신임을 깨닫게 하는 일에 나의 이야기가 도움이 되었으면 한다.

정신을 잃었다가 되찾은 뒤로 나는 내가 다른 사람의 감정과 곤경에 더 세심하게 주파수를 맞추게 되었고, 어머니로서, 아내로서, 친구로서 그리고 과학자로서 더 이해심 깊은 사람이 되었다고 믿고 싶다. 그전에도 정신질환을 앓는 사람들에게 늘 연민을 느껴왔다고 믿지만, 내가 직접 정신이상을 경험한 이후 그러한 연민의 감정은 더욱 심층적인 성격을 띠었다. 또한 내 가족과 다시 하나가 되고 평생 해왔던 일을 계속할 수 있다는 것이 얼마나 큰 행운인지 깨달음으로써 나 자신의 삶을 더욱 의식하며 살아가게 되었다.

이 책은 정신질환이 어떤 것인지, 그 병의 내부에서 살펴본 사람이 들려주는 이야기다. 동시에 과학자이자 한 인간으로서 나의 진화를 보여주는 지도이기도 하다. 다시 돌아올 수 있으리라고는 상상하지 못했던 놀라운 여정을 담은 이야기이자, 내가 들려줄 수 있으리라고는 한 번도 생각해보지 못했던 이야기다. 또한 내가 정신질환을 연구하는 과학자에서 어떻게 정신질환자가 되었는지, 그리고 얼마나 놀랍게 회복했는지에 관한 이야기다.

1

쥐들의 복수

—— 천 개의 뇌, 나는 정신질환자들의 천 개의 뇌 사이에 앉아 있다.

국립정신보건원의 인간두뇌수집원Human Brain Collection Core 원장인 나는 어떤 이유에서든 원래 작동해야 하는 대로 작동하지 못한 뇌들의 도서관, 뇌들의 은행, 뇌들의 집대성 속에서 일한다. 환각을 본 뇌, 신비로운 목소리를 들은 뇌, 기분의 거친 기복에 시달린 뇌 또는 깊은 우울증에 빠진 뇌. 지난 30년 동안 이곳에서 수집하고 목록으로 정리하고 보관해온 뇌들이다.

이 뇌들 가운데 3분의 1은 자살한 사람의 것이다. 자살이라는 처절하고 비통한 행위는 정신질환을 앓는 수많은 사람이 입는 극한의 피해이며, 동료들과 나는 매일같이 이 암울한 사실을 상기한다.

모든 표본은 피범벅이 된 신선한 상태로 우리에게 도착한다. 투명한 비닐봉지에 담긴 채, 얼음을 채운 통 안에 조심스럽게 놓여 반짝거리고 있다. 실재하는 인간 존재와의 모든 연결이 끊어진 상태의 뇌는 붉은 고깃덩어리처럼 보인다. 그러나 바로 전날까지만 해도 그것은 자신이 속해 있던 이의 모든 동작과 생각을 지휘했던 뇌다.

정신질환을 이해하고 치료하며 언젠가는 낫게 하기 위해, 연구자들에게는 뇌가 끊임없이 공급되어야 한다. 정신건강 연구를 주도하는 미국의 연방 연구 기관인 국립정신보건원 같은 곳들이 이런 일을 도맡아 한다. 인간두뇌수집원, 말하자면 '뇌 은행'에서 일하는 우리는 그 놀라운 신체기관을 수집해서 얇게 저며 사용할 수 있는 조직 표본으로 만들고 전 세계 과학자들과 공유한다.

그러나 뇌를 수집하는 것은 쉬운 일이 아니다. 조현병, 양극성장애, 주요우울장애, 불안장애를 앓는 사람 그리고 코카인, 아편, 알코올, 대마초에 이르기까지 다양한 물질에 중독된 사람의 뇌를 구하는 일은 특히 까다롭다. 게다가 정신질환자 중에서도 다른 중병으로 사망한 사람, 병원에서 산소호흡기에 의지했던 사람, 마지막 숨을 거두기 전에 약물 치료를 강하게 받은 사람의 뇌는 사용할 수 없다. 다른 병이나 의학적 문제가 함께 새겨진 뇌는 그렇지 않아도 너무나 풀기 어려운 수수께끼, 즉 무엇이 정신질환을 유발하는가 하는 문제를 한층 복잡하게 만들 뿐이기 때문이다.

무엇이 정신질환을 유발하는지 이해하기 위해서는 정

신질환이 없는 사람들의 뇌(대조군 뇌)도 필요하다. 정신질환에 걸린 뇌와 비교하고 검토해야 하기 때문이다. 한마디로 우리에게는 그 무서운 병이 있는 뇌와 없는 뇌가 모두 필요하다. 그것도 물리적으로 깨끗하고 건강한 상태로.

우리는 대부분의 뇌를 가까운 곳에 있는 검시 사무소의 시체안치소에서 얻는다. 수상하거나 불가사의한 정황에서 사망한 사람의 시체는 보통 그리로 보내진다. 그러니까 우리는 자살자의 뇌를 얻을 뿐 아니라, 살인과 원인 모를 죽음의 뜻하지 않은 수혜자이기도 하다.

매일 아침, 우리 뇌 은행 테크니션들은 하루 첫 일과로 지역 검시 사무소에 전화를 걸어 이렇게 묻는다.

"오늘은 우리한테 보낼 뇌가 좀 있나요?"

우리는 마음이 급하다. 사망한 지 사흘 이상 지난 뇌는 쓸 수 없기 때문이다. 분자 연구에 쓰려면 조직 부패가 시작되기 전의 뇌, 단백질과 다른 분자들, 리보핵산RNA, 데옥시리보핵산DNA의 분해가 시작되기 전의 뇌가 필요하다.

시체안치소 직원들은 우리 테크니션들에게 지난 스물네 시간 사이 도착한 시체들에 관해 자기들이 갖고 있는 정보를 알려준다. 대개는 별다른 특이점이 없는, 가장 단순한 사실의 나열이다. 헤로인을 과다하게 복용한 젊은 남자. 심장마비로 사망한 중년 여성. 목을 매 자살한 10대. 이 정도가 이 시점에 우리가 그들 각각에 관해 아는 전부다.

테크니션들이 후보 명단을 정리해 나에게 가져오면 우리는 함께 명단을 추린다. 마약 과다 복용자가 좋을까? 아니면 시체안치소의 수사관이 그 아내에게 들은 바에 따르면 알코올중독이었다는 이 장년의 남자가 좋을까? 여기 자동차 사고로 죽은 남자도 있네. 정신질환이 있었다는 징후가 전혀 없으니 이 사람 뇌를 대조 표본으로 사용할 수 있겠는데. 하지만 머리 외상을 입었을 수도 있는데, 그래도 우리에게 이 사람 뇌가 필요할까?

어떤 뇌가 우리에게 필요한 용도에 맞을 가능성이 조금만 있어도 나는 대개 수락한다. 우리가 찾는 뇌는 드물고 소중하며, 우리가 구할 수 있는 뇌는 늘 충분한 수에 못 미친다.

일단 잠재적 후보군이 정해지면 테크니션들은 각 사망자의 친족에게 연락해 가슴 아픈 요청을 해야 한다. 귀하의 사랑하는 가족의 뇌를 의학 연구를 위해 기증할 수 있을지 고려해봐주시겠습니까?

언뜻 단순한 질문 같아 보인다. 그러나 그들은 몇 시간 전만 해도 살아 있던 사람이다. 그랬던 사람이 한순간 영원히 사라졌는데, 우리는 그들의 부모나 배우자나 자식을 휘감고 있는 충격과 슬픔을 뚫고 사랑했던 가족의 가장 개인적인 부분을, 그들 존재의 핵심을 이루던 부분을 달라고 요청하는 것이다. 우리가 요청하는 뇌를 기증하겠다고 동의하는 사람이 3분의 1 정도밖에 안 된다는 사실은 그리 놀라운 일이 아니다.

마침내 뇌가 도착하면 우리는 기밀 유지를 위해 숫자로 표시한 라벨을 달아둔다. 작업이 본격적으로 시작되는 건 이때부터다. 이제 우리는 이 표본을 잘라 열고, 정신질환을 더욱 세세히 이해하고자 하는 노력의 일환으로 그 내부 구조를 연구한다.

나는 자르고 얼려둔 바로 이런 뇌들 틈에서, 언젠가는 이 뇌들이 비밀을 드러내주리라는 희미한 희망과 낙관을 품고 일한다.

뇌를 다루는 건 피비린내 나는 일이다. 나는 30년 넘게 뇌와 함께 일했다. 처음에는 하나하나가 호두만 한, 비교적 단순하고 부드러운 쥐의 뇌로 시작했다. 쥐의 뇌는 인간의 뇌와 달리 뇌이랑gyrus과 뇌고랑sulcus이라 불리는 복잡하게 접혀 올라간 부분과 쑥 접혀 들어간 틈새가 없다.

이와 대조적으로 인간의 뇌는 크고 정교하며 훨씬 복잡하다. 뇌는 진화의 공학이 달성한 위업이다. 그 모든 뇌이랑과 뇌고랑, 그 모든 접힌 부위와 등성이와 틈새 들은 상대적으로 작은 두개골 공간 속에 더 많은 정보와 기능을 욱여넣도록 도와준다. 이 놀랍도록 복잡한 조직의 수많은 산물 중 하나가 바로 의식이다. 불행히도 의식에 생긴 병인 정신질환 역시 그 산물이다.

정신질환을 앓는 사람의 뇌에서 무엇이 잘못되었는지 알아내고자 우리는 뇌의 조직과 세포와 분자 속으로 깊이 파고든다. 해마다 새롭고 신기한 기술이 등장해 이 일을 조금씩 더 쉽게 만들어준다. 예를 들어 조현병의 비밀을 풀기 위해 나는 방사선이나 불소로 염색한 얇은 뇌 절편들을 검토하고, 세포들의 다양한 분자와 단백질, RNA와 DNA의 여러 유형을 평가한다. 유전자 암호를 읽기 위해 뇌세포의 세밀한 분자 구성을 현대적인 염기 서열 분석기로 분석하기도 한다.

신경과학자이자 분자생물학자인 나는 뇌 전문가다. 그러나 임상의는 아니다. 뇌 은행의 원장이 되기 전까지는 온전한 인체나 어느 부위인지 알 수 있는 인체의 일부를 가지고 작업한 적이 한 번도 없었다. 시체안치소나 병원과는 거리가 아주 먼 조용한 실험실에서만 일했고, 내 손에 들어올 즈음이면 뇌는 더 이상 뇌로 보이지 않는 형태로 바뀌어 있었다. 작은 시험관 속 액체에 담겨 떠다니는 분홍색 밀가루 얼룩처럼 보이는 냉동된 조직의 분말 형태이거나, 고약한 냄새를 풍기는 화학물질 속에 보존한 얇게 저민 뇌 조각 같은 것들 말이다. 그것들이 과거에 무엇이었다고 하든, 어느 생물에게서 온 것이었다고 하든 나는 그 말을 그대로 믿어 버렸을 것이다.

나는 내 연구의 주제에 대해 그렇게 정통한 동시에 동떨어져 있었지만, 그런 사실이 마음을 불편하게 한 적은 없었다. 어차피 그런 것이 과학 연구의 특성 아닌가. 각각의 과학자는 압도적으로 거대한 퍼즐 가운데 자신이 담당한 작은 조각만을 연구하며, 언젠가 연구자들의 노력이 모두 모여 그 퍼즐이 완성되기를, 집단적 노력에 자신의 작은 노력이 기여하기를 소망할 뿐이다.

뇌 은행 원장을 맡기 전까지 나는 잘려 있지 않은 사람의 온전한 뇌를 만져본 일이 한 번도 없었다. 몇 차례 시체 안치소에 가서 몸을 갈라 벌리고 장기를 모두 적출한 시체들을 보기는 했다. 그러나 두개골에서 꺼낸 뇌를 보지는 못했다. 뇌 전체를 내 두 손으로 잡아본 적이 없으니, 뇌를 잘라서 가르는 일이야 말할 것도 없다.

"당신이 직접 해야 돼."

2013년, 내 전임자인 메리 허먼 루빈스타인Mary Herman Rubinstein 박사('허먼 박사'라 불리는)가 나를 훈련하며 단호히 말했다.

"다음 뇌가 오면 우리가 같이 잘라서 얼리는 거야."

정말로 우리는 그렇게 했다. 그해 9월 화창한 어느 날, 나뭇잎이 노랗고 빨갛게 물들기 시작했지만 공기는 여전히 따스하고 포근하던 무렵, 우리는 실험실에서 나의 첫 뇌가 도착하기를 기다렸다. 둘 다 보호 장비를 착용하고 있었다. 수술용 마스크의 고리를 양쪽 귀에 걸고, 비닐 가리개로 얼굴을 덮고, 헤어 캡을 이마에 단단히 고정하고, 몇 겹의 라텍스 장갑으로 팔꿈치까지 감싸고, 흰 실험 가운 위에는 튀는 피를 막기 위해 비닐 앞치마를 입고, 신발도 비닐 장화로 감쌌다.

테크니션 한 명이 미식축구 뒤풀이 파티 때 맥주와 스테이크를 담는 용으로 쓸 법한 커다란 흰색 아이스박스를 가지고 들어왔다. 얼음이 잔뜩 든 아이스박스 한가운데에 사람의 뇌가 들어 있음을 나는 알고 있었다.

뇌를 차갑게 유지하는 것은 무엇보다 중요하다. 그래

야 조직 분해 과정을 늦출 수 있기 때문이다. 우리의 실험을 위해서는 유전자가 어떻게 발현될지 결정하는 데 핵심 역할을 하는 뇌세포의 RNA를 온전하게 유지해야 한다. 시체에서 뇌를 적출한 즉시 얼음에 넣는 것이 RNA 보존의 첫 단계이고, 오래 보관하려면 조직을 급속 냉동해야 한다. 뇌의 온도를 아주 낮게 유지하기만 하면 RNA의 분해를 수십 년간 멈추는 일도 가능하다.

허먼 박사가 아이스박스 뚜껑을 열고 성에가 끼어 있는 투명한 비닐봉지를 조심스럽게 꺼냈다. 그런 뒤 천천히 뇌를 꺼내 팔을 쭉 뻗어 내민 내 손바닥 위에 올려놓았다. 뇌는 내 두 손에 편안하게 딱 맞아들었다. 무겁고 차갑고 축축한 뇌에서는 다른 고깃덩어리들과 다를 바 없이 피가 뚝뚝 떨어졌다. 평균적인 뇌의 무게는 1.3킬로그램가량 되는데, 나중에 나는 1.8킬로그램이나 되는 큰 뇌를 보기도 했다. 단단한 젤리 같은 느낌이지만 사실은 상당히 부서지기 쉽기 때문에 조심하지 않으면 부분 부분이 부러지거나 떨어져버린다.

인간의 뇌는 우주에서 가장 복잡한 구조물이라고들 하니 더…… 그러니까 뭐랄까, 더…… 복잡하게 보일 거라 생각할지도 모르겠다. 그러나 사실 뇌는 그리 특별해 보이지 않는다. 처음으로 시체안치소에서 시체를 봤을 때, 그 모든 피와 근육과 뼈와 피부를 보았을 때 나는 기절할 것 같았다. 하지만 이제 이렇게 두 손으로 뇌를 들어보니 그때만큼 충격적이지는 않았다. 그동안 뇌를 품고 키워낸 육체에서 빼내자, 뇌는 인간과는 무관한 무엇처럼 보였다.

하지만 이 평범해 보이는 고깃덩어리와 그 안에 담긴 복잡성의 어마어마한 대조는 내 마음을 깊이 뒤흔든다. 한 사람에 관한 모든 것이 내 손안에 담겨 있음을 깨닫는 순간 경외감과 경이로움을 느끼지 않을 수 없다.

이 뇌는 죽은 지 만 하루도 지나지 않은 사람, 바로 몇 시간 전만 해도 살아 있던 누군가를 지배하고 있었다. 그것만큼은 나도 확신할 수 있다. 하지만 그것을 제외하면, 내 손에 들린 이 뇌에 대해 나는 과연 무엇을 알 수 있을까? 여자의 뇌일까, 남자의 뇌일까? 이 뇌의 주인은 정신질환을 앓았을까? 혹시 스스로 목숨을 끊었을까? 우리가 이 뇌를 얻어 온 곳이 어딘지를 생각하면 자살했을 확률이 높다. 그러나 폐렴으로 사망한 노년기 여성이나 가슴에 총상을 입고 사망한 젊은 남자의 뇌였을 가능성도 충분히 있다. 그 사람은 조현병이나 우울증을 앓았을 수도 있지만, 말끔한 정신건강을 유지했을 수도 있다. 맨눈으로 뇌를 보기만 해

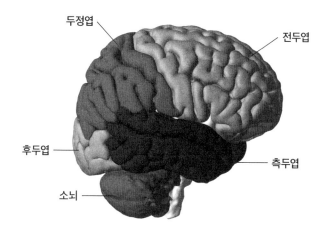

두정엽

전두엽

후두엽

측두엽

소뇌

인간 뇌의 주요 영역[1]　　　　　　　　　　　©Witek Lipski

서는 결코 알 수 없는 것들이다. 뇌는 쉽사리 비밀을 보여
주지 않는다.

　인간의 뇌는 미식축구 공과 비슷하게 생겼고, 가운데에
난 깊은 골을 중심으로 좌반구와 우반구로 나뉜다. 각 반구
에는 전두엽frontal lobe, 측두엽temporal lobe, 두정엽parietal lobe, 후
두엽occipital lobe까지 모두 네 개의 뇌엽brain lobe이 있다. 나는
뇌를 손에 든 채 그중 가장 큰 전두엽을 응시한다. 뇌의 바
깥 표면인 대뇌피질에 속하는 이 영역은 세계에 대한 인식
부터 가장 사적인 생각과 상상까지 인간 의식의 상당 부분

을 결정한다. 나를 가장 매혹시키는 영역이자 압도적 다수의 신경과학자들을 사로잡는 영역이다.

좌반구와 우반구의 전면을 차지하는 전두엽은 눈 바로 위 이마 하단부터 시작해 두개골 상단부 전체에 뻗어 있다. 전두엽을 비롯한 뇌엽들은 뇌 훨씬 안쪽에 있는 더 원시적인 부분들을 감싼다.

내 시선은 전두엽의 앞쪽 윗부분, 대략 가르마 자리에 위치한 전두피질에 머문다. 크기가 크고 이랑과 고랑으로 가득한 전두피질은 인간의 뇌에서도 가장 젊은 부분이자 가장 진화된 부분이다. 이 전두피질이 바로 인간의 본질을 결정한다. 우리를 판단력과 정보를 바탕으로 결정하는 능력을 가진 존재로, 사고하고 기억하고 문제를 해결하는 존재로 만드는 것이 전두피질이다.

전두피질의 가장 앞부분인 전전두피질은 이마 바로 뒤에 있다. 피질 중에서는 비교적 작은 편이지만 이 부분이야말로 온전한 정신을 유지하는 데 가장 결정적인 역할을 한다. 집행 기능을 통제하는 것이 바로 전전두피질이기 때문이다. 즉, 옳고 그름을 분간하고 부적절한 행동이나 충동적 행동을 억제하며 현재 일어나는 일이 미래에 몰고 올 결과를 예측하는 등 가장 복잡한 인지 과제들을 수행하는 곳이다. 광범위한 신경과학 연구를 통해 전전두피질에 생긴 문제가 바로 정신질환의 핵심이라는 점은 거의 명확하게 밝혀졌다. 그러나 그 문제가 과연 어떤 문제인지는 아직 모르며, 당장 이 뇌의 전두피질을 바라본다고 해서 알 수 있는 것은 전혀 없다.

전두엽 뒤에는 깊은 고랑으로 분리된 두정엽이 보인다. 구불구불 울룩불룩한 또 하나의 커다란 피질 덩어리인 이 두정엽은 몸의 나머지 부분에서 뇌로 보내는 감각 정보들을 조정해 우리가 느끼고 맛보고 움직이고 만질 수 있게 해준다. 공간 속에서 우리가 어디에 있는지, 주변 사물들을 기준으로 우리 위치가 어디인지, 우리 몸이 어디서 시작해서 어디서 끝나는지도 알려준다. 글을 읽고 수학 문제를 풀게 해주는 것도 두정엽이다.

이제 나는 뇌를 옆으로 돌려 대략 귀 위쪽 관자놀이 뒤에 위치한 측두엽을 본다. 이 피질 부분은 말을 듣고 이해하기 위한 고도의 청각 처리를 맡고 있다. 그 밑, 뇌 안쪽으로 깊이 들어가면 눈에는 보이지 않는 해마가 여러 층의 피질 조직에 둘러싸여 있다. '해마see horse'를 닮은 독특하게 굽은 모양 때문에 그리스어의 '해마'에서 따온 이름이 붙었다. 진화 단계로 볼 때 뇌의 원시적인 부분이라 할 수 있는 해마는 장기 기억을 보관한다. 또 GPS처럼 우리가 어디에 있는지 알 수 있게끔 공간 속에서 방향을 찾는 기능도 한다.

뇌 뒤쪽에는 정교한 주름이 잡혀 있고 뉴런들이 빽빽이 들어찬 소뇌cerebellum가 숨어 있다. 소뇌는 자발적인 동작, 앉고 걷고 말하는 방식을 조정한다. 소뇌 바로 위, 사람들이 포니테일로 머리를 묶는 바로 그 위치에는 네 번째이자 마지막 뇌엽인 후두엽이 있다. 후두엽은 눈에서 들어온 정보를 처리해 우리가 볼 수 있도록 해준다.

뇌의 이 모든 구조는 우리가 일상적인 기능을 유지하는 데 매우 중요한 역할을 한다. 뇌 뒤쪽에서 호흡과 심장박동을 비롯해 생명의 기본적인 기능을 조절하는 뇌간brain stem을 다치면 그대로 마비되거나 사망할 수 있다. 하지만 그 모든 영역 중에서 가장 소중한 부분은 전두엽일 것이다. 전두엽이 없다고 죽는 것은 아니지만, 우리를 인간으로 만들어주는 부분이 바로 전두엽이니 말이다. 이 부분에 손상을 입으면 기억을 잃거나 행동을 계획하고 조직하는 능력이 떨어지고, 언어와 말하기에 문제가 생기며, 부적절한 행동을 하거나 판단력이 떨어지는 등 심각한 증상이 아주 많이 나타난다.

처음으로 손에 들어본 이 뇌를 더 오랫동안 들여다보며

감탄하는 것도 행복한 일이겠지만, 허먼 박사와 나는 어서 연구를 위한 표본들을 보존하는 작업에 착수해야 했다.

나는 얼음덩어리 위에 올린 커다란 도마에 뇌를 조심스럽게 내려놓고 칼날이 면도날처럼 예리한 기다란 해부용 칼을 집어 들었다.

"빵이나 스테이크를 썬다고 생각해." 허먼 박사가 조언했다. "칼날이 뇌 표면과 직각을 이루도록 하고, 바로 전에 썰었던 단면과 최대한 평행이 되도록 잘라야 해."

나는 왼손으로 뇌를 붙잡고 칼을 들어 썰기 시작했다. 차갑게 보관했기 때문에 조직이 단단해져 있어서 칼을 다루기가 수월했다.

첫 번째 칼질은 뇌의 양쪽 반구를 가르는 틈을 따라 세로 방향으로 움직였다. 그런 다음 좌반구 앞쪽에서 뒤쪽으로 움직이며 동일하게 약 1.5센티미터 두께로 절편을 만들며 잘라나갔다. 시간이 조금 지나자 뇌가 따뜻해지면서 물컹한 느낌이 전해졌다. 절편이 도마 위로 깔끔하게 넘어가는 대신 접히거나 일그러졌다. 그래도 자른 조각이 늘어갈수록 자르는 실력도 점점 좋아졌다.

내가 뇌 절편을 하나씩 들어 올려 살피면 허먼 박사는 분홍빛이 도는 회색이나 흰색 등 서로 다른 색조로 구분되는 접힌 부위와 주름, 경계선 들을 가리켰다. 뇌의 하위 영역을 나누는 경계선들로, 회색은 뉴런이 풍부한 부분이고 흰색은 뉴런 사이를 연결하는 섬유들이다. 어디서 잘라낸 절편인지에 따라 그 표본에는 해마나 편도체 또는 뇌 속 다른 구조물이 포함되어 있을 수 있다.

우리는 재빨리 각각의 절편을 유리판에 올리고 드라이아이스와 아이소펜테인이라는 휘발성 화학물질을 혼합해 만든 섭씨 영하 86도에 달하는 낮은 온도의 걸쭉한 물질에 담갔다. 뇌 조직을 그 속에 밀어 넣으면 이 반액체 혼합물은 김과 거품을 거칠게 뿜어내고 뇌 절편은 순간적으로 냉동되어 몇 초 만에 피가 묻은 분홍색에서 성에 같은 흰색으로 변한다. 이런 급속 냉동 과정은 서서히 얼릴 경우 발생하는 세포막 파열 현상을 방지해 뇌 절편의 해부학적 내용을 그대로 보존한다. 우리는 냉동된 뇌 절편을 즉각 집게로 집어내 비닐봉지에 담아 밀봉하고 인쇄된 바코드 라벨을 붙였다. 이렇게 나의 첫 번째 보존 과정이 끝났다.

처음에는 평범한 고깃덩어리 같던 뇌가 이쯤 되면 식료품 코너 냉장 진열대에 쌓여 있는 얇게 저민 햄들처럼 보인다. 그런 인상을 강화하려는 듯 흰 가운을 입은 테크니션들이 나타나 우리가 자른 표본들을 연구실의 초저온 냉동고로 옮긴다. 표본들은 뇌의 비밀을 알아내기 위한 우리의 끝없는 탐구에 동원될 때까지 그 안에 차갑고 조용하게 놓여 있을 것이다.

인간의 뇌는 섬세하고 복잡하지만 우리는 인간보다 훨씬 더 단순한 뇌를 지닌 동물을 연구함으로써 인간의 뇌에 대해서도 아주 많은 것을 배울 수 있다. 나도 경력 초기에 그런 사실을 알게 되었다.

국립정신보건원의 뇌 은행 원장이 되기 30년 전, 나는 화학석사 학위를 받고 이어서 뇌와 신경계를 연구해 의학박사 학위를 받은 다음 바르샤바의 정신의학 및 신경학 연구소에서 젊은 연구원으로 일하고 있었다. 1980년대 중반 당시에는 남자 친구였던 미레크, 그리고 첫 번째 결혼에서 낳은 어린 남매와 함께 바르샤바의 작은 아파트에 살면서 서구 제약 회사들이 조현병 치료를 위해 만든 약들의 임상시험을 수행했다.

그러다가 1988년 8월, 우리의 삶이 뒤집혔다. 그달에 나는 한 독일 제약 회사의 초대로 뮌헨에서 열린 세계 신경정신약물학 학술대회에 참석했다. 나는 조현병의 가장 괴로운 증상인 환각과 정신이상의 강도를 낮추도록 만들어진 어떤 항정신병제에 관한 발표를 하기로 되어 있었다. 그때만 해도 내 연구의 초점이 곧 이 끔찍한 병을 고치는 일에서 그 병의 근저에 놓인 원인을 찾는 일로 옮겨 가게 되리라고는 전혀 예상하지 못했다.

수중에 당시 한 달 봉급인 20달러를 들고 뮌헨에 도착한 나로서는 서독의 풍요로움에 눈이 휘둥그레질 수밖에 없었다. 그러나 그런 문화 충격은 학술대회에서 경험한 전율에 비하면 아무것도 아니었다. 세계적인 조현병 연구자로 국립정신보건원에서 일하는 정신의학자 대니얼 R. 와인버거Daniel R.Weinberger 박사가 내게 다가오더니, 난데없이 자신의 연구실에서 박사 후 연구원으로 일하면 어떻겠냐고 제안한 것이다.

내게 그런 행운이 찾아오다니 믿기지 않았다. 미국 국립보건원은 세계에서 가장 명망 높은 의학 연구 기관이며, 국립보건원의 정신건강 부문은 내가 전념해온 바로 그 병의 연구에 관해 전 세계를 주도하는 곳이다. 내가 언젠가 국립정신보건원에 갈 수 있으리라고는 감히 꿈도 꿔본 적이 없었다.

며칠 뒤 폴란드로 돌아간 나는 자랑스러운 마음으로 미레크와 아이들에게 우리가 미국으로 가게 되었다고 알렸다. 그들도 나만큼이나 신이 났다. 당시의 폴란드는 그 어느 때보다 암담하고도 불안정했고, 불행한 폴란드 시민 다수가 서구 사회의 자유를 꿈꾸었다. 그리고 미국이 가장 자유로운 사회라는 것은 누구나 아는 사실이었다.

1989년 봄, 나는 가족보다 먼저 미국에 도착했다. 그해 봄은 폴란드가 민주주의로 향해 나아가며 소비에트 블록 전체의 붕괴를 앞당기던 시점이었다. 이후 23년 동안 나의 상사가 된 와인버거 박사는 내가 도착한 다음 날 나를 태우고 국립보건원 캠퍼스로 데려가 캐나다에서 온 정신의학 연구원 조지 자스키우George Jaskiw 박사를 소개해주었다. 자스키우 박사는 나의 열성적인 멘토가 되어주었고, 우리는 그동안 내가 바르샤바에서 연구했던 조현병의 수수께끼를 함께 탐구했다.

자스키우 박사와 나는 쥐를 연구했다. 쥐의 뇌는 인간의 뇌만큼 정교하지 않지만 구조가 유사하기 때문이다. 또한 쥐가 보이는 복잡한 행동들은 작업 기억과 인지, 사회적 활동 등과 관련해 인간을 이해하는 데 도움이 된다. 우리는 제일 먼저 살아 있는 쥐들의 해마에 약간의 결함을 만들어 내는 일에 초점을 맞췄다. 당시의 탄탄한 연구 데이터에 따르면 조현병에 걸린 사람의 해마에 구조적 이상이 있고 그

때문에 해마가 제대로 기능하지 않음을 유추할 수 있기 때문이었다. 갓 태어난 어린 쥐의 뇌에서 해마와 전전두피질 사이의 연결을 교란하기 위해 우리는 해마에 미량의 신경독소를 주사했다. 이런 방법으로 조현병에서 결정적인 역할을 하는 두 영역 사이 배선에 결함이 생긴 뇌를 만들 수 있었다. 이렇게 해서 우리는 신경적 변화가 생긴 쥐들이 정상적인 쥐들과 어떻게 다른지, 특히 자랐을 때 어떻게 행동하는지 알고 싶었다.

살아 있건 죽었건, 그때까지 동물의 몸에 칼을 댄 적이 한 번도 없었건만 나는 아주 신나게 그 작업에 동참했다. 우리는 지식에 굶주린 과학자들 특유의 열광적인 탐닉으로 실험에 뛰어들었다. 한번은 쥐 행동 실험에 필요한 조용한 장소를 마련하느라 쥐들이 들어 있는 실험 케이지를 들고 남자 화장실로 들어가 "실험 중! 들어오지 마시오"라고 쓴 종이를 붙인 채 문을 잠가버린 일도 있다. 나는 배우고 성공하겠다는 단호한 의지로 가득 차 있었다. 자스키우 박사는 내게 신경해부학과 신경화학은 물론 쥐의 생리, 그리고 뇌를 해부하는 최고의 테크닉까지 전수해주었다. 우리는 함께 수천 마리의 쥐를 해부하고 실험했다.

18개월 뒤, 자스키우 박사가 다른 기회를 찾아 국립보건원을 떠난 것은 내게는 무척 아쉬운 일이었다. 그가 떠나자 내 작업은 훨씬 어려워졌다. 때로는 설치류 뇌의 미세한 구조를 파악하려 애쓰다가, 때로는 실험실의 까다로운 해부 도구를 사용하다가, 때로는 달아나 캐비닛 밑에 숨어 면도날처럼 날카로운 이빨을 드러내며 쉭쉭거리는 쥐를 잡으려다가 마음대로 안 되는 답답함에 울어버린 적도 있었다.

자스키우 박사가 떠난 것은 고통스러웠지만 그로 인해 나는 홀로 설 수밖에 없었고, 덕분에 내 경력을 통틀어 가장 중요한 발견을 하게 되었다. 우리가 예상했던 대로 조현병 연구의 과학적 돌파구는 전두피질과 관련이 깊었다. 조현병에서 전두피질은 결정적 중요성을 띠고 있었다. 그리고 나 자신의 전두피질이 엉망이 되었을 때에야 비로소 나는 지극히 개인적인 수준에서 그 중요성을 이해하게 되었다.

조현병은 수천 년 동안 사람들을 괴롭혀온 파괴적인 병이다. 오늘날 이 병은 전 세계 인구의 약 1퍼센트, 즉 7000만 명 이상에게 영향을 미치는데, 여기에 미국인이 300만 명 이상,[2] 유럽인은 700만 명 이상 포함된다. 조현병은 그 사람이 속한 분야나 문화, 사회 계급에 상관없이 누구에게나 영향을 미칠 수 있다. 증상은 사람마다 다양하고 치료에 대한 반응성도 마찬가지다. 많은 환자가 망상, 환각, 완전한 정신이상으로 고통받는데, 길을 헤매며 혼잣말을 하는 사람들에게서 이런 증상들을 볼 수 있다. 조현병에 걸린 많은 환자가 인지 결함을 보이고 결정을 내리지 못하며 논리적으로 사고하지 못한다. 이러한 결함은 삶에서 우선순위를 정하고 실행하도록 도와주는 작업 기억에 영향을 미친다. 상당수의 환자들은 우울증에 빠지며, 감정을 드러내는 데 어려움을 겪는다.

꽤 최근까지도 정신의학자들은 조현병이 스트레스와 양육에 의해, 특히 자녀를 충분한 모성으로 따뜻하게 보살피지 못한 이른바 '조현병을 초래하는 어머니'의 영향으로 발생하는 심리적 질병이라고 믿었다. 오늘날 이 이론은 거의 폐기되었다. 이제 우리는 심장병이 동맥에 생긴 결함의 결과이듯 조현병이 비정상적 뇌 구조와 기능으로 야기되는 병이라는 것을 안다. 문제는, 심장병과 달리 우리가 아직 조현병의 '뇌 지문'을 모른다는 점이다.

1940년대와 1950대에 의사들은 조현병을 비롯한 정신 질환에 전두피질이 연관되어 있으리라고 (정확하게) 추정했다. 그들은 그런 병들을 때로 전두엽 절제술로 치료했다. 전두엽 절제술은 전전두피질 내부의 몇몇 연결 또는 전전두피질과 뇌의 다른 부분과의 연결을 끊는 끔찍할 정도로

침습적인invasive 뇌 수술이다. 처음부터 논쟁적이었던 이 뇌엽 절제술은 일부 환자들에게서 인격과 지성을 앗아 가기도 했다. (하지만 이렇게 오싹한 결과들도 스웨덴 한림원이 뇌엽 절제술을 개발한 신경학자 안토니우 에가스 모니스António Egas Moniz에게 1949년 노벨생리·의학상을 안기는 것을 막지는 못했다.)

1950년대 중반에는 항정신병 약물이 등장해 대부분의 환자에게서 적어도 일부 정신이상 증세는 완화해주면서 뇌엽 절제술이라는 조악하고 잔인한 '치료법'을 밀어내는 데 기여했다. 그러나 많은 사람에게 이 의약적 돌파구는 너무 늦게 찾아왔다. 1946년부터 1956년 사이에만 세계적으로 6만에서 8만 건의 뇌엽 절제술이 시술된 것으로 추정되니 말이다.[3]

1990년대 중반 이후 정신질환 연구의 초점은 행동을 분석하는 심리학 연구에서 유전학과 뇌 내 화학물질(DNA와 RNA, 각종 단백질) 연구로 옮겨 갔다. 이런 연구는 물려받은 유전자나 변이된 유전자, 비정상적 구조의 단백질 또는 기능 이상이 생긴 경로 들에서 정신질환 발병 위험을 높이는 요인들을 찾아내도록 도와준다. 우리가 바라는 것은, 특정 분자들을 정확하게 표적으로 삼아 활성화하거나 억제하는 치료법을 사용해 혼란에 빠진 경로를 정상으로 되돌리는 것이다.

그러나 조현병(그리고 다른 정신장애들)의 원인에 대한 과학자들의 이해는 여전히 한참 미흡하다. 특정한 누군가에게서 조현병이 발현하려면 아마도 수백 또는 수천 개의 유전자에 이상이 생겨야 할 것이다. 게다가 조현병을 앓는 사람들 개개인의 유전자 구성은 너무나 다양하기 때문에, 한 개인이 그 병에 걸릴 위험이 있을 정도로 충분한 변이變異를 지니고 있는지 여부를 예측하기란 현시점에서는 불가능에 가깝다.

내가 1990년대에 쥐를 대상으로 한 실험들은 쥐의 비정상적인 행동과 이를 확대 적용한 인간의 비정상적인 행동이 뇌에 생긴 미묘한 외상에서 촉발되며, 이후 지속적인 인지 결함을 낳는다는 사실을 보여주는 명백한 증거를 제시했다. 우리가 뇌를 변형했던 쥐들은 맛있는 보상이 놓여 있는 미로에서 길을 찾지 못하는 등 공간지각에 어려움을 겪었다. 또 일반적인 쥐들에 비해 새로운 장소와 대상에 관심을 보이지 않았고, 다른 쥐들과 상호작용도 거의 하지 않았다. 우리는 쥐들의 경우에서 그랬듯 사람들에게서도 다양한 요인으로 생긴 미미한 결함이 발달 중인 뇌의 기능을 손상시키고 그럼으로써 영구적으로 그 기능을 고장 낸다고 결론 내렸다. 사람의 경우 그 요인이란 임신 당시 엄마의 영양실조나 바이러스 감염일 수도 있고, 뇌 영역 내부 또는 뇌 영역 간 분자 경로와 배선을 변화시키는 유전자 결함, 그리고 기타 다른 많은 영향을 들 수 있다. 우리의 발견은 전두피질이 조현병 발발의 핵심 장소임을 명백하게 보여주었고, 이는 1980년대 말에 와인버거 박사와 국립정신보건원의 동료들이 세운 가설과 정확히 일치했다.

이 발견은 전 세계에서 크나큰 관심을 받으며 '조현병의 신생아 해마 병변 모델the neonatal hippocampal lesion model of schizophrenia' 또는 짧게 줄여 '립스카 모델Lipska model'로 알려졌다. 자스키우 박사와 와인버거 박사, 그리고 나는 1993년에 미국 신경정신약리학회American College of Neuropsychophrmacology의 공식 정기간행물인 〈신경정신약리학Neuropsychopharmacology〉에 발표한 논문에서 처음으로 우리의 연구 결과를 설명했다.[4] 이후 립스카 모델은 수백 가지 과학 출판물에 소개되었고, 전 세계 수많은 실험실에서 반복 실험되었으며, 전기생리학·유전학·인지 연구를 비롯한 다른 분야에도 응용되었다. 또한 조현병의 인지 기능 결함을 치료하는 데 도움이 되는 신약 개발의 틀도 제공했다. 그리고 1996년, 립스카 모델은 새로운 항정신병 치료의 심사와 개발에 대한 미국

특허를 받았다.[5]

2002년에 나는 국립정신보건원의 분자생물학 연구실 실장이 되어 그곳에서 정신질환자들의 뇌에 나타나는 화학적·유전적 차이들을 계속 연구했다. 이어진 10년은 내게 분주하지만 보람 있는 시기였다. 비록 2009년에는 유방암, 2011년에는 가장 치명적인 형태의 피부암인 흑색종이라는 심각한 병에 걸리긴 했지만 말이다. 나는 두 병 모두 완전히 이겨냈다고 확신했고, 계속해서 미래만 바라보았다. 국립정신보건원에서 일하는 거의 모든 사람이 그렇듯이 나 역시 조현병과 같은 질병의 비밀을 풀 수 있는 유전학 연구의 놀라운 가능성을 목격했고 열정으로 가득 차 있었다. 유전자의 위치와 작동 방식, 세포와 조직이 정보를 보내는 방식을 알게 되면 정신질환 연구를 포함한 모든 과학 분야가 극적으로 발전할 것이었다. 실제로 정신건강 연구자들은 이미 다양한 정신질환을 앓는 사람들에게서 위험을 안고 있는 수천 가지 유전자를 찾아냈다.

2013년 국립정신보건원 산하 뇌 은행 원장으로 임명된 나는 경력의 이 짜릿한 새 단계에 빠른 속도로 안착했다. 쥐와 인간의 뇌를 가지고 해온 연구로 오래전부터 같은 분야의 동료들에게 널리 인정받아온 터였다. 바로 그들의 인정이 그 많은 소중한 인간 두뇌 표본을 책임지는 자리에 나를 앉힌 것이다. 내가 그 주제에 관한 첫 논문을 쓴 지 20년이 지난 해였다.

정신건강 연구가 많은 것을 발견했음에도 과학자들은 아직 정신질환자의 뇌 속에서 제대로 작동하지 않는 것이 무엇인지 완전히 이해하지는 못한다. 그 병을 고칠 방법을 알아내려면 아마 수십 년의 세월과, 연구자들의 집요한 헌신이 필요할 것이다. 암 투병 중에도 꾸준히 일하며 수십 편의 과학 논문을 발표하고, 이상 유전자와 그것이 초래하는 문제들에 관한 의문을 풀고자 하는 수백 명의 연구자들에게 내가 발견한 내용들을 알려온 이유도 바로 그 때문이었다.

사실 나는 천성적으로 에너지가 넘치는 사람이다. 자전거로 30킬로미터가 넘는 길을 달려 사무실에 출근하고 하루 종일 일한 다음 다시 자전거를 타고 교외의 조용한 집으로 돌아간다. 매일 저녁이면 미레크와 함께 나무와 풀이 만들어낸 초록색 바다를 항해하는 배의 갑판 같은 느낌을 주는 집 뒤쪽 베란다에 앉아 식사를 한다. 주변의 많은 새가 우리를 즐겁게 한다. 정수리가 빨간 커다란 딱따구리들과 우리 화분에 둥지를 튼 자그마한 집굴뚝새, 붉은 봉선화의 꿀을 빨아먹는 다채로운 색깔의 벌새들까지. 우리는 삶에 지극한 만족감을 느낀다.

모든 것이 잘되어갈 것만 같다. 그러나 이제 곧 나는 오래전 초기 실험에서 썼던 쥐들이 나에게 복수를 하고 있는 게 아닌지 의문을 품게 될 것이다. 수천 마리의 쥐를 데려다가 내가 망쳐놓았던 뇌 부위, 바로 그 부위가 나 자신의 뇌에서 오작동하며 희한한 장면들을 연출할 터이니 말이다. 물론 내 전두엽 손상의 원인은 해마에 주사한 신경독소가 아니다. 그것은 훨씬 더 사실적이고 훨씬 더 익숙한 무엇, 바로 암이다.

2

어느 목요일 아침,
오른손이 사라졌다

처음으로 사람의 뇌를 만져본 지 2년 반쯤 지난 2015년 1월 무렵, 나는 수년간 품어왔던 꿈을 실현하기로 결심했다. 아이언맨 트라이애슬론에 출전하기로 한 것이다. 올림픽 수준의 트라이애슬론은 몇 차례 완주한 적 있지만, 수영과 달리기, 사이클링을 합해 230킬로미터가량을 채워야 하는 아이언맨 트라이애슬론처럼 어려운 경기는 시도해본 적이 없었다. 그러나 지금 하지 않으면 영원히 못 할 것 같았다. 더 나이들기 전에 도전할 수 있는 마지막 기회였다. 나는 코치에게 훈련을 받고 여름이나 가을에 세 종목 도합 약 115킬로미터를 주파하는 하프 아이언맨 경기에 출전하기로 계획을 세웠다. 그 경기에서 성과가 괜찮으면, 65세라는 원숙한 나이가 되는 이듬해에 정식 아이언맨 트라이애슬론에 도전할 생각이었다.

엄청난 노력을 쏟아야겠지만 준비가 되었다는 느낌이 들었고 시기도 적절한 것 같았다. 26년 전 나를 따라 폴란드에서 온 미레크와 두 아이도 새로운 고향에 정착한 지 오래였고, 나처럼 그들도 미국에서 자신들의 삶을 멋지게 꾸려가던 터였다. 성공적이고 행복한 삶. 미레크는 큰 소프트웨어 회사에서 컴퓨터 엔지니어로, 카시아는 예일대학교 의학대학원에서 당뇨병을 연구하는 내분비학자로, 비테크는 피츠버그대학교 뇌조절연구소Brain Modulation Lab에서 신경과학자로 일하고 있다. 딸과 아들 둘 다 사랑하는 사람과 행복한 관계를 맺었고, 카시아와 그 애 남편 제이크에게는 쑥쑥 자라는 어린 두 아들, 우리의 사랑스러운 두 손자 루시언과 서배스천도 있다. 미레크와 나는 30년째 행복한 결혼 생활을 이어온 참이다.

가족이 행복하고 일도 아주 잘되어가고 있으니 내 취미, 특히 스포츠에 더 많은 시간을 쏟을 수 있었다. 나는 군살 없이 강한 근육을 키우는 일에 집착한다. 건강하고 강하다는 느낌 때문이기도 하지만 건강하고 강해 보이는 것을 좋아하기 때문이기도 하다. 내 컨디션은 더할 나위 없이 좋았고 인생 최고의 육체적 도전을 준비하면서 더더욱 운동선수처럼 되고 싶은 열망에 불타올랐다.

새해가 시작된 지 며칠 지나지 않아 나는 코치를 한 명 고용하고 본격적으로 하프 아이언맨 트라이애슬론을 준비했다. 내 꿈의 자전거, 속도를 무려 열한 단계로 조절할 수 있는 울테그라와 고급 카본 휠을 장착하고 흰색 탄소섬유

프레임으로 만들어진 캐논데일 에보 로드바이크도 샀다. 수영 속도가 가장 느렸기 때문에 겨울에는 수영 연습에 집중하기로 했다. 한 주에 몇 번은 해가 뜨기 전에 일어나 근처 수영장으로 가서 여든 바퀴에서 백 바퀴, 그러니까 약 2~3킬로미터를 돈 다음 출근했다.

1월 말 어느 목요일 아침, 첫 번째 훈련 세션을 마치고 수영장에서 나오는데 갑자기 현기증이 느껴진다.

훈련을 지나치게 했나? 칼로리가 떨어졌나?

이렇게 혼잣말을 중얼거린다.

나는 생산적이고 활기찬 하루를 기대하고 있다. 내일 아침에는 몬태나주에서 열리는 뇌 연구 콘퍼런스에 참석하러 떠나고, 거기서 비테크와 그 애 여자 친구 샤이엔을 만나 스키도 탈 예정이라 마음이 무척 들떠 있다. 하지만 차를 몰고 출근을 하는 중에 뭔가 빗나가 있다는 이상한 느낌이 든다. 불안한 마음으로 운전대를 잡고 있었지만 대체 무엇이 잘못된 건지는 알 수 없다.

사무실에 도착한 나는 자리에 앉아 집에서 가져온 오트밀을 먹기 시작한다. 컴퓨터를 켜려고 팔을 뻗는다.

뱃속이 움찔한다.

내 오른손이 사라졌다.

안 보여. 손이 사라졌어.

오른손을 왼쪽으로 옮겨본다.

있다! 다시 나타났어!

그러나 키보드의 오른쪽 아래로 움직이기만 하면 손은 다시 사라진다. 아무리 반복해도 같은 일이 일어난다. 손을 시야의 오른쪽 아래 사분면으로 가져가기만 하면 마치 손목에서 잘라낸 것처럼 완전히 사라지는 것이다.

공포로 마비될 것 같은 기분을 느끼며, 나는 사라지는 오른손을 되찾기 위해 몇 번이나 다시 시도해본다. 그러나 시야의 그 부분에만 들어가면 오른손은 사라진다. 혼을 빼놓고 공포를 안기는 기괴한 마술의 속임수 같다. 도저히 설명할 수 없는 속임수.

단 하나의 가능성을 제외한다면 말이다.

뇌종양…….

나는 즉시 그 생각을 머릿속에서 몰아내려 한다.

아니야, 그럴 리가 없어. 이런 일이 일어날 순 없어.

이미 2009년에 유방암 3기를, 3년 전에는 흑색종 1B기를 이겨냈다고 확신해온 터였다. 그러나 유방암과 흑색종은 종종 뇌로 전이된다. 나는 뇌 뒤쪽에서 시각을 통제하는 영역인 후두엽에 뇌종양이 생긴 것이 이 기괴한 시각 상실에 대한 가장 가능성 높은 설명이라는 것을 안다. 그리고 전이되었음을, 즉 암세포가 퍼졌음을 암시하는 뇌종양은 끔찍한 소식이란 것도 알고 있다.

뇌종양이라면 너무 잔인하고 치명적이니, 반드시 다른 무엇이어야 한다. 아마도 감염 때문에 복용한 항생제 부작용일 것이다. 재빨리 구글에서 독시사이클린doxycyclin을 검색한다. 아니나 다를까, 시각 문제와 환각이 부작용이란다. 아주 드물기는 하지만 그래도 기록된 예가 있다.

이거야. 이게 문제였네.

크게 안도한 나는 이곳을 방문한 몇몇 과학자들과 만나기로 한 회의실로 향한다. 참석자가 모두 도착하자 우리는 조현병 환자의 전전두피질에서 유전자가 작동하는 방식에 관한 발견을 두고 토론하기 시작한다.

그러나 나는 프레젠테이션에 집중하지 못한다. 프로젝션 화면이나 동료들의 얼굴을 볼 때마다 부분 부분이 사라져 무슨 초현실주의 회화나 조각이 하나 빠진 퍼즐을 보는 것 같다. 사라진 부분은 내 한쪽 시야의 4분의 1도 안 되는 영역이지만, 그 공백은 여전히 나를 공포에 질리게 한다.

내 정신에 구멍이 생긴 기분이다. 그것은 무시무시한

인력으로 내가 생각하고 싶지 않은 유일한 설명으로 나를 다시 끌어당긴다.

뇌종양.

나는 회의에 집중한 듯 보이기 위해 필사적으로 노력한다. 그러나 그 생각이 이미 내 머릿속에 박혀버렸다.

뇌종양. 뇌종양. 뇌종양.

한 시간을 고문처럼 보낸 뒤 나는 불쑥 회의실을 빠져나와 사무실로 달려간다. 잠시 책상 앞에 앉는다. 책상의 차가운 표면에 이마를 대고 이 기괴한 상황을 이해해보려 애쓴다. 그러나 생각을 이리 들추고 저리 들춰도, 가능한 모든 각도에서 생각해봐도 이 증상에 대한 가능성 있는 설명은 단 하나뿐이다. 나를 가장 두렵게 만드는 그 한 가지 설명.

여기서 나가야 한다. 집에 가야 한다. 나는 주차장으로 달려가 내 차를 찾고 빠른 속도로 애넌데일로 향한다. 가는 내내 내 심장도 질주한다.

집에는 스키와 헬멧이 준비되어 있고 옷 가방도 다 챙겨져 있다. 나는 노트들과 콘퍼런스 자료 더미에 마지막으로 시선을 한 번 던지며 필요한 걸 다 챙겼는지 확인한다.

내일 아침 일찍 몬태나주 빅스카이로 날아가 해마다 열리는 뇌 연구 동계 콘퍼런스Winter Conference on Brain Research에 참석할 것이다. 올해의 의장으로 선출된 나는 전 세계에서 500명의 신경과학자들이 모여드는 이 회의를 준비하는 데 주도적인 역할을 했다. 환영 연설도 해야 한다. 연설 원고도 이미 꼼꼼히 준비해두었다.

지난 24년 동안 나는 이 회의에 빠짐없이 참석했다. 일과 야외 활동의 즐거움이 균형을 이루는, 내가 제일 좋아하는 회의다. 매일 아침 우리는 뇌 기능과 정신질환, 마약중독과 관련한 주제들을 논하는 회의에 참석한다. 그런 다음 몇 시간 동안 슬로프에서 스키를 타고 리프트에 올라 산 위로 향하며 동료들과 연구에 관해 수다를 떤다. 오후가 되면 다시 모여 전문가다운 회의를 하는데 이 회의는 종종 늦은 밤까지 이어진다.

올해는 내 아들 비테크도 콘퍼런스에 참석하기 때문에 특히 더 신이 났다. 나는 비테크와 함께 회의를 한 다음 샤이엔과 함께 스키를 타러 갈 것이다. 일기예보도 완벽하다. 닷새 내내 눈이 온다는 것이다. 어서 그 산에 오르고 싶다. 나무들 사이로 지그재그를 그리고 시야를 가리는 눈덩이를 차버리며 빠른 속력으로 슬로프를 내려올 때의 그 차가운 공기 냄새와 따끔하게 얼굴을 때리는 꽁꽁 언 바람까지 느껴질 듯하다.

내가 과학보다 더 사랑하는 게 있다면 그건 바로 스키다. 아슬아슬하게 움직임을 제어하며 날아가듯 달릴 때 스키는 무게가 사라진 것 같은 느낌, 존재의 특별한 가벼움, 자유의 감각을 선사한다. 빠른 속도로 달리며 빽빽한 나무들 사이에 길을 낼 때, 바위에서 온통 흰색뿐 아무것도 보이지 않는 공간으로 몸을 던질 때는 순간의 판단으로 결정을 내려야 한다. 믿을 거라고는 나의 민첩한 몸과 예리한 시력, 강한 근육뿐이다. 그리고 주변 풍광의 그 아름다움이라니! 하늘을 찌르는 산들이 주변은 물론 위아래까지 둘러서 있고 발밑에서는 눈이 반짝거린다. 천국에 있는 것만 같은, 너무나도 행복한 순간이다.

하지만 시력 문제가 나를 무겁게 내리누른다. 여전히 내 시야의 오른쪽 아래 사분면에는 아무것도 들어오지 않는다. 나는 내 안에서 커져가는 공황을 눌러 가라앉혀보려고 애쓴다. 이 기이한 현상이 나를 몬태나에 못 가게 할 만큼 심각한 일이라는 건 도저히 받아들일 수 없다. 오늘 아침 오른손이 사라진 순간부터 내가 의심해온 한 가지, 그 절대적인 최악의 가능성이 사실이라는 건 결코 있어선 안

될 일이다. 나는 내 입으로 종양이라는 단어를 내뱉는 것조차 허락하지 않을 것이다.

그러나 가까스로 제정신을 붙들고 있는 의식의 어느 한 구석에서는 내 상황이 위험할 수 있음을 직감한다. 행동해야 한다. 그것도 신속하게. 나는 우리 가족 주치의인 유진 슈모르훈Eugene Shmorhun 박사에게 전화를 걸어 마지막 순서로 나를 만나달라고 부탁한다. 늦은 오후라 진료 시간이 끝나가고 있었지만 그는 즉시 나를 봐주겠다고 한다. 나는 미레크나 그 누구에게도 내가 어디에 가는지 말하지 않는다. 그들을 놀라게 하고 싶지 않다. 그 끔찍한 가능성을 나 자신조차 인정하고 싶지 않다.

슈모르훈 박사는 우리가 폴란드에서 미국으로 처음 이주해 왔을 때부터 거의 26년 동안 우리 가족 주치의였다. 우리 가족이 처음 그의 환자가 되었을 때 그는 막 개인 병원을 개업한 키 크고 잘생긴 젊은 의사였다. 지난 세월 동안 우리는 함께 나이를 먹으며 서로의 피부가 조금씩 처져가고 몸이 점점 동그래지는 과정을 봐왔다. 감퇴하는 청력과 시력을 두고 농담을 주고받기도 했다. 우리처럼 슈모르훈 박사도 달리기와 자전거 타기를 좋아해서 최근에는 각자 참여한 경기 결과가 종종 화제에 오르기도 한다. 그와는 친밀하게 연결된 느낌이 든다.

그 세월 동안 슈모르훈 박사는 나의 추간판 탈출증이나 남편의 갈비뼈 두 개를 제거하게 만든 빗장밑정맥의 혈전 같은 다양한 작은 재앙들로부터 우리 가족을 구했다. 내가 처음 암에 걸려 왼쪽 가슴을 빼앗긴 전쟁을 치렀을 때도 그는 우리 곁에 있었다. 2011년 말, 피부과 의사도 놓친 내 귀 뒤의 흑색종을 발견한 것도 그였다. 첫 남편이 흑색종으로 목숨을 잃은 터라 나는 그 진단에 겁을 먹었지만 슈모르훈 박사는 우리가 그 폭풍우를 헤쳐 나오는 과정을 함께 지켜봐주었다. 그때 이후로 나는 스스로 내 건강에 대해 낙관적인 태도를 가지게 되었고 가족들도 내 생각을 따랐다. 바로 오늘까지 이제 최악은 다 지나갔다고 확신하고 있었다. 고통스러운 수술과 방사선치료로 흑색종을 진정시킨 뒤 종양학과 의사들은 흑색종이 다시 돌아올 확률이 30퍼센트라고 경고했지만 나는 그들의 말을 가볍게 무시했다. **그럴 리 없어. 절대 재발하지 않을 거야.**

그러나 슈모르훈 박사 앞에 앉아서 내 시력 문제를 설명하는 지금 그 확신은 흔들리고 있다.

"눈이에요. 눈 문제가 분명해요."

나는 그렇게 말한다. 그게 내 뇌의 문제일 수는 없다.

그가 진찰하는 동안 나는 빠른 속도로 말을 이어간다.

"독시사이클린을 복용하고 있어요. 이런 부작용을 초래할 수 있는 약이죠." 이어 불쑥 이렇게 덧붙인다. "구글에서 검색해봤어요."

서둘러요. 나는 생각한다. **낭비할 시간이 없어요! 내일 아침에 멋진 여행을 떠난다고요. 어서 해치웁시다. 빨리!**

슈모르훈 박사는 계속해서 내 시력과 눈과 신경 반응을 확인한다. 나는 그의 표정이 심각해지고 얼굴에서 웃음기가 사라지는 것을 눈치챈다. 평소의 침착한 태도에 균열이 가고 있다.

"뭘 걱정하고 그래요?" 내가 그를 안심시킨다. "이런 일쯤 일어날 수도 있죠."

"눈 문제가 아닌 것 같아요." 그가 말한다.

나는 얼어붙는다. 눈 문제가 아니라면 뇌 문제라는 것을 나는 알고 있다.

"두 눈을 다 떴을 때 오른쪽 아래 사분면에 아무것도 안 보이고, 한쪽 눈만 떴을 때도 그렇잖아요." 그가 말한다. "하지만 다른 데는 완벽하게 보이죠. 눈과 시신경은 괜찮지만 오른쪽 아래 시야의 시각 정보를 처리하는 뇌 영역에 뭔가 문제가 생겼다는 의미예요. 당장 안과 의사한테 진찰을 받아야 해요." 그는 안과 의사에게 전화를 걸러 나간다.

나는 겁에 질린다.

우리가 보기 위해서는 눈만이 아니라 뇌도 필요하다. 눈이 세상의 시각 정보를 포착하면 시신경이 그것을 후두엽의 시각피질로 보낸다. 뇌에서 시각 정보를 처리하는 부위다. 왼쪽 눈에 문제가 생기면 그저 왼쪽만 볼 수 없다. 그러나 뇌의 시각피질 중 한 영역에 문제가 생기면 시야의 특정 부분을 볼 수 없게 되는데, 이것이 바로 내가 겪고 있는 문제다.

나는 미레크와 카시아에게 전화를 걸어 시야의 오른쪽 아래가 아무것도 보이지 않는다고, 지금 슈모르훈 박사의 진료실에 와 있다고 말한다. 카시아는 걱정스러운 기색이 역력하지만 나는 별일 아니라고 큰소리친다. 안과 의사와 이야기를 나눠본 후 다시 전화하겠다고 말한다.

안과 의사인 줄리 F. 리Julie F. Leigh 박사의 진료실은 바로 길 건너편에 있다. 그녀는 내 시력을 체크하고, 동공을 확장시키고, 푸르고 강렬하고 밝은 빛을 내 눈 깊숙이 비춘다. 세극등을 사이에 둔 채 그녀의 젊고 예쁜 얼굴이 내 얼굴과 아주 가까이 맞닿고, 그녀의 반짝이는 귀고리는 거의 내 귀와 뺨에 스칠 정도다. 그녀에게서 풍기는 연한 향기가 마음에 든다. 리 박사는 내 시신경이나 망막에서 아무런 문제를 발견하지 못하고, 백내장도 발견하지 못한다. 그러나 몸을 뒤로 뺄 때 그녀의 얼굴에서 미소가 사라져 있고 눈빛은 슬퍼 보인다.

"뇌의 문제인 것 같아 걱정스럽군요." 그녀가 말한다. "후두엽에 문제가 생긴 것이 분명해요. 검사를 더 해봐야겠어요."

나는 다시 길을 건너 달려간다. 슈모르훈 박사의 진료실은 이제 문을 닫았지만 그는 어두운 접수 구역에서 방금 도착한 미레크와 함께 나를 기다리고 있다.

미레크의 차분한 존재감은 언제나 나를 진정시킨다. 미레크는 생후 18개월에 소아마비를 앓은 탓에 아직도 걸을 때는 눈에 띄게 다리를 절지만(미국에서 소아마비 백신이 나온 지 몇 년이 지난 1950년대 말까지도 폴란드에서는 그것을 구할 수 없었다), 그래도 그는 두 팔과 주로 쓰는 다리에 강한 근육을 붙인 훌륭한 사이클리스트다. 언제나 변함없이 친절하고 다정하며 적당한 유머 감각을 지닌 지적인 남자. 늘 시끄럽게 웃음을 터뜨리고 내 의견을 고집하는 강한 성격의 소유자인 나를 있는 그대로 사랑하고, 내가 원하는 일이면 그게 무엇이든 든든하게 지지하는 나의 미레크.

이 어두운 대기실에서, 나는 반항이라도 하듯 미레크와 슈모르훈 박사 곁에서 멀찍이 떨어져 서면서도 그들에게서 위안을 구하고 있다. 나의 용감한 겉모습이 허물어지기 시작한다.

"가능한 한 빨리 뇌 MRI를 해야 합니다." 슈모르훈 박사가 말한다.

"하지만 난 내일 아침에 떠나요! 항공권도 샀다고요!" 내가 대답한다. "내가 콘퍼런스 의장이에요. 꼭 가야 돼요!" 단어들이 겁에 질린 강물처럼 쏟아져 나온다. "난 가야 해요. 스키를 타야 해요. 내가 없으면 콘퍼런스도 없어요. 내가 반드시 있어야 한다고요."

잘 시간이 지났는데도 깨어 있게 해달라고 필사적으로 부모를 설득하려는 아이처럼 나는 똑같은 주장을 거듭 되풀이한다.

평소에는 뜻을 잘 굽히는 슈모르훈 박사지만 오늘은 너무도 단호하다.

"무엇이 문제인지 알아내기 전에는 절대 보내줄 수 없습니다."

미레크도 옆에서 거든다.

"여행하는 건 위험할 수 있어. 즉시 MRI를 해야 돼. 당신이 해야 할 일은 내일 아침 MRI로 당신 머리를 스캔해줄 곳을 찾는 거야."

한 시간이 지나도록 나는 계속 고집을 부린다. 나는 원하는 것을 쉽게 포기하는 사람이 아니다. 하지만 그들은 꿈쩍도 하지 않고 결국 내가 항복한다.

좋아. 나는 스스로에게 말한다. **MRI를 하고 여행을 하루 연기하자. 단지 이 사람들을 만족시키기 위해서야.**

미레크와 나는 각자의 차에 올라 집으로 돌아간다. 나는 시각 문제 때문에 운전하기가 어려워 미레크를 바짝 뒤쫓는다. 날이 어두워진 터라 구불구불한 겨울 도로를 나아가기가 힘들다. 아무리 노력해도 차선에 맞춰 똑바로 따라갈 수가 없다.

집에 도착한 나는 항공사에 전화를 걸어 비행을 하루 연기한다. 비테크에게도 전화해 빅스카이에 꼭 가라고, 나는 늦게 합류할 거라고 말한다. 내일 1월 23일은 비테크의 생일이라 그 아이와 함께 있지 못한다는 사실이 몹시 마음에 걸린다. 콘퍼런스에 참석할 친구들 몇 명에게도 전화를 건다.

"정말 말도 안 되는 일이 생겼지 뭐야!" 나는 쾌활한 목소리로 말한다. "눈에 문제가 좀 있어서 검사부터 받고 합류할게. 난 하루 늦을 거야." 두려움이 목소리에 배어들지 않도록 애쓴다.

다음 날 아침 일찍 우리는 가까운 곳에 있는 영상센터에 MRI를 하러 간다. 나는 내가 운전하겠다고 우긴다. 운전은 언제나 내가 도맡아온 일이고, 우리 두 사람 다 모든 게 정상이라고 느꼈으면 싶어서다. 그러나 나는 차선을 이리저리 넘나들며 형편없이 차를 몬다. 미레크가 운전대를 넘기라고 말하자 나는 신경이 너덜너덜해진 상태로 쏘아붙인다.

"괜찮다니까! 나 좀 내버려둬!"

어쨌든 우리는 사고 없이 영상센터에 도착한다. 안내 데스크에 있는 사람이 접수를 받는다. 그제야 내 뇌에 생겼을지 모를 종양을 검사한다는 생각이 현실감 있게 떠오른다.

MRI를 준비하는데 두려움 때문에 속이 메스껍다. MRI는 이제 내 뇌 이미지를 매우 상세하게 보여줄 것이고, 어쩌면 뭔가 무시무시한 것을 폭로할지도 모른다. 간호사가 뇌 조직에 흡수될 조영제를 혈류에 넣기 위해 정맥주사 선을 팔에 연결한다. MRI가 컴퓨터 시스템을 이용해 내 뇌의 그림(또는 스캔)을 만들어내면, 의사들은 그 그림을 검토해 엑스선이나 CT, 초음파 기계로는 확실하게 감지할 수 없는 종양이나 뇌졸중, 신경 손상 혹은 그 밖의 이상들이 있는지 알아볼 것이다.

검사실 기사가 나를 MRI 기계의 비좁은 튜브 속으로 밀어 넣고 요란한 소음을 내는 자석을 작동시킨다. 나는 스캔이 완료될 때까지 꼼짝도 하지 않고 누워 있다가 한 시간 뒤에야 마침내 해방된다. 이제 집으로 돌아가 결과를 기다려야 한다. 돌아가는 길에는 미레크가 운전대를 잡는다. 나는 두려움과 검사 과정과 거기서 나올지도 모를 결과가 주는 스트레스로 완전히 지쳐 있다.

오전이 절반쯤 지날 무렵 집에 도착한다. 나는 오후 비행기를 타기로 했다. 다시 짐을 꾸리고 또 다시 꾸리고 이것저것을 더 보탠다. 따뜻한 장갑과 양말 한 켤레씩을 여분으로 넣고 잊어버릴 뻔했던 자외선 차단제도 챙긴다. 나는 의사가 어서 전화를 걸어 가능한 유일한 소식을, 그러니까 종양이 아니라는 소식을 전해주기를 기다린다.

하지만 절대 일어나선 안 될 일이 일어나고 만다.

오전 11시경 전화가 울린다. 내가 전화기를 들고 의자에 앉자 미레크도 내가 있는 주방으로 달려온다.

"정말 안타깝습니다." 슈모르훈 박사다.

"어떻게 말씀드려야할지 모르겠군요." 그의 목소리가 갈라지며 말이 멈췄다가 다시 이어진다.

"MRI 결과 당신의 뇌에서 종양 세 개가 발견됐어요. 지금 당장 응급실로 가셔야 합니다. 종양 하나에서 출혈이 생겼어요. 흑색종일 가능성이 높습니다. 흑색종에서는 피가 잘 나거든요. 무척 위험해질 수 있습니다."

내 얼굴을 보고 미레크는 우리의 세상이 비극의 전환점을 돌았음을 깨닫는다.

나는 날씨에 대해 생각한다. **지금 여기 워싱턴 근교는 화창하네. 하지만 오늘 저녁과 내일은 눈보라가 친다지. 그리고 몬태나에도 눈이 내릴 거고.**

주방 의자에서 일어서려 해보지만 움직일 수가 없다.

난 죽게 될 거야.

한순간 그런 생각이 나를 가득 채우고 흘러넘친다. 하지만 나는 온 힘을 다해 그 생각을 걷어차고 행동에 착수한다. 어떤 종류의 것이든 응급 상황에 대해 내가 반응하는 방식은 한결같다. 합리적이고 체계적인 계획을 수립하는 것. 거기 뛰어들어 내가 통제할 수 있는 일을 붙잡고 늘어지는 것.

나는 슈모르훈 박사와 통화를 끝내고 즉시 아들에게 전

화를 건다.

"비테크, 나는 빅스카이에 못 간다. 뇌에 종양이 생겼어. 정말 미안해. 네 생일인데 약속을 지키지 못하겠구나."

비테크는 물론 충격을 받고, 나는 가족에게 그 큰 고통을 또다시 겪게 하는 나쁜 엄마가 된다. 이어서 뉴헤이븐에 사는 딸 카시아와 보스턴에 사는 동생 마리아에게도 전화를 건다. 두 사람 모두 충격으로 멍해진다. 콘퍼런스에 참석하는 동료들에게도 전화를 걸어, 지난 의장에게 나를 대신해서 의장직을 수행하고 이메일로 보내는 연설 원고를 대신 읽어줄 것을 부탁해달라고 말한다. 그들 역시 충격으로 할 말을 잃는다.

나는 자신과 가족을 위해 가능한 한 가장 좋은 치료를 받기로 결심하고, 내가 할 수 있는 것들에 관해 알아보기 시작한다. 치료 계획에 집중하는 것, 지금 이 순간 내 뇌 속에서 무럭무럭 자라는 종양들에 대한 집착에서 조금이나마 벗어나는 방법이다.

내 유방암을 치료했던 조지타운대학병원 종양학과의 클로딘 아이작스Claudine Isaacs 박사에게 전화를 건다.

"끔찍한 일이 일어났어요. 내 뇌에 종양이 여럿 생겼대요. 유방암이 전이된 것일지도 모르겠어요. 종양 하나에서 출혈이 있는 터라 가족 주치의는 흑색종이 전이된 것 같다고 하지만요. 내가 어디로 가는 게 좋을까요?"

목소리를 듣자 하니 그녀도 충격을 받은 게 분명하다. 아이작스 박사는 내게 즉시 조지타운대학병원의 응급실로 가서 마이클 앳킨스Michael B. Atkins 박사를 만나라고 말한다. 대단히 훌륭한 흑색종 종양의라고. 그러면서 자신도 그리로 오겠다고 덧붙인다.

복도 구석에서는 여행에 따라나서려고 대기하던, 작년에 산 미끈하고 아름다운 로시뇰 스키가 나를 물끄러미 보고 있다. 내 발과 발가락의 아주 작은 움직임에도, 심지어 내 정신의 아주 작은 움직임에도 반응하는 멋진 스키다. 이 스키와 함께라면 눈을 뚫고 유연하고 우아하게 날아다닐 수 있는데. 하지만 지금 나는 병원으로 향하고, 스키는 뒤에 남아야 한다.

지금은 눈보라가 닥치기 직전의 금요일 오후, 응급실로 들어가기에 좋은 때는 아니다. 내 혈압은 하늘 높은 줄 모르고 치솟는다. 불안 때문일 수도 있고 종양의 출혈 때문일 수도 있다. 간호사들이 종양 출혈로 생긴 조직 염증 때문에 뇌가 붓는 것을 막기 위해 스테로이드를 투여한다. 나는 알

따란 커튼 뒤 간이침대에 누워 몇 시간이나 기다린다. 미레크와 나를 둘러싸고 황급히 오가는 소리, 울음소리, 비명이 메아리친다. 고통의 소리와 위험에 처한 인간 생명이 내는 소리들이다. 흑색종 수술을 받은 지 겨우 3년, 다시 이 세계로 돌아오다니 너무 가혹하다.

의사들이 오가며 똑같은 질문을 반복하고, 나는 똑같은 대답을 반복한다.

"오른쪽 아래 시야에 아무것도 보이지 않아요. MRI에서 뇌종양이 발견됐고, 그중 하나에 출혈이 있어요. 예전에 유방암과 흑색종을 앓았고요."

알고 보니 오늘 앳킨스 박사는 자리에 없다. 대신 아이작스 박사가 와서 응원의 말을 전하지만 곧 그녀도 가버린다. 그 밖에도 많은 의사가 응급실을 돌아다닌다. 신경외과 의사 한 명이 불쑥 나타나더니 뇌 수술을 받지 말라고, 뇌에 칼을 대는 대신 더 안전한 방사선치료를 하라고 권한다. 방사선 종양학과 의사도 찾아와 똑같이 말한다. 결정을 내릴 수가 없다. 우리는 몇 시간째 기다린다.

보스턴에서 브리검여성병원의 물리학자이자 방사선 종양학과 치료과장으로 일하고 있는 동생 마리아가 여러 차례 전화를 걸어 온다.

"브리검으로 와." 마리아는 강력하게 권한다.

"여기 의사들이 최고야. 방사선 종양학과의 아이저 박사와 이야기해봤어. 그분 말로는 수술이 먼저고 방사선은 그다음이래."

내가 어떻게 갈 수 있을까? 머릿속 종양에서 피가 나는 상태로 여기 응급실에 누워 있는데. 오랜 세월 뇌를 연구해왔지만 나는 신경과 의사는커녕 다른 어떤 종류의 의사도 아니다. 내게 일어날 수 있는 일에 관해 내가 아는 것이 거의 없다. 종양이 터져서 내 뇌를 피로 적시게 될까? 그러면 나는 죽을까? 움직이지 않는 게 좋겠어. 하지만 마리아는 자기가 알고 신뢰하는 의사들을 만나보라잖아. 어떻게 해야 하지?

8시가 조금 지났을 때 그 허술한 커튼을 열고 비테크와 샤이엔이 나타난다. 몬태나 여행을 취소하고 피츠버그에서 차로 달려온 것이다. 아, 이 아이들을 보니 너무나 기쁘다! 두렵고 절망적인 상황이지만 그들이 온 것은 내게 커다란 기쁨이다. 잠시 뒤에 카시아도 도착한다. 카시아는 뉴 헤이븐에서 아셀라 고속철을 타고 눈보라가 내리기 직전에 도착했다. 미레크와 나는 아이들 모두와 함께 있는 것이, 그들의 체취를 맡고 얼굴을 만지고 볼에 입을 맞출 수 있는 것이 정말 행복하다. 카시아는 몹시 피곤한 상태다. 몇 시간 전까지 자신의 환자들을 돌보았기 때문이다. 카시아는 간이침대에 올라 내 곁에 눕고, 우리는 카시아가 어린아이였을 때처럼 꼭 끌어안는다. 비테크와 샤이엔이 병원 카페테리아에서 초밥을 사 와 우리는 침대 위, 정맥주사 선과 구겨진 시트에 둘러싸여 함께 식사를 즐긴다. 응급실의 무시무시한 소음에 둘러싸여 있지만 우리는, 내 가족과 나는 이 시련 속에서 함께 있다.

자정이 되자 아이들이 떠난다. 나는 응급실에 남아 끝없이 이어지는 기계의 신호음과 도움이 절박한 사람들이 내는 비참한 소리를 듣고 있다. 때때로 간호사들이 와서 들여다볼 때마다 나는 좀 더 조용한 곳으로 옮겨달라고 호소한다. 새벽 3시, 그들이 응급실에 딸린 한 병실로 나를 옮겨주어 나는 심한 고통을 겪고 있는 나이 든 여인과 그녀를 둘러싼 대가족과 함께 그 방을 쓴다.

아침에 미레크와 아이들이 다시 오고, 우리의 기다림은 다시 시작된다. 토요일. 병원은 너무 붐빈다. 나를 보러 들르는 의사는 없다. 아무 일도 일어나지 않는다. 정오가 되자 우리는 결정을 내린다. 내일 이곳을 떠나 보스턴의 브리검여성병원으로 가기로 한다. 그러나 일은 우리 생각처럼 쉽지 않다. 주치의가 동의를 거부하고, 간호사는 의료진의 충고에 반해 병원을 떠날 경우 응급실 사용에 대한 보험금이 지급되지 않는다고 알린다.

"의사 동의 없이 떠나기가 두렵긴 해." 나는 카시아에게 말한다. "종양에서 피가 더 나면 어쩌지? 그리고 보험금이 안 나오면 이번 일로 엄청난 돈을 써야 할 거야."

그러나 카시아가 아이폰으로 검색한 환자권리장전과 보험법은 간호사의 말과 다른 이야기를 하고 있다.

"사실이 아니에요." 카시아가 알린다. "우린 떠날 거예요, 엄마."

다음 날인 1월 25일 일요일, 우리는 북쪽의 보스턴으로 향한다. 떠나기 전에 미용사인 친구 재니아가 우리 집으로 와서 내 머리를 다듬어준다. 새벽에 전화해 소식을 전하자 잠옷 바람으로 당장 달려와 7시에 우리 집에 도착한 참이다. 나는 의사들이 내 두개골을 열 경우를 대비해 바싹 잘라달라고 부탁한다.

"그래야 상처가 아물기 쉬울 거야."

미레크와 나는 로드 바이크와 운동화를 챙겨 우리의 토요타 RAV4에 넣는다. 동생 집 지하실에 두고 페달 밟기 운동기구로 쓸 작정이다. 우리는 무슨 일이 생기든 훈련을 멈출 수는 없다는 데 의견을 같이한다. 나는 스키도 챙긴다. 혹시 모르니까 말이다.

가볍게 눈발이 날리는 가운데 미레크와 카시아와 나는 겨울 길을 달리기 시작하고, 비테크와 샤이엔도 그들 차에 올라 우리를 따른다. 우리는 자이언트 슈퍼마켓을 짓고 있는 근처의 건설 현장을 지나친다. 드디어 우리 동네에도 괜찮은 식료품 슈퍼마켓이 생겨서 더 이상 장을 보기 위해 혼잡한 도로를 몇 킬로미터나 달려가지 않아도 된다는 사실에 최근 몇 달 동안 무척 신이 나 있었는데.

내가 살아서 저 가게가 문 여는 걸 보게 될까?

가족의 미래에 대해 계획을 세우고 싶은 충동에 입이 근질거린다. 나는 내가 죽게 되리라 확신한다. 당장은 아니지만 머지않아, 어쩌면 며칠 뒤나 몇 주 뒤에. 물론 인터넷에서 내 상태에 관해 조사해본 참이다. 뇌에 전이된 흑색종의 예후는 한마디로 끔찍하다. 60세가 넘었고 종양이 셋 이상일 때는 특히나.[1] 나는 63세고 종양이 세 개 있다. 남은 삶은 네 달에서 일곱 달이 전부다. 이르면 5월, 늦어도 8월에는 죽겠지. 64세가 될 때까지는 살아 있지 못할 것이다.

운전대를 잡은 미레크 옆에 앉아 있자니 가족의 미래에

대해 생각하는 걸 멈출 수가 없다. 유언장을 써야 하고, 남은 가족들의 일을 덜어주려면 자산 신탁도 설정해야 한다. 나는 내 소유물들이 다툼도, 변호사도, 복잡하게 꼬이는 일도 없이 공정하게 배분되기를 원한다.

"미레크는 집을 팔아야 할 거야." 내가 뒷좌석에 앉아 있는 카시아에게 말한다. "너희나 마리아네 집과 더 가까운 곳으로 이사해야 돼."

"엄마, 그런 말 하지 마세요." 카시아가 말한다. "우리 뭔가 좋은 얘기해요, 응? 크로스컨트리 스키를 하러 가요. 엄마도 좋아할 거야."

이 암울한 준비가 그들에게 상처를 입힌다는 걸 알고 계획에 관해 말하기를 그만둔다. 하지만 속으로는 계속 계획을 세운다.

미레크가 계속 혼자 지낼 수는 없어. 모든 게 그대로고 나만 없는 우리 집에서 지내는 건 너무 힘들 거야. 만약 미레크가 죽는다면 나는 어떤 느낌일까. 어두운 집으로 돌아가는 건 얼마나 외로울까. 내 옷, 내 귀고리, 내 인생은 내가 떠나도 거기 그대로 있겠지. 하지만 나는 없잖아.

그에게 너무 미안해 눈물이 차오른다. 내가 우는 걸 볼까봐 걱정이다. 이런 생각은 그만 떨쳐버려야 한다. 그러나 카시아는 알고 있다.

"엄마, 다 괜찮을 거예요." 카시아가 부드럽게 말한다. "미레크 아저씨도 괜찮을 거고. 우리 모두 괜찮을 거예요. 걱정하지 마세요."

하지만 나는 당연히 걱정한다. 그들을 걱정하고, 나 자신을 걱정한다.

우리는 뉴헤이븐에 있는 카시아와 제이크의 집에서 하룻밤을 머문다. 손자 루시언과 서배스천이 환희의 괴성을 지르며 미레크와 나를 맞이한다. 아이들은 무슨 일이 벌어진 건지 온전히 이해하지 못하지만 바프치아(폴란드어로 '할머니'라는 뜻이다)가 아파서 모두가 걱정하고 있다는 건 안다.

이 집은 의미와 추억으로 가득한 곳이다. 미레크와 카시아와 비테크와 내가 미국으로 이주해 온 1989년, 우리는 버지니아주 알렉산드리아에 처음 자리를 잡았다. 타운하우스를 재분할한 임대 아파트에서 살았는데, 주위에는 전 세계에서 온 수많은 이민자가 바다를 이루고 있었다. 아파트의 커다란 규모에 우리는 뛸 듯이 기뻤다. 아이들의 침실이 각각 따로 있는 데다, 그동안 살았던 곳 중 가장 넓어서 마치 대저택처럼 느껴졌다. 가구 하나 없이 온 터라 미레크와 나는 한 동료가 빌려준 퀸사이즈 에어 매트리스를 썼고, 아이들은 차고 세일에서 1달러씩 주고 산 커다란 스펀지 위에서 잤다. 교회 바자회에서는 크롬으로 도금한 탁자와 노란색 비닐 쿠션을 댄 낡아빠진 의자 몇 개를 35달러에 샀는데, 몇 주 동안 골판지 상자를 식탁 삼아 바닥에 앉아 식사를 하며 지내던 끝에 손에 넣은 물건이라 대단한 사치품처럼 여겨졌다.

카시아가 통학 버스에 탄 친구들 중 주택단지에서 내리는 건 최근에 이민 온 아이들뿐이라는 얘기를 했다. 다른 아이들, 그러니까 더 잘사는 아이들은 좋은 동네에 있는 단독주택에 산다는 것이었다. 우리는 집을 사려면 무엇이 필요한지 알아봤고 주택담보대출을 받으면 우리가 임대료로 내는 액수와 비슷한 돈이 들어간다는 사실을 알게 되었다. 하지만 그 돈은 우리의 자산으로 돌아오게 될 터였다! 이것은 하나의 계시였다. 집을 소유한다는 것은 가슴 설레면서도 완전히 생소한 개념이었다. 우리는 우리 형편으로 살 수 있는 집을 찾기 시작했고, 〈워싱턴포스트〉의 부동산 섹션에서 버지니아주 애넌데일에 있는 집 한 채를 찾아냈다. 우리가 살던 동네와 아주 가깝고, 커다란 식민지풍에 마당이 있는 단독주택. 우리는 그 집을 샀다. 앞마당에 맨땅이 군데군데 드러나고 커다란 나무뿌리들이 잘린 채 오랫동안 방치된 듯했고, 손질이 많이 필요해 보였다. 하지만 뒤로는 숲과 개천이 있었다. 그리고 무엇보다 중요한 것은, 지표면에서 지구 중심까지 모두 우리 땅이라는 사실이었다. 우리는 그 집이 주는 자유와 독립의 느낌을 사랑했다. 마치 우리가 미국에서 성공을 거두었다고 말해주는 것 같았다.

이제는 카시아와 비테크 모두 각자 아름다운 3층집을 갖고 있다. 비테크와 샤이엔은 피츠버그의 보헤미안 구역에서 살고 있고, 카시아와 제이크의 집은 예일대학교에서 1.5킬로미터쯤 떨어진 조용한 거리에 위치한 하늘색 빅토리아풍 주택이다. 아이들의 집에 갈 때마다 나는 그들이 이룬 모든 것을 보며 애정과 자랑스러움으로 가슴이 부풀어오른다. 카시아와 제이크의 사랑스러운 아이들이자 내 손자들인 루시언과 서배스천을 보면 더더욱 그렇고.

이 어린아이들의 모든 것이 나를 미칠 듯이 행복하게 만든다. 나는 아이들의 머리카락과 살갗에서 나는 냄새에 도취되고 압도된다. 아이들의 미소 짓는 얼굴을, 울퉁불퉁하고 유난히 큰 우스꽝스러운 치아를, 땀에 절어 헝클어진 머리칼을, 그 작은 몸 안에서 보글보글 끓어오르는 에너지를 나는 사랑한다. 손자들을 만나 함께 놀고, 책을 읽어주고, 학교까지 걸어서 데려다주는 것보다 내가 더 사랑하는 일은 없다. 아이들의 삶에서 너무 빨리 지나가버릴 유년기의 모든 순간을 나는 소중히 간직하려 애쓴다.

손자에 대한 할머니의 압도적인 사랑은 어디서 오는 것일까? 40년 전 카시아가 태어났을 때 나의 시어머니는 첫 손주인 카시아를 보고 울고 웃으며 맹목적인 사랑을 쏟았고, 얼굴 표정의 미세한 변화와 작은 손발의 움직임 하나하나에 기쁨과 흥분으로 손뼉을 치곤 했다. 그런 시어머니의 모습에 나는 당황스러울 뿐이었다. 하지만 2006년에 카시아의 아들 서배스천이 태어나자, 나도 그때의 시어머니처럼 맹목적인 사랑을 쏟는 할머니가 되었다. 3년 뒤 루시언이 태어났을 때에도 같은 일이 일어났다. 할머니가 되면서 생긴 특별한 감정을 느낄 수 있었다. 나의 바프치아가 나를 아껴주고 무조건적인 사랑을 쏟았듯이, 나도 그 한계 없는 사랑을, 이성적 판단을 무력하게 만들고 뇌를 물렁한 감상덩어리로 만들어버리는 할머니의 사랑을 깨달았다. 그것은 또한 최고의 만족과 희열을 안겨주는 사랑이기도 했다. 그리고 내가 이 작고 소중한 두 아이를 지금 이 순간만큼 절실하게 느낀 적은 없었다.

다음 날인 월요일 아침 우리는 모두 함께 서배스천과 루시언을 학교까지 데려다준다. 문득 다시는 아이들을 볼 수 없을지도 모른다는 생각이 스친다. 분노에 찬 슬픔이 가슴속에 파도처럼 차올라 온몸으로 흘러넘치고 목구멍을 틀어막는다. 나는 아이들의 머리에 입을 맞추며 머리카락 냄새를 맡고 마르고 작은 몸을 꼭 안아준 뒤 길을 떠난다.

미레크와 카시아, 샤이엔, 비테크는 나와 함께 계속 북쪽으로 달리고, 제이크는 아이들을 돌보기 위해 뒤에 남는다. 그는 나중에 우리와 합류할 것이다. 다시 쏟아지는 눈 속에서 우리는 두 가지 색으로 된 황량한 풍경을 달린다. 희디흰 길과 들판, 그 들판을 가르는 검은 강, 흰 종이 위에 그린 연필 자국 같은 가지를 달고 있는 검은 나무둥치들. 얼어붙은 세상.

나 역시 얼어붙은 기분이다. 얇은 얼음장처럼 금세 깨질 것만 같다. 건드리지 말아야 할 곳을 무심코 톡 건드리기만 해도 나는 산산조각 나버릴지 모른다.

우리는 정오가 되기 전에 보스턴에 도착한다. 마리아가 이미 브리검여성병원과 그 산하기관인 다나파버암연구소 의사들과 약속을 잡아두었다. 내 흑색종을 치료했던 종양학과 의사인 스티븐 호디Stephen Hodi 박사는 다나파버연구소 소속이고, 브리검여성병원에는 따뜻하고 배려심 깊고 꼼꼼한 방사선 종양학과 의사인 아얄 A. 아이저Ayal A. Aizer

박사와 신경외과 의사인 이언 던Ian Dunn 박사가 스태프로
있다. 이들이 모두 협력해 나를 치료할 것이다.

각각 의사를 만날 때마다 우리 여섯 명, 그러니까 카시
아와 비테크, 샤이엔, 미레크, 마리아 그리고 나는 모두 함
께 참석했고, 거기에 간호사 한 명, 때로는 레지던트나 조
수까지 함께인 경우도 있었다. 이따금 의사가 우리 중 누가
환자인지 몰라 물어볼 때면 우리는 다 같이 즐거워했다. 건
장하고 잘생긴 나의 가족들(마리아와 내가 제일 작다)로 진료
실이 가득 차서 방문 때마다 스태프들은 의자를 더 챙겨 와
야 했다.

이 의사들은 하나같이 내 시각을 확인하는 단순한 테스
트를 실시한다. 검지와 중지를 V 자 모양으로 만들어 시야
의 각 사분면에서 상하좌우로 움직이며 내게 보이는지 묻
는다. V가 오른쪽 아래 사분면에 들어갈 때마다 보이지 않
는다.

곧이어 또 한 번의 MRI 검사를 실시하고, 암세포들이
빠르게 분열하고 있는 위치를 알려줄 양전자방출컴퓨터단
층촬영CT/PET이 이어진다. 우리는 아이저 박사와 오랜 시간
이야기를 나눈다. 그는 출혈이 일어난 종양을 먼저 수술하
고 그 후에 해당 부위와 다른 두 종양에 방사선치료를 해야

하는 이유를 말해준다. 정성을 기울여 모든 것을 명확하게 설명하고 스캔에 관해 이야기하며 몇 시간을 보낸다. 최첨단 흑색종 치료 분야의 세계적 전문가인 종양학과 의사 호디 박사 또한 수술과 방사선치료가 끝난 뒤에야 자신이 개입해 다른 치료법을 시행할 수 있다고 덧붙인다. 그의 논리는 설득력이 있고 우리는 모두 그가 제안한 치료 계획에 동의한다.

신경과 의사를 기다리는 동안 카시아가 내 기록을 보더니 소리친다.

"세상에! 엄마를 담당한 외과의사가 이언 던이에요. 내 의대 시절 친구!"

"그 사람 괜찮아?"

"기가 막히죠!" 카시아가 장담한다. "대단히 학구적인 친구예요."

우리 가족이 다시금 작은 진료실을 꽉 채우고 카시아와 내가 검진용 테이블에 함께 앉아 있는데, 던 박사가 조수와 함께 도착한다. 그는 카시아와 웃으며 이야기를 나눈다. "이런 우연이 있나!"

던 박사는 컴퓨터에 스캔한 영상을 띄우고 거기 나타난 무시무시한 형태들을 가리킨다. 나는 재빨리 훑어본 뒤 시선을 돌려버린다. 아무리 뇌를 많이 연구했어도 이렇게 망가진 상태의 내 뇌를 들여다보는 건 싫다. 건강한 회색 조직이 있어야 할 자리에 생긴 섬뜩한 검은 점들을 보고 싶지 않다.

안과 의사와 내가 직감했던 대로, 증상을 초래하는 종양은 머리 뒤쪽 후두엽에 있는 일차 시각피질에 생긴 것이었다. 그래서 내 시각에 이상이 나타난 것이다. 큼직한 건포도만 한 종양이 뇌이랑 사이의 좁은 계곡인 뇌고랑 안쪽에 자리 잡고 있다. 마치 언덕 사이 틈새에 숨은 검은 새끼양처럼. 출혈이 있긴 하지만 최악의 위치는 아니야, 하고 나는 생각한다. 척수에 생겼다면 아마 마비가 왔을 것이다. 호흡 같은 기본적인 생명 유지 기능을 통제하는 뇌간에 생겼다면 너무 위험해 아예 수술할 엄두도 못 냈으리라. 종양이 목숨을 위협하지는 않으면서도 제 존재를 알릴 수 있는 곳에 생긴 것은 내게 큰 행운이다. 종양이 눈에 띄는 증상 없이 자랐다면, 그러니까 내 손이 시야에서 사라져 나를 공포에 질리게 하지 않았다면 우리는 종양이 한참 동안 제멋대로 신나게 자란 후에야 이상 신호를 알아챘을 것이다. 그랬다면 틀림없이 나는 목숨을 잃었으리라. 불운한 이 상황에도 많은 행운이 깃들어 있는 셈이다. 이 짓궂은 작은 건포도가 내 생명을 구하고 있으니까. 적어도 지금은.

던 박사는 자신이 출혈을 멈추고 종양을 제거할 거라고 말한다. 그런 다음 그것이 정말로 흑색종인지, 그렇다면 어떤 종류의 흑색종인지 검사해 판단할 거라고 한다.

"시력을 잃게 될까요?"

내가 묻는다. 수술에는 언제나 심각한 위험이 따르는 법. 내 경우에는 후두엽에 손상이 생길 위험이 있고, 그러면 시각을 잃을 수도 있다.

"아마 괜찮을 테지만, 이론적으로는 있을 수 있는 일입니다. 시각을 잃지는 않더라도 다른 문제들이 생길 수도 있고요. 만에 하나 수술 후에 깨어나지 않으실 수도 있습니다. 가능성이 아주 낮지만, 그래도 저는 모든 위험에 관해 알려드려야 하니까요."

쾌활하고 활기 넘치는 젊은 남자 간호사가 혹시 벌어질지 모르는 무시무시한 일들의 목록이 적힌 동의서를 내민다. 내가 서명을 하고 우리는 그곳을 떠난다.

수술은 다음 날인 1월 27일 화요일로 잡혔다. 하지만 '2015년의 폭설'로 이름을 떨치게 될 거대한 눈보라가 다가오고 있었다. 북동풍이 미국 북동부와 캐나다에 막대한 양의 눈을 퍼부을 터였다. 보스턴 교외에 자리한 동생의 집으로 차를 달리는 사이, 벌써 눈이 내리기 시작한다. 좁고 구불구불한 도로가 미끄러지는가 싶더니 금세 하얀 눈에 뒤덮인다. 숨을 죽이고 조심해서 차를 모는데도 몇 번이나 미끄러진다.

폭설이 주변 세상을 다 덮어버려 우리는 수술까지 이틀을 더 기다리게 된다. 동생 집 창에 눈이 쌓여 있다. 눈보라가 지나간 뒤 바깥은 조용하고 차분하고 아름답다. 나는 카시아와 비테크와 함께 허벅지까지 올라온 눈을 헤치며 숲속을 걷는다. 눈이 가벼운 솜털 같다. 나는 눈 위에 누워 눈천사를 만든다. 우리는 웃고 있다. 살아 있다는 건 참 좋은 일이다.

수술이 연기되었을 때부터 나는 가족과 함께하는 시간을 즐기며 종양에 관한 생각은 완전히 차단한다. 뇌 전문가이면서도 나 자신의 뇌에서 벌어지고 있는 일에는 거부감을 느낀다. 뇌 은행에서 처음 두 손으로 뇌를 들었을 때 나는 무심한 흥미를 느끼며 그것을 감탄하며 들여다볼 수 있었다. 내 뇌가 아니었으니까. 지금은 뛰어난 의사들을 선택하는 정도로만 치료에 참여하기를 원할 뿐, 정작 내 MRI를 들여다보거나 두개골 안에서 벌어지고 있는 일에 관해서는 생각하고 싶지 않다. 나 자신의 뇌는 나에게 치명적인 위험을 코앞에 들이민다.

목요일이 되어서야 도로가 뚫린다. 다시 보스턴으로 갈 수 있다.

오전 시간에는 교통이 혼잡해 병원에 도착하기까지 영원처럼 긴 시간이 걸린다. 높게 쌓인 눈 속에서 느릿느릿 움직이는 차들로 도로가 꽉 막혀 있는데 눈이 더 내릴 거라는 예보가 들린다. 마침내 우리는 병원에 도착한다. 뉴헤이븐에 있는 어머니에게 아이들을 맡기고 합류한 제이크까지 포함해 가족 모두가 나와 함께 있다.

늦은 오전, 우리는 어떤 넓은 장소로 들어간다. 소파와 편안한 안락의자가 갖춰진 작은 칸막이 방들이 있는 곳이다. 환자가 수술을 끝내고 나오기를 기다리는 동안 보호자 가족들에게 어느 정도 프라이버시를 제공하는 일종의 대기실인 셈이다. 가족들은 책, 게임, 컴퓨터 등 스스로 즐길 온갖 것들을 가져왔다. 대기 시간이 길어질 수 있다는 안내를 들은 터였다(이 지연에는 눈보라도 기여했다). 나를 수술 준비 구역에 데려가는 데만도 두세 시간이 걸렸지만 우리 모두 기분이 좋고, 마치 파티에 온 양 초조한 에너지로 들썩거리며 농담과 잡담을 주고받는다.

마침내 내 이름이 불리고, 나는 미레크와 동생 마리아와 함께 수술 준비실로 향한다. 거기서 간호사에게 검사를 받은 뒤 마취과 의사를 만나고, 외과의 던 박사와도 다시 만난다. 나는 겁이 나기는커녕 마침내 수술을 하게 된 것에, 이제 곧 마취가 시작되면 아무것도 모르고 기억도 못하리라는 것에 크나큰 안도감을 느낀다.

간호사 한 명이 수술 준비실에 앉아 있는 나에게 강력한 진정제를 투여하자 내 의식은 곧 물에 떠내려가듯 서서히 가물가물해진다. 정신이 어둡게 꺼져가는 과정을 나는 기꺼이 받아들인다. 무의식과의 이 짧은 만남이 나의 길고 위험한 여정의 시작에 지나지 않는다는 사실을 알지 못한 채.

3

사형선고를 받은
뇌

의식이 사라지자마자 던 박사는 내 두개골 뒤쪽을 뚫고 후두엽에서 출혈이 생긴 종양을 찾기 시작했다. 그 말썽 많은 건포도는 비교적 쉽게 발견되었다. 녀석은 내 일차 시각피질의 접힌 부분 안쪽에서 자라고 있었다.

던 박사는 수술 팀의 도움을 받아 종양을 제거하고 흘러나온 피를 뽑아냈다. 이어 뇌에 접근하기 위해 열었던 두개골을 다시 제자리에 돌려놓은 뒤 티타늄 나사로 뼈를 봉하고 피부를 꿰맸다. 봉합선이 손상되지 않도록 두피를 접어 굴려 12센티미터쯤 되는 절개선을 따라 꿰맨 덕에 내 뒤통수에는 통통한 지렁이 한 마리가 달라붙게 되었다. 이 지렁이는 시간이 지나면서 납작해지고 깔끔한 흉터로 자리 잡게 될 것이다.

몇 시간 뒤 나는 눈을 뜬다.

내가 처음으로 인지한 것은 내가 볼 수 있다는 것, 눈이 멀지 않았다는 사실이다. 좌우, 위아래, 내 시야의 모든 부분이 다 보인다. 나는 병실을 둘러보며 시각을 점검한다. 수술 전에 의사들이 했던 것처럼 손가락을 V 자 모양으로 만들어 시야의 사분면 모든 곳으로 움직여본다. 아무 문제 없다. 전혀! V 자를 어디로 가져가도 다 보인다. 손이 사라지지도 않고, 차단된 시야도 없으며, 비정상적인 것은 아무것도 없다. 종양과 출혈은 내 후두엽에 영구적인 손상을 입히지 않았다.

정말 다행이다. 한 가지만 빼고.

던 박사는 그 종양이 전이성 흑색종인 것 같다고 말한다. 정확한 것은 며칠 뒤 실험실에서 결과가 나온 뒤에야 알게 될 것이다. 그동안 우리가 할 수 있는 일은 걱정했던 대로 내가 흑색종, 그러니까 가장 무시무시한 유형의 암과 또다시 사투를 벌여야 할 가능성이 매우 높다는 생각에 마음을 졸이는 것뿐이다.

흑색종은 피부암 가운데 가장 드물지만 가장 위험한 유형이다. 매년 약 13만 명이 흑색종 진단을 받는데[1] 그중 대부분이 나처럼 피부가 흰 사람들이다. 흑색종은 멜라닌이라는 어두운 색소를 갖고 있는 피부 세포인 멜라닌세포(멜라노사이트melanocyte)에서 생긴다. 자외선으로부터 깊은 피부층을 보호하는 이 멜라닌세포가 무해하게 자라난 단순한 점이 되었다가 시간이 지나며 암으로 바뀌는 일이 간혹 있는데, 흑색종은 대개 이런 과정을 통해 생겨난다. 흑색종은 일단 발생하면 쉽게 전이되는 편이고 원래의 자리인 피부에서 종종 림프샘이나 다른 기관, 특히 폐와 간, 그리고 뇌로 퍼져나간다. 뇌로 전이되면 치료는 거의 불가능하다.

우리가 알고 있는 모든 정보에 근거하면, 나는 사형선고를 받은 셈이다.

의심의 여지 없이 나는 죽게 될 것이다. 의사들은 물론 나와 나의 가족까지 모두가 알고 있다. 큰 소리로 이야기를 하지는 않지만, 그 끔찍한 현실은 우리 곁에 끈질기게 머문다.

수술을 마친 1월 29일 목요일 밤, 지친 가족들은 마리아의 집으로 가고 나는 회복을 위해 병원에 남는다. 침대에 누워 있자니 아무런 고통도 느껴지지 않지만 잠을 잘 수가 없다. 뇌가 붓는 것을 방지하기 위해 스테로이드를 잔뜩 투여했는데, 스테로이드의 부작용 중 하나가 다름 아닌 불면증이다. 나는 말똥말똥하게 깨어 있고 내 정신은 기억들로 넘쳐난다.

그 어두운 시간에 내 상태를 지켜보던 중환자실 간호사가 침대 곁으로 의자를 당겨다 놓고 앉는다. 창밖에는 눈이 내리고 내게선 말이 흘러나온다. 나는 간호사에게 이전까지 아무에게도 말한 적 없는 이야기를 들려준다. 내가 폴란드에 남겨두고 왔다고 생각했던 고통스러운 이야기들. 나는 밤새도록 이야기한다.

다음 날 아침 비테크와 샤이엔이 제일 먼저 도착한다. 조용한 병실에서 나는 그들에게도 그 이야기를 들려준다. 곧 죽으리라 확신하고 있기 때문이다. 그들 또한 자신의 역사이기도 한 내 역사를 알고 싶어 한다. 나는 특히 비테크가 뛰어난 컴퓨터 과학자였던 자기 아버지 비톨트에 관해 더 많이 알았으면 하고 마음속으로 바란다.

이야기를 쏟아놓는 것에는 이기적인 이유도 있다. 나는 내 몸에서 일어나는 일에 대한 두려움을 표현하고픈 욕구를 느끼고, 지금 가장 고통스러운 방식으로 되풀이되고 있는 가족사에 목소리를 부여하고도 싶다. 내 아들이 겨우 일곱 살이 되었을 무렵, 그 아이의 아버지가 바로 지금 내게 생긴 바로 그 유형의 암, 뇌에 전이된 흑색종으로 세상을 떠났기 때문이다.

남편이 내게 그 소식을 알렸을 때 비테크는 막 걸음마를 시작한 아기였고 누나인 카시아는 다섯 살이었다. 1980년 6월, 폴란드 바르샤바의 무덥고 화창한 날이었다. 스물아홉 살의 젊은 아내이자 엄마인 내가 저녁을 준비하며 채소를 썰고 있을 때 비톨트가 공포로 일그러진 얼굴을 하고는 집에 돌아왔다.

그가 쏟아낸 말들이 너무도 무시무시해서 나는 그 내용을 제대로 소화할 수가 없었다. 그날 일찍 등에서 검은 점을 발견한 그는 지역 병원의 피부과 의사를 찾아갔다. 의사는 한번 슬쩍 보더니 그에게 흑색종에 걸렸다고 선언했다.

"의사 말이, 내가 죽을 거래." 비톨트는 내게 말했다. "길게 잡아야 여덟 달이라고."

나는 비명을 지르고 싶었지만 소리가 나오지 않았다. 마침내 이런 말이 입 밖으로 튀어나왔다.

"의사가 틀렸을 거야!"

그 의사는 공산주의 국가 폴란드의 보건 시스템에 존재하는 수많은 한심한 의료인 중 하나, 또 하나의 돌팔이가 분명했다. 누구든 한번 바라보기만 해도 비톨트가 건강 그 자체라는 걸 모를 리가 없었다. 잘생긴 얼굴, 넓은 어깨, 근육질의 몸. 게다가 폴란드에서 아무도 달리기를 운동으로 하지 않던 그 시절에 그는 수영과 달리기를 하는 사람이었다. 우리는 폴란드 기준으로 더 바랄 것 없이 완벽한 아이들을 둔 젊은 가족이었다. 유복하고, 성공했으며, 세속적인 가족. 불과 한두 해 전인 1978~1979학년도까지 우리는 비톨트가 미국 풀브라이트 장학금으로 공부하던 일리노이

주립대학교 소재지인 시카고의 어배너-섐페인에서 보내고 돌아온 참이었다. 우리에게는 야심 찬 미래 계획이 있었다. 그 계획에 암은 포함되지 않았다.

이튿날 아침 일찍 우리는 전날 비톨트가 갔던 병원에 찾아가 재진을 요구했다. 의사는 근엄하고 냉정하게 원래의 진단을 반복했다. 비톨트가 몇 달 안에 죽을 거라는 얘기였다.

"치료법이 없습니다. 준비들 하시죠."

나는 기절할 것 같았다. 간호사가 내 손바닥에 발륨(신경안정제의 한 종류-옮긴이) 한 알을 쥐여주며 우리를 문으로 안내했다.

"우리 이 이야기는 아무한테도 하지 말자."

그날 밤 침대에 누웠을 때 비톨트가 속삭이듯 말했다. 당시 폴란드에서는 암에 오명이 따라붙었다. 깨어 있고 교육받은 친구들 사이에서조차 암은 나약함과 자기 삶에 대한 통제 상실의 신호로 여겨졌다. 암에 관한 이야기는 일종의 금기였다.

며칠 뒤 한 종양학과 의사가 비톨트에게 흑색종이 생겼음을 확인하고 즉시 수술 일정을 잡았다. 몇 주 뒤 흑색종을 잘라냈고 남편은 화학치료를 시작했다. 바르샤바의 바벨스카 거리에 있는 종양학 연구소의 주사실은 무시무시하고 암울했다. 설상가상으로 우리는 당시 대부분의 사람들이 그랬듯이 화학요법에 대해서는 아무것도 몰랐다. 어떤 일을 예상할 수 있는지, 혹은 그 치료의 목적이 무엇인지 우리에게 설명해주는 사람은 아무도 없었다. 의사와 병원 직원들은 환자와 소통하지 않았고, 환자의 가족이 모든 걸 알아서 해야 했다. 인터넷이 등장하기 전인 그 시절에는 정보를 쉽게 구할 방법이 없었다. 하지만 나는 우리의 상황이 매우 암울하다는 사실을 인지하고 있었다. 암은, 특히 흑색종은 불치병으로 여겨졌다. 그 병을 이기고 살아남는 사람은 극소수였다.

그러나 비톨트는 죽지 않았다. 수술에 이어 몇 차례 화학치료를 받은 뒤 그는 정상적인 생활로 돌아갔고, 나도 그가 암에 걸렸다는 사실을 재빨리 잊기 시작했다. 그 사실은 단순히 잊힌 것이 아니었다. 나는 의도적으로 비톨트의 병을 의식에서 몰아냈다. 마음속 어두운 구석에 그 생각을 몰아넣어 피상적인 행복의 막으로 덮고 빠져나오지 못하게 보드카와 파티로 못을 쾅쾅 박았다.

그럼에도, 아무리 무의식 깊숙이 묻어두었다 해도, 그의 병이라는 악몽은 우리 머리 위를 둥둥 떠다녔다. 비톨트는 점점 더 내면으로 움츠러들었고, 우리는 그 병의 심각성을 부인하느라 서로를 밀어냈다. 내가 겁에 질려 있다는 사실을 절대로 믿고 싶지 않았지만, 나는 사실 겁에 질려 있었다. 공포가 우리의 고립을 부추겼고, 우리는 점점 서로에게서 멀어졌다.

1981년이 저물 무렵 폴란드의 정치 상황은 악화되는 우리 결혼 생활을 거울에 비춘 것 같았다. 그해 12월 공산 정부는 증가하는 정치적 반대를 진압하기 위해 계엄령을 선포해 국민의 자유를 극도로 제한하고 이미 불안정하던 경제를 급격히 추락시켰다. 전차들이 바르샤바 거리를 가로막는가 하면 완전군장을 한 군인들이 순찰을 돌았다. 얼어붙을 듯 추운 겨울밤, 군인들은 그 어두운 도시 곳곳에 임시로 피운 모닥불로 몸을 녹였다. 우리에게는 낯설고 무서운 세계, 사실상 전쟁터나 마찬가지였다. 텅 빈 상점 앞에는 음식을 구하려는 사람들로 끝없는 줄이 이어졌다. 군인들은 검문소에서 신분증을 검사했고, 다들 체포될까 두려워 통행금지가 되기 전 서둘러 집으로 돌아갔다. 감옥에 갇힌 친구도 있었다.

내가 미레크라는 또 다른 남자와 사랑에 빠졌을 때 비톨트와의 결혼은 끝난 것이나 다름없었다. 미레크의 품에 안길 때마다 나는 그 사실을 되새기며 스스로를 위로했다. 견고한 안정감을 주는 미레크의 존재야말로 아이들과 내게 꼭 필요한 것이었다. 비톨트는 나의 배신을 매우 고통스럽게 받아들였다. 곧 그는 프랑스로 떠나 우리의 삶에서 사라졌고, 이후 2년 동안 몇 번밖에 아이들을 만나러 오지 못했다. 서구로 건너갔다 돌아오는 일이 쉽지 않던 시절이었다.

그렇게 드물게 이어지던 몇 차례의 만남 중, 한번은 아파트를 나서던 비톨트가 문간에서 돌아서더니 나를 보며 훌륭한 어머니라고 말했다. 나는 언제나 무조건적으로 아이들 곁을 지키는 강력한 존재였다고, 아이들을 향한 그런 확신과 헌신이 부러웠다고. 슬프고 다정하고 겸손한 태도였다. 이어 그는 내게 작별의 키스를 했다. 그가 몇 년 만에 처음으로 보여준 우호적인 몸짓이었다.

당시에는 전혀 알 수 없었지만, 그 말은 내가 들은 비톨트의 마지막 말이 되었다. 그러고서 몇 달이 지난 1985년 5월, 비톨트는 프랑스 보르도의 한 병원에서 세상을 떠났다. 암이 뇌로 전이되었던 것이다. 당시에는 그런 종류의 뇌종양을 치료하는 방법이 없었다.

그 소식을 들었을 때, 나는 가눌 수 없을 정도로 몸이 떨렸다. 이야기를 전해 들은 아이들도 슬퍼하며 울었다. 나와 나의 가족, 그리고 비톨트의 가족은 아이들이 장례식에 참석하기에는 아직 어리다고 판단했고, 나는 혼자서 장례식에 갔다. 나중에 아버지의 죽음에 관해 이야기를 꺼내려 할 때마다 아이들은 대화를 피하곤 했다. 세월이 흐르는 동안 우리는 각자의 방식으로 과거를 잊고 최선을 다해 미래로 나아갔다. 그러나 비톨트의 죽음은 여전히 우리 모두의 머리 위에 드리워 있었다. 흑색종은 우리 가족에게 특별히 무거운 의미를 띠고 있었다.

수술을 받은 지 사흘이 지난 2015년 2월 1일 일요일, 나는 퇴원해도 될 만큼 회복되었다. 미레크와 나는 마리아의 집으로 돌아가 의사들과 가까운 곳에 머물며 회복기를 보낸다.

여전히 뇌부종을 막기 위한 스테로이드로 가득 충전된 나는 무한한 힘을 지닌 슈퍼히어로로 같은 기분이 들고 각성제를 복용한 사람처럼 끊임없이 투지가 불타오른다. 당장에 국립정신보건원의 행정과 임상, 과학 분야를 이끄는 사람들에게 일련의 이메일을 보내기 시작한다. 내가 죽을 경우 그들이 알았으면 싶은 모든 것에 관한 내용이다. 이메일을 보내는 것 자체는 비상식적인 행동이 아니다. 하지만 그

수가 너무 많고, 너무 길고, 너무 자세하다. 스테로이드를 연료 삼아 솟아난 조증 에너지의 신호다.

폭포처럼 쏟아지는 생각을 도무지 멈출 수가 없다. 말하고 쓰는 것을 멈출 수가 없다. 나는 내 인생에 관해 몇 페이지고 계속 써 내려간다. 이 병이 나를 데려간다 해도 과거와 현재의 내 존재를 이룬 모든 것이 사라지지 않도록 확실히 해둬야 한다. 더구나 이 병이 나를 데려갈 확률은 매우 높다. 내가 육체적으로 아무리 튼튼하고 삶에 대한 열정과 주변 사람들에 대해 깊은 사랑을 품고 있다 해도 나는 죽을 것이다. 아마도 머지않아. 나도 알고 내 가족도 아는 사실이다. 아이언맨 트라이애슬론을 위한 훈련은 끝났다. 지금까지 내가 알아왔던 내 삶도 끝났다.

그러나 나는 싸우지도 않은 채 쓰러지지는 않을 작정이다. 이상하게도 낙천적인 기분이 든다. 첫 남편이 흑색종으로 사망한 이후 나는 그 끔찍한 병에 관한 최신 연구 내용을 계속 챙겨왔다. 새로운 의학적 발전에 관한 글을 읽을 때마다 나는 비톨트를 생각하며 그가 이 치료를 받을 때까지만 살아 있었다면 어땠을까 생각하곤 했다. 그렇다면 그는 오늘날까지도 살아 있을까? 이 분야의 놀라운 발전이 그에게는 너무 늦게 이루어졌다는 사실이 생각만 해도 가슴 아프다.

　암과의 전쟁에서 가장 최근에 등장했고 가장 유망한 치료법은 면역요법이다. 이 첨단 치료법은 암과 싸우는 신체자체의 방어기제를 활용해 그냥 두면 암세포를 회피할 면역계에 힘을 실어주어 암세포를 인지해 파괴하도록 만든다. 연구 기관, 과학 저널, 심지어 신문과 텔레비전 뉴스까지도 면역요법을 수십 년의 암 치료 역사에, 어쩌면 의학전체의 역사에 등장한 가장 흥미롭고 고무적인 발전이라고 열심히 홍보한다.

　2012년에 내 목에서 흑색종을 발견하고 치료한 종양학과 의사인 호디 박사는 유명한 암 면역치료 전문가다. 아직실험실에서 결과가 나오기를 기다리는 중이지만, 호디 박사는 던 박사의 소견을 바탕으로 내가 전이성 흑색종에 걸렸다고 확신한다. 내가 수술에서 회복하고 방사선치료를받은 뒤, 우리는 추가적인 치료 방법에 관해 의논할 계획이다. 그 방법에 면역요법도 포함될까? 그것이 내가 가장 바라는 바다. 하지만 나는 그게 그리 가망 있는 일이 아니라는 것도 알고 있다. 2015년의 이 시점에는 뇌종양 치료에면역요법이 효과를 보였다는 보고가 극히 드물고, 최신 약물들은 아직 뇌에 전이된 흑색종 치료에 사용되기 전이다.

내가 아는 한, 나 같은 사람은 이미 죽은 목숨이다.

나는 쉽게 절망할 수도 있다. 그러나 여러 해 전에, 나는 내게 가르침을 주리라 예상하지 못했던 사람으로부터 중요한 교훈을 얻었다. 사이클 선수 랜스 암스트롱Lance Armstrong. 2007년 나의 아버지는 결장암으로 사경을 헤매고 있었고, 나는 아버지를 보살피기 위해 미국과 폴란드 사이를 날아다녔다. 긴 비행시간 동안 나는 책을 많이 읽었고 그러던 어느 밤, 암을 극복한 암스트롱의 회고록《이것은 자전거 이야기가 아닙니다》를 펼쳤다.

당시 나의 암 투병은 아직 미래의 일이었지만, 그럼에도 암스트롱의 책을 읽으니 눈물을 참을 수 없었다. 그의 경쟁심에 동질감을 느꼈고, 아무 희망도 없이 젊은 나이에 죽을 운명이라 여겨지는 시기에 병을 대하던 그의 태도에 깊은 감명을 받았다. 의사 몇 명이 그를 포기하고 의료보험도 치료비도 없었을 때, 암스트롱은 자신이 앓는 특정 유형의 암, 그러니까 폐와 뇌로 전이된 고환암에 관해 독학했다. 그런 다음 미국에서 그 병을 치료하기에 가장 좋은 의료 기관과 전문가들을 찾아냈다.

암스트롱은 "당신이 당신 자신에게 최고의 옹호자가 되어야 한다"고 힘주어 이야기했다. 의사나 가족이나 또 다른 누군가에게만 의지해서는 안 된다고. 아무리 아프고 지쳤더라도 자신을 보살피는 일의 꼭대기에는 언제나 당신이 있어야 한다고. 당신의 병과 진단에 관해 배울 수 있는 것은 모두 배우고, 최고의 의사가 어디에 있는지 알아내고, 의사가 당신에게 주는 약과 그가 하는 치료가 정확히 무엇이며 그 목적은 무엇인지 밝혀내고, 의사가 말하는 내용에 대해 끊임없이 조사하고 질문하고 점검하고, 제2의, 제3의 의견을 구하라고. 이 모든 것은 당신에게 달렸다고. 궁극적으로 당신의 건강을 책임질 사람은 당신을 사랑하는 가족들도, 당신이 살아남기 원하는 의사들도, 다른 누구도 아닌 바로 당신 자신이라고. 물론 도와줄 사람들이 필요하지만, 결국은 당신 스스로 뛰는 경기라고.

경기에 비유한 것은 진부한 은유가 아니다. 암스트롱이 썼듯이, 고강도 스포츠 경기에서 고통은 경기 과정의 일부다. 정신적 고통과 육체적 고통을 인내하는 힘이 마침내 결승선을 통과하도록 이끈다. 마라톤 러너이자 트라이애슬론 참가자인 나는 8년 전 그 책을 읽을 때 그가 말하고자 하는 바를 정확히 이해할 수 있었다. 이제 내 인생에서 가장 벅찬 도전을 앞두고 있는 지금, 나는 내가 그렇게 사랑하는 스포츠의 경쟁이야말로 나를 기다리고 있는 앞날을 견뎌

내는 데, 그리고 어쩌면 극복하는 데 가장 좋은 준비였음을 안다.

나는 생애 최대의 경기를 치를 준비를 하고 있다. 나는 육체적 고통을 견딜 강한 인내심을 가졌을 뿐 아니라, 무엇이든 절대 포기하지 않도록 나 자신을 훈련해왔다. 또다시 이 병을, 그것도 가장 치명적인 형태로 만난 지금, 해내겠다는 태도, 이겨내고 말겠다는 그 태도가 나에게는 생명줄이다. 훌륭한 치료와 흔들리지 않는 끈기가 암스트롱의 생명을 구했듯이 나의 생명도 구해내기를 희망한다. 여기에는 더 이상 높일 수 없는 최대의 판돈이 걸려 있다. 살아남는 것. 그것이 최종적 승리다.

그래서 생존 가능성이 매우 희박함에도 가족들과 나는 전이된 흑색종에 관해 배울 수 있는 모든 것을 배우기로 한다. 다행히 우리는 이 프로젝트에 적합한 인재들이다. 비테크는 신경과학자이고 카시아는 의사, 동생 마리아는 방사선 종양학과에서 일하는 물리학자에 미레크는 총명하고 논리적이며 냉철한 수학자다. 우리는 전이된 흑색종의 기제와 지금까지 발견된 가장 좋은 치료법에 관해 공부한다. 의학 저널을 뒤져 최신 연구들을 찾아내고 이 의사 저 의사를 만나러 다닌다.

죽음을 생각하면 당연히 두렵다. 하지만 나는 나 자신이 침울해지도록 허용하지 않는다. 나는 몸을 동그랗게 웅크리거나 울지 않는다. 그런 일은 내가 조금이라도 생존할 가능성을 붙잡는 데 필요한 소중한 에너지를 고갈시킬 것이다.

내가 쉽게 포기하기를 거부한 것은 이번이 처음이 아니다. 6년 전 유방암 화학치료를 시작하기 전, 한 지인이 내게 전화를 걸어 유방 절제술은 끔찍하게 고통스러운 일이라고, 화학요법은 기운을 완전히 고갈시켜 나를 옴짝달싹 못하게 할 거라고 말했다. 그래서 내게 맞춤한 선물을 보내겠다는 얘기였다. 며칠 뒤 우편함에는 부드러운 물방울무늬 파자마가 도착해 있었다. 내 안녕을 빌며 침대에서 오랜 시간을 보낼 준비를 하라는 메모와 함께였다.

선물과 정성은 진정 고마웠지만 그녀의 생각은 완전히 틀렸다. 유방을 절제한 뒤 침대에 누워 있긴 했다. 이틀인가 사흘은 말이다. 나흘째 되던 날 나는 바쁜 생활로 돌아가고픈 열망에 일어나 밖을 걸어 다녔다. 통증과 불편함은 가능한 한 무시하고 회복에 집중하기로 결심했다. 그 파자마는 참고 볼 수가 없어서 다른 사람에게 줘버렸다.

이 에피소드는 우리 집안에서 수시로 등장하는 농담거

리가 되었다. 새 진단을 받았을 때 미레크와 아이들이 "물방울무늬 파자마를 보낼까요?" 하고 물을 정도였으니까.

흥, 어림없지!

나는 절대 자기연민에 빠지지 않을 것이다. 자기연민은 다른 무엇보다 평정을 파괴하고 에너지를 앗아 가니까.

그러나 이때 나는 상황이 얼마나 나빠질 것인지 전혀 알지 못했다.

수술을 받은 지 한 달 반이 지난 3월 중순, 몇 차례의 MRI로 뇌의 일부 영역에서 작은 새 병변들, 그러니까 비정상적인 조직들이 드러났다. MRI만으로는 단언하기 어렵지만 종양일 가능성이 가장 높았다.

브리검여성병원의 방사선 종양학과 의사인 아이저 박사는 정위방사선수술stereotactic radiosurgery(SRS)이 종양에 가장 좋은 방법이라고 확신한다. 정위 방사선수술은 각각의 종양에 고선량高線量 방사선을 집중적으로 쪼여 종양이 시들어 사라지게 만드는 방법이다. 또 다른 방법으로는 비교적 낮은 선량의 방사선을 뇌 전체에 조사하는 전뇌방사선치료whole-brain radiotherapy가 있다. 아이저 박사는 유난히 공격적인 암세포를 죽이려면 고선량의 방사선이 필요하므로 전뇌

방사선치료는 흑색종 치료에는 최선의 선택이 아니라고 말한다. 어쨌든 나도 그런 초토화 방식은 생각하고 싶지도 않다. 어차피 방사선은 부드러운 치료법이 아니다. 세포를 죽이는 것이 목적인 방사선은 암세포와 건강한 세포를 구별하지 않는다. 뉴런을 파괴하는 방사선에 내 뇌 전체를 적신다는 것은 생각만 해도 오싹하다.

흑색종이 상당히 진행되어 뇌에 종양이 많아진 환자들은 정위방사선수술을 받기가 어렵다. 고선량 방사선을 쏘아야 할 곳이 너무 많기 때문이다. 그러면 위험한 뇌 조직 파괴로 이어질 수 있고, 이는 물론 내게도 무척 걱정스러운 상황이다. 다행히 지금 시점에 나는 정위방사선수술의 정조준 방식이 불가능할 만큼 종양 수가 많지는 않다. 그래서 나는 머리를 제자리에 붙들어줄 맞춤 제작 마스크를 쓴 채 바퀴 달린 들것에 꼭 묶이고, 그들은 몇 개의 작은 종양이 쪼그라들어 사라지기를 바라며 고선량 방사선을 쏜다.

하지만 표적 종양에만 조사하는 방사선요법은 영구적인 해결책이 아니다. 새 종양이 계속해서 나타난다면(분명히 그럴 터였다) 내 뇌는 곧 치명적인 병변들로 가득해질 것이다. 영구적인 손상을 입지 않으면서 뇌가 버텨낼 수 있는 방사선량에는 한계가 있기 때문에 방사선요법도 곧 무의미

해질 것이고, 그러면 의사들은 방사선치료를 그만둘 것이다. 종양들은 계속 자라면서 빠듯한 두개골 안에서 내 뇌를 압박하고 붓게 할 것이다. 이윽고 나는 뇌사 상태에 빠지고, 부기가 두개골 아래쪽에 있는 뇌간을 압박해 호흡 능력을 앗아 가면 결국 죽을 것이다.

무언가 극적인 일을 해야 하고, 내 목숨을 구할 만한 첨단의 무언가를 찾아내야 한다. 뭔가 새롭고 더욱 공격적인 치료법이 없으면 나는 몇 달 안에 죽은 몸이 된다. 가족들과 나는 의학 저널에 게재된 새 연구들을 모조리 찾아 읽는다. 우리는 보스턴에서 흑색종을 전문으로 연구하는 임상의들과 연구자들을 찾아가 정보를 수집하고 그들의 조언을 분석한다. 한편 내놓고 말하지는 않지만, 나는 다나파버연구소의 호디 박사가 아주 특별하고 새로운 면역치료를 제안해주기를 기대한다.

그러나 뇌 수술 직후에 만난 뒤로 한 번도 다시 보지 못했던 호디 박사를 찾아갔을 때, 내 뇌에 종양이 더 생겼다는 소식을 들은 그의 얼굴이 심각해진다. 실망스럽게도 그는 면역요법이 이 시점에 내게 적절한 치료법인지 확신할 수 없다고 말한다. 면역요법이 뇌에 생긴 진행성 흑색종을 성공적으로 치료할 수 있는지 아직 확인되지 않았다는 것이다. 그날 만남이 끝나갈 무렵 호디 박사는 보스턴에서 진행하는 임상 시험에 참여할 수 있는 가능성을 언급한다. 그러나 나는 그 길을 택해야 할지 확신이 서지 않는다. 집에서 그렇게 멀리 떨어진 곳에서 진행되는 시험에 참여하는 것이 힘들지 않을까 하는 생각도 망설이는 한 가지 이유다.

이제 무엇을 해야 할지 정말이지 알 수가 없다. 우리는 조사를 이어가다가 매사추세츠종합병원의 키스 플래허티 Keith Flaherty 박사를 방문한다. 나비넥타이를 맨 다정하고 박식한 플래허티 박사는 한 시간 반에 걸쳐 흑색종에 대한 새로운 치료법들을 설명해준다. 그는 표적치료(암세포의 특정 분자들을 표적으로 삼는 유망한 치료법)의 권위자일 뿐 아니라 흑색종의 특정 변이를 치료하는 전문가이기도 하다. 표적치료 경험이 많음에도, 플래허티 박사는 내게 면역치료를 먼저 해보라고 제안한다. 그는 흑색종이 전이된 뇌종양 환자들에 대한 면역치료 임상 시험에 대해 알려준다. 조만간 조지타운대학교 롬바르디종합암센터에서 존경받는 종양학자 마이클 앳킨스 박사의 감독하에 진행된다는 것이다. 앳킨스 박사라면 내 유방암을 치료했던 의사가 지난 1월 내게서 뇌종양이 발견되었을 때 추천했던 바로 그 종양학과 의사다.

"아주 훌륭한 분이에요. 나도 그분과 함께 일한 적이

있지요." 플래허티 박사가 말한다. "거기서 치료받는 게 좋을 겁니다. 댁에서 멀지 않아 다니기도 편할 테고, 말씀드렸듯이 그분은 매우 훌륭한 의사니까요."

내 형편없는 예후를 고려할 때 가족들과 나는 가능한 모든 무기를 동원해 흑색종을 공격하는 것이 가장 좋은 방법이라는 데 의견을 모은다. 방사선치료, 면역치료, 그리고 어쩌면 표적치료까지도.

"그 세 가지 치료를 모두 받는다면 존재하는 모든 수단을 시도해보는 셈이 될 겁니다." 플래허티 박사가 격려의 미소를 지으며 말한다.

뇌 수술을 받은 지 두 달쯤 지나고 방사선치료를 몇 차례 받은 뒤인 3월 말, 나는 마침내 보스턴을 떠나 버지니아의 우리 집으로 돌아간다. 머리 뒤쪽의 절개 부위는 이제 긴 흉터로 변해 있다. 수술을 위해 밀었던 머리카락이 아직 완전히 다시 자라지 않아 흉터가 잘 보인다.

새하얀 새 자전거가 나를 기다리고 있다. 어두운 차고 구석에 버려진 채 책망하듯이 나를 바라보며 꼭 이렇게 묻는 것 같다. **곧 죽을 거면서 나는 왜 데려왔어?** 자전거의 부드러운 흰색 손잡이를 쓰다듬으며, 나는 이 시련이 시작된 후 처음으로 운다.

"약속해, 널 꼭 탈 거야."

바로 다음 날 나는 약속을 지킨다. 자전거에 올라타 동네의 조용한 거리를 천천히 달린다. 괜히 넘어졌다가는 얼마 전에 봉합하고 방사선치료를 받은 머리가 다칠 수도 있으니 조심스럽게 자전거를 몬다.

의사들은 방사선치료 이후 몇 주는 기다려야 다른 치료를 시작할 수 있다고 했다. 그래서 3월 말, 미레크와 나는 딸 카시아와 동생 마리아, 그리고 제부 리샤르트와 함께 죽음에 대한 어두운 생각을 털어내고 서로에게서 힘을 얻기 위해 하와이의 빅아일랜드로 탈출한다. 미레크와 카시아와 나는 화산들 사이로 300킬로미터가 넘게 이어진 길을 자전거로 누빈다. 내 시력은 완벽하고, 뇌는 언제나처럼 온전히 작동한다. 아무 증상도 나타나지 않는다는 점이 내 병이 나아가고 있다는 희망을 준다. 나는 낙관으로 가득 차 있다. 매일 몇 킬로미터씩을 달리고 예전만큼 열심히 운동한다. 바다에 나가서는 곧 개최될 유명한 트라이애슬론 경기의 라바맨 와이콜로아 코스 일부를 헤엄친다. 또 용암 벌판을 가로지르는 5킬로미터 마라톤에도 즉흥적으로 출전해 내 연령 집단에서 4위를 차지한다.

하와이에서 우리는 지난 두 달 간의 혼란에서 벗어나 한숨 돌리며 행복한 시간을 누린다. 그러나 나는 머릿속 한 구석에서 계속 플래허티 박사의 조언을 끊임없이 곱씹고 있다. 조지타운에서 시행된다는 면역치료 임상 시험이 어떤 것일지, 집에 돌아가자마자 등록할 수 있다면 그 치료가 정말로 효과를 보일지, 생각하고 또 생각한다. 만일 효과가 없다면? 그다음엔 어떻게 하지? 내가 앞으로도 달리고 자전거 타고 수영할 수 있을까? 이 아름다운 곳을 다시 볼 수 있을까? 그리고 내 가족은? 그들에게는 지금이 나와 행복하게 보낸 마지막 시간으로 기억되지는 않을까?

하와이에서 보내는 동안 우리 다섯 사람은 매일 밤 방갈로 앞 잔디밭에 누운 채 손을 맞잡고 별들이 반짝이는 광활한 하늘을 몇 시간이고 바라본다. 죽고 싶지 않다. 나는 발을 들어 엄지발가락으로 별 하나를 만지고, 또 하나를 만지고, 또 하나를 만지며 차례로 소원을 빈다. 이내 다섯 개의 발들이 별들을 가로지르며 춤을 추고, 우리가 왔고 언젠가는 돌아가게 될 광막한 우주 속을 뛰어다닌다. 더할 수 없이 돈독한 시간이다.

4월 초, 하와이에서 돌아온 나는 집에서 35킬로미터 정도 떨어진 곳에 있는 조지타운대학교 의학대학원의 앳킨스 박사에게 전화를 건다. 그리고 이틀 뒤 미레크와 나는 그를 만난다.

앳킨스 박사는 CA209-218[2]이라고 알려진 임상 시험이 예순여섯 곳에서 실시될 것이며 미국인과 캐나다인 몇백 명이 참여할 거라고 알려준다. 3주에 한 번씩 면역 관문 억제제라는 단클론 항체monoclonal antibody 약물 두 가지를 조합해 정맥에 주사함으로써 내 면역체계에 힘을 불어넣을 것이다. 이 약물은 암에게 속아 암세포를 감지하지 못하는 기능장애가 생겼을 때, T세포(면역세포)에게 몸에 침범한 흑색종 세포를 인지하고 공격해 (우리의 바람으로는) 죽이도록 가르친다. 이필리무맙ipilimumab과 니볼루맙nivolumab이라는 그 약들은 진행성 흑색종 치료에 사용된다. 각각 2011년과 2014년에 식품의약청FDA의 승인을 받은 이 두 약은 아주 짧은 기간 사이에 그동안은 불치병으로 여겨졌던 전이성 흑색종 치료에 일대 혁명을 일으켰다. 앳킨스 박사는 두 약을 조합해 투여하면 각각 따로 사용할 때보다 더 효과적이기는 하지만 심한 발진이나 갑상샘 문제를 비롯한 자가 면역 반응 등 심각한 역효과를 초래할 위험이 더 크다고 말한다. 실제로 두 약을 조합해 뇌에 전이된 흑색종에 실험적으로 사용한 경우도 있지만 그 사례가 아직 소수이며 결과도 불확실하다.

앳킨스 박사가 들려주는 내용의 일부는 이제 우리에게 익숙한 것이지만 나머지 상당 부분은 생소하다. 그는 오랫동안 암 치료의 전형으로 여겨졌던 화학요법은 가장 공격적인 암 중 하나인 흑색종에는 효과가 없다고 설명한다. 게다가 화학요법은 빠른 속도로 성장하는 세포라면 건강한 세포까지 포함해 무차별적으로 공격하기 때문에 탈모나 감염, 신경병, 메스꺼움, 구토, 피로와 같은 여러 가지 부작용을 초래한다. 이와 대조적으로 면역치료 약물은 세포 자체를 직접 표적으로 삼는 것이 아니라 환자의 면역체계가 종양 세포들을 찾아내어 공격하도록 유도한다. 면역치료 역시 심각한 부작용을 일으킬 수 있지만, 그래도 흑색종 치료에 있어 커다란 가능성을 품고 있다.

그리고 마침내 마법의 주문이 나온다. 앳킨스 박사가 나에게 그 임상 시험에 참여하라고 제안한 것이다. 임상 시험에는 참가할 수 있는 환자 수가 제한되어 있다. 나는 미소를 지으며 기꺼이 기니피그가 되겠다고, 혹은 그보다 좀 나은 실험용 쥐가 되겠다고 속으로 말한다.

바로 몇 시간 전까지만 해도 미레크와 나는 이 악몽 속에서 우리가 더 이상 나아갈 수 없는 벽에 맞닥뜨렸음을,

기다리는 것 외에 할 수 있는 일이 없음을 깨달은 터였다. 그런데 갑자기 그 벽에 문이 하나 생기고, 우리는 벽 너머에 무엇이 기다리고 있는지도 모르는 채로 그 문을 통과할 준비를 하고 있다. 우리는 앳킨스 박사에게 고마움을 전하고 앞으로 만날 미지의 것에 대한 각오를 다진다.

"효과가 있을 겁니다." 앳킨스 박사가 장담한다. "반드시요. 그동안 제가 효과를 지켜봐왔습니다."

우리는 그의 자신감에 매달린다. 그는 더없이 확신에 찬 듯 보인다.

나는 이제 겨우 2주 앞으로 다가온 4월 16일부터 3주에 한 번씩 네 차례 치료를 받게 될 것이다. 그에 앞서 먼저 끝내야 할 숙제가 몇 가지 있다. 치과를 방문해 긴급한 치아 문제가 없는지 확인해야 하고 몇 가지 혈액검사도 받아야 한다. 가장 중요한 것은 뇌 MRI를 한 번 더 해서 이미 방사선치료를 받은 종양 외에 다른 종양이 없는지도 확인해야 한다. 만약 새 종양이 생겼다면, 적어도 당장은 임상 시험에 참가할 수 없다.

앳킨스 박사가 치료되지 않아 아직 활동 중인 뇌종양이 있는 환자들은 이 시험에 적합하지 않다고 말한 터였다. 더 자세한 설명은 듣지 못했지만 나중에 나는 과학 문헌을 통해 활동 중인 종양, 다시 말해 아직 방사선치료를 받지 않은 종양이 없는 것이 면역치료의 필수 조건임을 알게 된다. 활동 중인 뇌종양에 면역치료를 하면 염증이 일어날 수 있고, 그러면 뇌가 심하게 부어 환자가 고통받게 되는데 이것이 치명적일 수 있다는 것이다. 활동 중인 뇌종양이 면역치료에 어떻게 반응하는지 아직 잘 알려지기 전인 이 임상 시험의 초기 단계에서, 여전히 자라고 있는 종양을 가진 사람에게 이 치료법을 시도하는 것은 너무 위험한 일이다.

우리는 희망에 들떠 집으로 돌아온다. 슈퍼마켓 건설 현장을 지나며, 나는 내가 그 건물의 완공을 절실하게 보고 싶어 한다는 것을 깨닫는다. 면역치료 주사를 맞을 수 있도록 제발 새 종양은 반드시 막아달라고, 나는 마음속으로 내 뇌에게 애원한다. 그것이 살아남기 위해 내가 해볼 수 있는 최선의 시도이자, 아마도 유일한 시도다.

깨끗하게 있어줘, 제발 깨끗하게 있어줘. 그게 우리의 유일한 희망이야.

일주일 뒤, 임상 시험 시작을 며칠 앞둔 나는 지금까지 한 모든 MRI 중에서도 가장 중요한 MRI 검사를 위해 시체처럼 꼼짝도 하지 않고 누워 있다. 그 검사로 어떤 결과가 나올지 심히 불안하고, 그 결과가 삶에 대한 내 마지막 기회를 앗아 갈까봐 몹시 두렵다.

다음 날 나는 직장에서 일을 하다가 전화를 한 통 받는다. 앳킨스 박사 진료실의 간호사다.

"MRI에서 뭐가 나왔어요? 새 종양이 있던가요? 아니면, 아무 문제 없는 건가요?"

"네, 문제없어요." 간호사의 말투는 내 기대에 비해 별로 신이 난 듯 들리지 않는다. "4월 16일에 뵙겠습니다."

나는 너무나 기뻐 날아갈 것 같은 기분이다.

이어 임상 시험을 시작하기 전 필수 요구 사항인 전신 CT 스캔을 받는다. 그 결과 폐에서 작은 종양 세 개가 발견되지만 우리는 놀라지 않는다. 혈관을 타고 이동하는 흑색종 세포들은 종종 다른 기관들에도 침입하기 때문에 몸의 다른 부분에 종양이 생기는 것은 전이성 흑색종에서 당연히 예상되는 일이다. 폐에 생긴 종양은 뇌종양보다 덜 위험하고 치료도 더 간단하다. 게다가 면역치료를 받으면 아마그 종양들은 죽을 것이다. 설혹 폐의 종양들이 처음에는 면역요법으로 인해 부어오르더라도 뇌에서 염증을 일으킨 종양들만큼 파괴적인 결과를 초래하지는 않을 것이므로 폐에 종양이 있다는 이유로 내가 그 임상 시험에 참가할 자격을 박탈당하는 것은 아니다. 그 설명에 미레크와 나는 뛸듯이 기쁘다.

그러나 랜스 암스트롱의 충고가 내 귓속에 크게 메아리친다. 새 MRI 결과에 대해 다른 의견도 들어봐야겠다는 생각이 든다. 나는 보스턴의 방사선 종양학자 아이저 박사에게 큰 호감을 느끼고 그와 뭔가 통한다고 생각하던 참이다. 그래서 그에게 메일을 보내 우리의 하와이 여행에 관해 이야기하고, 곧 면역요법 임상 시험에 들어갈 예정인데 내 MRI를 검토해줄 수 있겠냐고 묻는다.

그는 내가 신체 활동에 그렇게 열의를 보이니 기쁘다며 답신을 보낸다. "내 환자들 중 당신의 10분의 1만이라도 신체 활동을 하는 환자들이 더 많아졌으면 좋겠군요." 또한 두 종류의 약을 조합한 면역요법이 "첫 단계로 시도하기에 아주 좋은 계획 같다"고 덧붙이며, 내 MRI는 물론 앞으로 시행할 스캔 결과도 기꺼이 검토해주겠다고 한다. 나는 페덱스로 MRI가 담긴 CD를 그에게 보낸다.

며칠이 지난 4월 15일 수요일 아주 이른 아침, 나는 임상 시험 전에 예정된 마지막 검사인 혈액검사를 받으러 병원에 와 있다. 확신하던 대로 아무런 문제가 없다면, 이제 모든 과정을 무사히 통과해 다음 날 첫 면역치료 주사를 맞을 것이다.

그러나 이날 오전 6시 22분, 아이저 박사의 이메일이 도착한다.

안녕하세요, 립스카 박사님. 혹시 오늘 통화할 수 있을까요? 박사님과 얘기를 좀 나누고 싶군요. ─아얄

이런 종류의 이메일이 좋은 소식일 리 없다. 나는 밖으로 나가 그에게 전화를 건다. 벚꽃이 만발하고, 푸른 하늘에는 하얀 구름들이 흘러간다. 아직 이른 시간이라 태양은 잔디밭에 긴 그림자를 늘어뜨리고 있다. 나는 추위와 걱정으로 몸을 떤다.

"립스카 박사님, 뭐라고 말씀드려야 할지 모르겠군요." 그가 말한다. "박사님 뇌에서 새 종양이 발견됐어요. 크기가 아주 작긴 하지만, 그래도 면역치료를 받기 전에 방사선으로 치료해야 합니다."

믿을 수 없는 소식이다.

"안 돼, 그럴 수는 없어요. 못 기다려요!" 나는 고집을 부린다. "내일이 약물 주사 첫날이라고요. 방사선치료를 할 시간이 없어요. 그랬다간 임상 시험에 참여할 수 없게 될 거예요! 앳킨스 박사는 분명 괜찮다고 그랬는데요. MRI에서 아무것도 발견하지 못했다고요. 정말 확실한 거예요?"

"종양들 크기가 아주 작습니다. 그래서 놓치기 쉽지만 분명히 있어요. 그중 하나는 전두피질에 있고요. 박사님도 잘 아시다시피 그러면 지력과 인지에 문제가 생길 수 있어요. 면역치료를 시작하기 전에 반드시 제거해야 합니다."

"그럴 수 없어요!" 나는 같은 말을 반복한다. "그 사람들이 임상 시험에서 나를 쫓아낼 거라고요!"

그는 30분이 넘도록 나를 설득하려 애쓴다. 특히 전두피질에 있는 종양이 큰 문제를 일으킬 수 있다는 말을 반복한다. 방사선치료를 받지 않으면 종양은 틀림없이 더 자랄 테고, 그 상태로 면역치료를 받으면 결국 염증을 일으켜 내 뇌가 통제할 수 없이 부어오를 수 있다는 것이다. 그러면 순식간에 내 정신의 가장 고차원적인 기능들, 요컨대 사고하고 기억하고 감정을 표현하고 언어를 이해하는 능력이 심각하게 훼손될 수 있다. 한마디로 나를 인간으로 만드는 모든 것을 절단내버리는 셈이다. 부종이 심한 경우엔 심지어 목숨을 잃을 수도 있다.

"하지만 면역치료 약으로 모든 종양이 파괴될 가능성도 있잖아요? 그렇게 생각하지 않으세요, 아이저 박사님?"

"그럴지도 모르죠." 그렇게 대답하며, 그는 다시금 나를 위로한다. 나는 감사를 전하며 전화를 끊는다.

그러고서 까맣게 변한 휴대전화 화면을 뚫어져라 바라본다.

젠장, 난 이제 죽을 거야.

어느 쪽이든 나는 죽는다. 조지타운에 있는 누군가에게 아이저 박사가 MRI에서 발견한 것에 대해 전하면, 그들은 내 구원의 유일한 기회인 면역치료 약물 주입을 거부할 것이다. 그러나 말하지 않는다 해도 나는 죽는다. 새 종양들을 면역치료에 노출시키면 자칫 위험해질 수도 있기 때문이다.

어떻게 해야 할까?

앳킨스 박사는 내게 새 종양이 하나도 없다고 했다. 간호사도 나에게 MRI 스캔이 깨끗하다고 했다. 그들이 내게 면역치료를 받아도 좋다고 했다! 혹시 앳킨스 박사가 MRI를 잘못 판독한 것일까? 방사선학은 엄밀한 과학이라기보다는 예술에 더 가깝고, 앳킨스 박사가 새 종양들을 못 보았을 가능성도 있다. 아이저 박사의 말로는 그 종양들의 크기가 아주 작다지 않은가.

아니면, 아이저 박사가 틀렸을 수도 있다. 그가 본 것은 종양이 아니라 다른 무엇, 방사선치료 중에 생긴 흉터이거나 어쩌면 어떤 인공물 같은 게 아닐까?

모르겠다.

면역치료를 연기할 수는 있다. 아이저 박사가 주장하는 대로 새 종양들을 방사선으로 치료한 다음, 규정에 따라 2주를 기다려 또다시 MRI 스캔을 받으면 된다. 결과가 깨끗하게 나오면 아마 그때 면역치료를 시작할 수 있을 것이다. 아직 임상 시험에 참가할 자리가 남아 있다면 말이다. 하지만 새 종양들이 계속해서 생겨난다면 그 사이클은 무한히 반복될 것이다. 스캔을 받고, 새 종양이 발견되고, 방사선치료를 받고, 또다시 스캔을 받고 또 다른 종양이 발견되고, 또다시…… 계속 나타나는 종양 하나하나에 반응해 방사선치료를 받을 수는 없다. 그랬다가는 뇌가 남아나지 않을 테니. 게다가 그러는 동안 임상 시험에서는 배제될 것이다. 그들은 임상 시험 진행과 관련해 매우 엄격한 시간 계획을 세워두었고, 수없이 많은 절실한 사람이 내 자리를 차지하기 위해 눈에 불을 켜고 있을 것이 분명하다.

이것은 내가 시도할 유일한 기회다.

임상 시험은 당장 내일 시작될 예정이다.

어떻게 해야 하지?

하늘이 정말 파랗네. 참 멋진 날이야.

그래, 고민할 것도 없다. 난 할 것이다. 이것이 내 유일한 희망이다.

나는 새 종양에 대해 아무에게도 말하지 않기로 한다. 아이저 박사가 한 말을 앳킨스 박사에게 전하지 않을 것이고, 미레크나 카시아나 비테크나 내 동생에게도 말하지 않을 것이다. 나는 혼자서 이 결정을 내린다. 아무것도 내가 이 임상 시험에 참가하는 것을 막지 못한다. 시도하지 않고 죽느니 운에 맡기는 편을 택한다.

그날 밤, 나는 미레크에게 아무 얘기도 하지 않는다. 카시아의 전화를 받고도 그저 내일을 기대하고 있다며 차분하게 말한다. 나의 딜레마에 대해서도, 내가 선택한 결정에 대해서도, 아무 말 하지 않는다.

다음 날 아침 병원에 도착해 미레크와 함께 주사실에 가서도 침묵 전략을 고수한다. 주사실은 커튼으로 각 환자들의 공간을 나눈 커다란 방이다. 서명을 한 다음 내 자리에 앉으니 앳킨스 박사가 미소 띤 간호사들과 함께 들어와 인사를 건넨다.

"준비되셨나요?"

취소할 수 있는 마지막 기회다.

"그러니까, 모든 게 다 괜찮은 게 맞죠?" 나는 묻는다.

"그럼요."

"치료 중에 뇌 스캔도 하나요? 새로운 종양이 생겼는지 확인하기 위해서요."

"아니요, 앞으로 석 달은 그럴 필요가 없습니다. 이게 효과가 있을 거예요."

나는 멀어지는 그의 뒷모습을 바라본다. 어두운 밤 내 낙하산이 펼쳐지기를 간절히 바라며 비행기에서 뛰어내리는 낙하산병이 된 듯한 기분이다.

나는 뛰어내린다.

등받이를 뒤로 젖힌 의자에 앉아 있는 내게 간호사가 다가와 팔에 정맥주사 바늘을 꽂고, 곧 약물이 내 혈관으로 들어오기 시작한다.

나는 의자 등받이에 머리를 기댄 채 눈을 감는다.

어쩌면 이게 날 죽일지도 모른다. 그러나 이것 없이도 나는 틀림없이 죽는다. 앳킨스 박사는 이 치료가 효과가 있으리라 확신한다. 그리고 나는, 나는 앳킨스 박사보다 더 이 면역요법을 신뢰한다.

난 살 거야. 살 거라고.

차를 타고 집으로 돌아오는 길에 나는 미레크에게 비밀을 털어놓는다.

"아이저 박사가 어제 내 뇌에서 새 종양 세 개를 발견했는데, 나 앳킨스 박사한테 그 얘기 안 했어. 아무것도 내가 이 임상 시험에 참여하는 것 못 막아."

미레크의 얼굴에 망설이는 듯한 미소가 떠오르지만, 그래도 그는 고개를 끄덕여 찬성의 뜻을 표한다.

"이해해."

나는 카시아에게도 전화를 걸어 똑같이 이야기한다. 놀랍게도 카시아 역시 미레크처럼 내 선택을 받아들인다.

"용감한 엄마"라고 카시아는 폴란드어로 말한다.

며칠 뒤 카시아와 나는 아이저 박사와 전화로 논의를 한다. 그는 새 종양 세 개가 자라고 있는 상태에서 면역치료를 계속하는 것은 위험할 수 있다고 다시 강조한다. 석 달 동안 뇌 스캔을 받지 않을 거라는 내 말에 그의 걱정은 더욱 깊어진다. 그러나 나의 결정을 두고 카시아와 나는 한 팀이 되었다. 우리는 아이저 박사의 걱정을 흘려들을 뿐 그 말에 귀기울일 생각은 없다. 당시에는 몰랐지만 전화를 끊은 뒤 아이저 박사는 브리검여성병원의 내 동생 사무실로 가서 내가 무척 걱정된다고 말했다고 한다. 마리아 또한 그의 말을 끝까지 들었지만 내가 마음을 바꾸지 않을 것임을 알았다. 내 치료가 다 끝나고 한참 지날 때까지, 마리아는 아이저 박사와의 대화에 대해 아무에게도 이야기하지 않았다.

첫 주사를 맞고 3주가 지난 5월 5일, 두 번째 면역치료를 받는 날이다. 미레크와 나는 낡고 비좁은 조지타운대학병원 건물 지하의 귀하디귀한 주차 공간을 확보하기 위해 일찍 일어나 병원으로 달려간다. 우리는 미로 같은 복도들을 통과하고, 병원 직원들이 방향을 알려줄 때마다 이정표로 활용하는 교황의 초상화("교황 옆으로 직진하면 주사센터가 나옵니다", "MRI 검사를 받으시려면 교황 앞에서 우회전하세요")를 지나 롬바르디암센터로 간다.

늘 그렇듯 롬바르디암센터의 대기실은 환자들로 가득하다. 화학치료 때문에 머리가 벗어진 사람, 휠체어를 탄사람, 지팡이를 짚고 절뚝거리는 사람들도 있다. 그러나 대부분은 건강하고 평범해 보인다. 검사 담당자들이 내 피를 뽑아 가고, 우리는 검사 결과가 나오기를 기다리며 한두 시간을 보낸 뒤 마침내 의사를 만나다. 의사는 내가 그날 약물 주사를 맞아도 될 만큼 건강한지 판단하기 위해 혈액검사 결과를 검토한다. 마치 복권 당첨 결과를 기다리는 듯한 기분이다. 이번에도 나는 비정상적인 혈액검사 결과나 잠복해 있던 모종의 위험성 때문에 면역치료를 거부당할지 모른다는 생각에 사로잡혀 있다.

그러나 그런 일은 일어나지 않는다. 신체적으로 강인한 데다 모든 악조건에도 불구하고 낙천적인 성격인 나는 큰 문제없이 두 번째 면역치료로 직행한다. 12주의 임상 시험 중 절반을 지나는 과정이라 기분도 상쾌하다. 정맥주사로 약물이 한 방울 한 방울 들어오는 동안, 나는 고무된 내 T세포들이 면역계의 군대를 이끌고 몸속에 있는 모든 흑색종 세포들을 공격해 무찌르는 모습을 상상한다. 나는 의지로 그렇게 만들 작정이고, 의지로 모든 암세포들을 죽일 작정이다. 그것들은 죽어야**만 한다.**

나는 희망과 에너지로 가득하다. 거의 매일 몇 킬로미터씩 달리고 걸었다. 거의 매일 출근했고 아무 문제없이 업무를 해냈다. 몸속의 모든 뼈, 그리고 뇌의 모든 뉴런과 함께 나는 내가 회복하고 있다고 믿는다.

그리고 모든 것이 무너졌다.

나는 그 일이 다가오는 것을 전혀 알아차리지 못한다.

4

멈추어 생각하지 못하는
전두엽

두 번째 약물 주사 이후 언젠가부터 내 몸이 나를 공격하기 시작한다.

면역치료 약물을 통해 모든 곳에 있는 위험을 감지하도록 조정된 내 면역체계는 첫 약물 투여 이후로 삼엄한 경계 태세에 돌입한 터였다. 이제 약물을 두 번째로 투여하고 나자, 내 면역체계는 뇌에 있는 종양뿐 아니라 몸 전체에 있는 건강한 조직들까지 공격한다. 이런 자가면역 반응이 내 피부와 갑상샘, 뇌하수체에 염증을 일으킨다. 뇌하수체는 뇌의 가장 안쪽에 있는 작은 기관으로 부신adrenal gland을 포함해 몸속의 다른 분비선으로 향하는 호르몬의 흐름을 통제한다. 이내 갑상샘의 기능이 멈추는 바람에 나는 대체 갑상샘호르몬제를 복용해야만 한다. 또 발진을 멈추기 위해 프레드니손을 복용하고, 내 부신이 생산을 멈춘 천연 스테로이드도 보충한다. 그것이 결핍되면 심한 피로와 근육 약화, 체중 감소가 일어나기 때문이다.

나를 가장 괴롭히는 것은 피부다. 두피부터 발까지, 특히 등과 엉덩이가 빨갛고 가려운 발진으로 뒤덮인다. 잠을 자는 것조차 힘들어진다. 나는 긁고, 긁고, 또 긁는다. 발진을 완화하는 스테로이드 크림을 온몸에 바르면 한동안은 괜찮지만 곧 가려움증이 돌아오고, 그러면 다시 긁는다. 가려움을 더는 유일한 방법은 샤워기로 미지근한 물을 온몸에 끼얹는 것뿐이다.

그리고 더 이상 무시할 수 없는 또 한 가지 부작용이 생긴다.

"팔을 어떻게 좀 해야겠어." 나는 미레크에게 말한다. "얼마나 부었는지 봐. 너무 불편해."

6년 전 왼쪽 유방을 절제할 때 내 왼쪽 팔의 림프샘도 거의 대부분 제거되었다. 림프샘이 없어 제대로 순환하지 못한 림프액이 팔의 조직에 쌓이면서 팔이 부어오르는 림프부종이 일어났다. 부어오른 팔은 내가 100퍼센트 건강하지 않다는 사실을 끊임없이 상기시키는 성가신 존재였고, 그래서 지난 몇 년 내내 나는 그 불편함과 부기를 무시하고 참아왔다. 그런데 이제 면역치료 때문에 림프부종이 한층 악화된다. 물론 그런 부작용이 생길 수 있다는 건 알고 있었다. 내 목숨을 구할지 모를 치료의 대가라고 생각하면 그리 지독한 결과는 아니라고 생각하지만, 그래도 정말 고통스럽다. 더 이상 조치를 미룰 수 없다.

나는 근처에 있는 이노바페어팩스병원의 물리치료과 접수계에 전화를 걸어 진료 약속을 잡아달라고 한다. 하지만 6월 중순까지는 비는 시간이 없다는 대답이 돌아온다. 그때까지는 몇 주나 남아 있는데. 그렇게 지체되는 것에 놀라고 실망하면서도, 시간이 나도 모르는 새 재빨리 지나갈 거라고 마음을 가라앉히려 애쓴다. 그래도 팔은 정말 쓰라리다.

팔 문제를 잊어버리기 위해 나는 뉴헤이븐에 사는 카시아의 가족을 만나러 짧은 여행을 다녀오기로 마음먹는다. 우리가 만난 지도 벌써 한 달이 지난 터라 정말 보고 싶다. 무엇보다, 아직 시간이 남아 있을 때 가능한 한 더 많은 시간을 아이들과 함께 보내고 싶다. 세 번째 약물 투여는 일주일 뒤인 5월 26일로 잡혀 있다. 나는 약물 투여 바로 다음 날 북쪽으로 가는 기차에 오르기로 한다.

5월 27일, 동이 트면서부터 무척 덥고 습하다. 동부 연안을 질식시킬 잔인한 여름의 전조다. 왼팔이 부어올라 고통스럽고, 온몸에 난 발진은 나를 미칠 지경으로 몰아간다. 그러나 몸의 불편함은 딸과 사위, 손자들을 곧 만난다는 기쁨에 비하면 아주 사소하다. 여행을 취소해야겠다는 생각은 단 한 순간도 들지 않는다.

정오에 미레크가 나를 워싱턴 D.C. 시내에 있는 유니언 역에 내려주고, 나는 뉴헤이븐행 암트랙에 오른다. 작은 여행 가방에 최소한의 소지품만 챙긴 채 기차에 힘겹게 올라가 휴대전화도, 시끄러운 대화도 금지된 조용한 객실로 향한다. 승객이 아무도 없는 열의 창가 좌석을 발견한 나는 이내 의자에 편하게 몸을 기대고 가방에서 책을 꺼내 고독을 즐긴다.

열차는 천천히 메릴랜드를 지나고, 이어서 뉴저지를 가로지른다. 그러다 문득, 어딘지 알 수 없는 곳에서 끼익 소리를 내며 멈춰 선다. 창밖으로 텅 빈 밭과 녹색의 넓은 초원, 그리고 풍경에 드문드문 찍힌 점 같은 나무 몇 그루가 보인다. 근처에 역은커녕 집도 한 채 없다.

잠시 뒤 열차 안의 전등이 꺼지고 에어컨도 꺼진다. 모든 전기가 차단된 것이다.

우리는 완전한 정적 속에서 기다린다. 내가 방금 전까지 그렇게 소중히 여기던 고요함이다. 그러나 이제는 아니다. 이 정적, 아무 목적도 없는 고요함이 짜증스럽다.

나는 부어오른 팔을 좁다란 창턱에 올린다. 창턱이 너무 높아 팔이 더 불편하다. 팔걸이도 편하지 않기는 마찬가지다. 이건 너무 낮다. 팔이 아프고 손은 부어 있다. 나는 내 손의 손가락과 손바닥을 들여다본다. 너무 통통하고 물렁해서 금방이라도 터질 것 같다.

왜 치료사에게 더 일찍 연락하지 않았을까?

책에 집중하려 노력해보고 참을성을 발휘하며 긴장을 풀려고 애를 쓰지만 소용이 없다. 불쾌함은 떨쳐지지 않고 시간이 흘러도 열차는 여전히 움직이지 않는다. 안내 방송조차 들리지 않는다. 열차 안에 있는 승객 가운데 무슨 일이 벌어지고 있는지 아는 사람은 아무도 없는 것 같다. 그렇게 30분쯤 흐르고 나서야 마침내 스피커에서 타닥타닥 뭔가 갈라지는 듯한 소리가 울리고 목소리가 흘러나온다.

"철로에 문제가 생겼습니다. 나무 한 그루가 쓰러졌습니다. 유지 보수 팀이 와서 나무를 치워줄 때까지 기다리고 있습니다. 작업이 완료된 후 운행을 속개하겠습니다."

시간이 더 흐르고, 여전히 아무 일도 일어나지 않는다. 열차 내부는 후텁지근하다. 목이 마르고 피부는 마치 불이 붙은 느낌이다. 심한 팔 통증에 더해 두통까지 나를 괴롭힌다. 희미하지만 두개골 전체에서 느껴지는 성가신 욱신거림이다.

두 시간이 지난 뒤에야 열차는 비로소 움직이기 시작한

다. 그러나 아까보다 느린 속도로 꾸물꾸물 나아간다. 아예 움직임이 없는 것 같기도 하다. 고문을 당하는 기분이다.

나는 조용한 객실에서 뛰쳐나가 객차 간 연결 통로에서 씩씩대며 카시아에게 전화를 건다.

"어이가 없네! 아무짝에도 쓸모없는 이놈의 암트랙!" 나는 폴란드어로 식식거린다. "어떻게 아무 안내도 없이 사람들을 계속 기다리게 하지? 어떻게 음식도 물도 안 주고 그냥 내버려둘 수가 있니? 책임감이라곤 눈곱만큼도 없다니까!"

카시아는 참을성 있게 내 말을 듣더니 어서 나를 보고 싶다고 말한다. 하지만 다정한 카시아의 목소리도 나를 진정시키지 못한다.

평소에는 다섯 시간이면 도착하던 뉴헤이븐에 일곱 시간이 걸려서야 도착한다. 열차가 역에 들어설 때 나는 주변 사람 모두에게 들리도록 큰 소리로 불평을 늘어놓는다.

"사실 다섯 시간도 너무 오래 걸리는 거 아냐?" 누구든 반박하려면 해보라는 말투다. "이 나라 기반 시설은 정말 너무 한심해. 유럽에서 이 정도 여행은 순식간에 끝나는데."

피곤하고, 답답하고, 두통은 사라질 기미가 없다.

역에서 택시를 잡아 15분 뒤 카시아와 제이크의 집 앞에 도착한다. 문을 열고 들어서자마자 루시언과 서배스천이 나를 바닥에 주저앉힐 정도로 힘차게 뛰어들어 안긴다.

"바프치아! 바프치아!" 두 아이가 한목소리로 소리친다. "사랑해요, 너무 사랑해요! 보고 싶었어요!"

나는 케첩이 묻은 두 아이의 얼굴에 입을 맞추며 꼭 끌어안는다. 아이들을 다시는 놓아주고 싶지 않다.

카시아도 부엌에서 달려 나와 나를 반긴다.

"엄마! 엄마가 오니 얼마나 좋은지 몰라요!"

카시아가 내게 입을 맞추고, 나는 있는 힘껏 내 몸을 카시아의 몸에 단단히 밀착한다. 딸의 온기를 느끼고 싶다. 내가 자신을 얼마나 보고 싶어 했는지, 이렇게 만나서 얼마나 행복한지 알려주고 싶다. 귀여운 소녀였던 카시아는 매력적이고 성숙하며 똑똑하고 가족과 자신의 직업에 놀라우리만치 헌신적인 여성으로 성장했다. 나는 이전에도 수없이 했듯이, 그렇게 예쁘고 성공한 카시아를 보는 것이 얼마나 자랑스럽고 기쁜지 말해주고 싶다.

하지만 정작 입에서는 영 다른 말이 튀어나온다.

"암트랙, 이 **망할 것들!**"

카시아는 충격을 받은 얼굴이다.

"기차 여행이 얼마나 오래 걸렸는지 말도 못한다." 나는 힘주어 계속 말한다. "다시는 그 기차 안 탈 거야. **절대로!**"

"엄마, 들어와서 앉아요. 마음 풀고……."

"사람들을 열차 안에 그렇게 오래 붙잡아두다니, 얼마나 무책임하니? 정말 최악이야."

카시아가 애원하는 듯한 표정으로 나를 바라보지만, 나는 이야기를 그만둘 생각이 전혀 없다. 나는 부당한 일을 당했고, 카시아가 공감해주기를 원한다.

"말도 안 된다고." 나는 계속 말한다. "이렇게 부유하고 기술이 발전한 나라에서 기차가 그렇게 엉망진창이라니, 얼마나 낯 뜨거운 일이니? 유럽이 훨씬 더 빠르다니까. 내가 기차에 그렇게 오래 갇혀 있었다는 게 넌 믿어지니?"

서배스천과 루시언이 함께 게임을 하자며 내 손을 잡아끈다. 하지만 나는 아이들 또한 오늘 내가 겪은 일을 알아주었으면 싶다. 그것은 정말이지 **끔찍한** 경험이니까.

"암트랙, 이 망할 것들!"

나는 또 그 소리를 내뱉는다. 그리고 한 번 더. 서배스천과 루시언은 내 장광설에 지루함을 느끼고 금세 방으로 사라지더니 소리를 지르고 웃으며 자기들만의 신나는 놀이를 이어간다.

"알았어요, 엄마. 기차 얘기는 이제 할 만큼 했잖아요."

카시아가 내 말을 자른다. "이제 우리 집에 도착했잖아요. 뭘 해드릴까요? 좀 누워서 쉴래요?"

할 만큼 했다고? 내가 얼마나 큰 고통을 겪었는데! 나는 생각한다.

"기차가 정말 얼마나 끔찍했는지……."

"우리 다른 얘기 해요." 카시아가 부드럽게 말한다.

"왜? 나는 내 의견도 표현 못 해?" 나는 매섭게 쏘아붙인다.

카시아는 내 폭발하는 분노를 짐짓 모르는 체 넘기려고 애쓴다. 아이들을 살피고 식사 준비를 시작한다. 그러나 나는 그냥 넘어갈 수가 없다. 카시아에게 짜증이 치솟는다. 아이들에게도, 다른 모든 것에도 짜증이 난다. 갑자기 너무나 피곤해진다. 게다가 두통도 잦아들 기미가 없다.

나는 계획대로 뉴헤이븐에 이틀 동안 머물지만, 그곳에서 보낸 시간은 나에게도 가족들에게도 힘이 되지 않는다. 기대했던 것의 절반만큼도.

나는 기차 여행에 대해 이야기하는 걸 멈출 수가 없다. 카시아와 제이크에게 끊임없이 그 이야기를 꺼내고, 내게 인사를 건네고 회복을 빌어주려고 들른 그들의 친구들에게도 기차 여행에 대해 늘어놓는다. 그들은 예의를 갖추느라 내 말을 듣고 있지만 나는 그들의 표정에서 생각을 읽을 수 있다. **왜 이런 얘기를 하는 거죠? 그게 뭐 그렇게 중요하다고?**

그러나 그것은 중요한 일이다. 엄청나게 중요한 일. 그게 중요한 일이라고 생각하지 못한다면, 그들은 어딘가 잘못된 게 틀림없다.

암트랙, 이 망할 것들! 이 후렴구는 폐쇄 선로를 순환하는 장난감 기차처럼 내 머릿속에서 끝없이 맴돈다. **암트랙, 이 망할 것들!** 머릿속 메아리에 그치지 않고 나는 내게 귀 기울이는 모든 사람에게 이 후렴구를 큰 소리로 되풀이하고 또 되풀이한다.

내 분노의 대상은 암트랙만이 아니다. 점심 준비가 카시아가 약속한 시간보다 5분만 늦어져도 짜증이 치민다. 아이들의 왁자지껄한 소란도 참을 수가 없다. 가족이 하는 모든 일이 짜증스럽고, 그들에게도 그렇게 말해버린다.

방문 이틀째 되던 날 오후에 서배스천이 큰 소리로 웃으며 달려오다가 나에게 부딪친다. 그 행동에 나는 폭발한다.

"조용히! 그만 좀 해! 그만하라고!"

서배스천은 울기 직전이다.

"할머니 나빠!" 아이가 말했다.

"아니, 그게 무슨 소리냐! 그렇게 예민하게 굴면 못써!

비판도 받아들일 줄 모르다니, 정말 어이가 없구나!"

서배스천은 눈물을 쏟으며 달려 나간다. 주방에 있던 카시아가 방으로 들어온다.

"엄마, 정말……. 왜 이렇게 고약하게 굴어요? 정말 엄마답지 않아."

나는 지금 들리는 말을 믿을 수가 없다.

지금 서배스천 편을 들어? 나더러 고약하다고? 진심으로 하는 소리야?

나는 돌아선다. 그들 누구하고도 이야기하고 싶지 않다. 나는 손님방으로 들어가 문을 닫아버린다.

카시아가 왜 저렇게 따지고 드는 거지? 나는 어두운 침실에 누워 부어오른 팔을 어루만지며 의아해한다. **난 이보다 나은 대접을 받을 자격이 있어.**

상황이 흘러가는 방식에 당혹한 것은 나만이 아니다. 시간이 훨씬 더 흐른 뒤에 알게 되었지만, 그 늦은 봄날 내가 2층에 홀로 있는 동안 제이크와 카시아는 아래층 주방에서 작은 소리로 나를 걱정하며 이야기를 나눴다. 내가 늘 사랑으로 대하던 서배스천에게 버럭 화를 낸 것은 두 사람에게 큰 충격이었다. 내가 속에 있는 생각을 거침없이 말하는 편이긴 해도 가족들에게만큼은 다정하고 애정 어린 마음으로 대하던 터였다. 이제 그들은 나에게 거리감을 느끼고 불안해하며, 내가 기차 생각에서 벗어나지 못하는 것에 어리둥절할 뿐이다. 무슨 일이 벌어지고 있는 건지 그들로서는 도무지 이해할 수가 없다.

카시아는 아직 실험 단계인 면역치료에 대한 불안과 죽음에 대한 두려움이 작용한 것이 틀림없다고 판단한다. 어쩌면 내가 우울증에 걸린 건지도 모른다고 생각한다. 그러나 제이크는 카시아의 생각에 완전히는 동의하지 못한다. 그는 내가 전에도 죽음 가까이 다가간 적이 있지만 언제나 열린 마음과 여린 마음을 갖고 있었고, 두려움을 포함한 모든 감정을 가족에게 표현했다는 점을 지적한다. 지금의 상황은 뭔가 어긋난 느낌이라는 데 두 사람의 의견이 모아진다.

그들에게는 내 행동이 이상하다는 게 분명히 보이는지 몰라도, 나는 나 자신이 평소와 다르다는 사실을 깨닫지 못한다. 물론 그런 내가 초래한 혼란과 고통도 알아차리지 못한다. 2층 손님방에서 나는 나만의 세계에 빠진 채 내가 받은 푸대접과 미국 철도 체계의 엄청난 무능에 대한 생각에만 집착하고 있다.

다들 뭐가 잘못된 거지? 카시아는 평소처럼 다정하지 않아.

아이들은 너무 시끄럽고. 애들 버르장머리가 나빠지고 있어. 암트 랙은 망할 놈들이고!

두통이 다시 시작된다. 이 빌어먹을 더위.

면역치료로 인한 가려움과 그 밖의 부작용에 비하면 두통은 작은 불편함에 지나지 않는다. 그래도 나는 확실히 해 두기 위해 전날 조지타운대학병원의 간호사에게 전화도 걸었다. 정도가 심하지 않은 간헐적 두통이라고 설명했고 우리 둘 다 크게 걱정할 일은 아니라고 판단했지만, 그래도 간호사는 두통을 잘 지켜보라고 했었다. 분명 나나 카시아나 의사들에게 경종을 울릴 만큼 심하거나 갑작스러운 두통은 아니었다. 게다가 훨씬 더 나쁜 상황도 용감하게 헤쳐 나오지 않았는가. 이렇게 나는 두통이 보내는 경고신호를 놓치고 만다.

나도 주변의 모든 사람도 깨닫지 못했지만, 내 뇌 깊숙한 곳에서는 이미 전면전이 벌어진 상황이었다. 방사선치료를 받은 종양들에서 죽은 세포들이 떨어져 나와 쓰레기와 괴사 조직, 즉 죽은 조직을 만들고 있었다. 오래된 종양들은 면역치료의 공격까지 받았다. 임상 시험에 들어가기 직전 아이저 박사가 발견한 새 종양 세 개도 마찬가지였다.

1월부터 4월 사이에 발견된 여섯 개의 암세포들은 면역치료로 수정된 T세포들에게 공격을 받아 치명적인 상처를 입어 마치 작은 시체 같은 상태였다. 이것들을 더 작은 입자로 해체해 혈관계와 림프계를 통해 뇌에서 제거해야 했다. 흑색종의 전이로, 그리고 방사선과 면역치료의 이중 공격으로 뇌 전체에 염증이 생기고 부어 있었다. 게다가 건강한 상황이라면 독소나 다른 물질들이 뇌에 흘러드는 것을 막아줄 혈뇌장벽blood-brain barrier*이 면역치료 때문에 교란되는 바람에, 체액이 작은 혈관들과 모세혈관들을 통해 뇌로 새어 들어오고 있었다. 그 액체들이 뇌에 고이면서 뇌 조직에 염증을 일으키고 붓게 만든 것인데, 이런 상태를 혈관성부종vasogenic edema이라고 한다.

내 행동이 가족에게 파괴적으로 작용했던 것처럼 이 모든 것이 내 뇌를 파괴하고 있었다. 살 기회를 얻기 위해서라면 큰 대가도 치를 수 있다고 생각했지만 나는 그 희생이 얼마나 가혹할지 전혀 알지 못했다. 내 뇌는, 그중에서도

---

* 뇌척수액과 혈액을 분리하는 장벽. 높은 선택적 투과성을 갖고 있어 몸의 주요 조절 중추를 혈액으로 운반될 수 있는 병원체와 혈액 내의 잠재적인 위험 물질로부터 격리하는 역할을 한다.

고도의 인지 기능을 통제하는 부분이라 아이저 박사가 특별히 염려했던 내 전두엽은 죽음을 부르는 전쟁터가 되어 있었다.

그리고 내 삶은 심각한 위험에 빠져 있었다. 딱딱한 뼈로 이루어진 두개골은 유연성이 없다. 뇌의 압력을 덜어주기 위해 바깥으로 확장할 수 없다는 뜻이다. 뇌가 부으면 뇌가 갈 수 있는 곳은 한 군데뿐이다. 바로 두개골 맨 아래, 뇌간이 척수로 빠져나가는 구멍인 대후두공foramen magnum이다. 뇌에서 가장 원시적인 부분인 뇌간은 호흡, 심장박동수, 혈압 등 원초적인 기능을 통제한다. 뇌간이 부기 때문에 짓눌리거나 다른 식으로 다치면 심장과 호흡이 멈추는 심폐 정지 상태가 되어 사망에 이른다.

내 전두엽이 공격을 받는 중이고, 그 일이 내 성격에 영향을 미치고 있음을 눈치챘다면, 아마도 나는 19세기 중반 끔찍한 부상을 입은 피니어스 게이지Phineas Gage의 유명한 사례와 내 사례 사이에서 몇 가지 유사한 점을 인식할 수 있었을 것이다. 게이지의 개인적인 불행은 뇌 연구에 있어 하나의 전환점이 되었다. 그가 긴 쇠막대로 커다란 바위에 발파용 화약을 집어넣고 있을 때, 갑자기 화약이 폭발하면서 쇠막대가 날아가 창처럼 그의 머리를 관통했다.[1] 막대는 그의 왼쪽 뺨을 뚫고 들어가 뇌의 왼쪽을 관통하면서 전두엽의 상당 부분을 없애버린 다음 두개골 꼭대기로 튀어나와 게이지가 서 있던 곳에서 25미터나 떨어진 지점에 떨어졌다. 믿기 어렵겠지만 당시 스물다섯 살이던 게이지는 살아남았고 머리에 커다란 구멍이 난 채로, 그리고 성격이 급격히 달라진 채로 11년을 더 살았다. 한때 호감 가는 청년이었던 그는 욕설을 입에 달고 다니기 시작했고, 기본적인 과제도 끝까지 해내지 못했으며, 자기 자신 외에는 아무도 안중에 없는 이기적인 사람이 되었다. 행실이 너무 나빠져 결국 해고당한 그는 이후 떠돌이 생활을 하다가 그 참혹한 부상과 관련이 있을 수도, 없을 수도 있는 일련의 경련을 일으킨 뒤 결국 사망했다.

게이지의 불행은 전두엽과 마음의 관계에 관해 아주 중요한 사실을 가르쳐주었다. 그러나 그 가르침은 당시 사람들이 짐작했던 교훈과는 다르다. 당시의 과학자들은 사고로 파괴된 게이지의 뇌 부위가 성격을 통제하는 임무를 담당한다는 이론을 세웠지만, 지금 우리는 진실이 그보다 더 복잡하다는 것을 알고 있다. 성격의 토대를 형성하는 감정들은 과거에 짐작했던 것처럼 단 하나의 영역에 담겨 있는 것이 아니라 뇌 전체에 걸친 복잡한 네트워크에 분포해 있으며, 아직 우리는 그 네트워크를 완전하게는 이해하지 못한다.

그럼에도 전두엽이 성격이 표현되는 방식들과 밀접하게 연결되어 있다는 것만은 분명한 사실이다. 게이지처럼 머리 외상의 결과든, 나처럼 암 때문이든, 아니면 알츠하이머병 환자들처럼 신경 퇴행성 질환 때문이든, 전두엽이 손상된 사람들은 성격이 상당히 많이 변한다. 때로는 정말 기괴한 변화가 일어나기도 한다. 자제력이 눈에 띄게 줄어드는 데다 자기 행위가 어떤 결과를 낳는지 거의 이해하지 못하거나 아예 무관심해지는 것이다.

알츠하이머병부터 조현병까지, 조울증에서 우울증까지 대부분의 정신적 문제는 감정에 모종의 변화를 일으키고, 그럼으로써 성격까지 바꿔놓는다. 그러나 누군가 비교적 짧은 기간 안에 현저한 성격 변화를 보일 때는, 예컨대 종양이든 부상이든 전두엽의 문제 때문일 가능성이 크다.

내가 겪은 두통과 성격 변화는 무언가 심각한 일이 벌어지고 있다는 신호였다. 뇌의 부기 때문에 병에 담긴 젤리처럼 짓눌리고 제자리에서 밀려난 내 전두피질은 내게 행동하기 전에 멈추어 생각하라고 말해주는 감독 기능을 수행하지 못했다. 어떤 의미에서 내 뇌의 이 중요한 부위는 이전 단계로 퇴행한 셈이었고, 따라서 아직 자기 통제력을 행사하는 방법이나 미묘한 사회적 상황을 헤쳐 나가는 요령을 배우지 못한 어린아이의 뇌와 다르지 않았다.

나는 이런 일이 일어나고 있다는 사실을 전혀 알지 못했다. 뭔가 잘못되었음을 알아차리긴 했어도 단지 더위 때문에, 여행의 고됨 때문에, 손자들과 생활하면서 겪는 소음과 신체 활동 때문에 심한 스트레스를 받은 탓이라고 여겼다. 내게 필요한 것은 훨씬 덜 소란스러운 나의 집과 규칙적인 일과로 돌아가는 것뿐이었다. 나는 평온함과 조용함을 갈망했다. 미레크가 그리웠고, 어서 집으로 가 그와 함께 있고 싶었다.

서배스천에게 버럭 화를 낸 다음 날인 5월 29일, 나는 뉴헤이븐을 떠난다. 충격을 받은 딸과 손자들이 나를 기차역까지 배웅한다. 그들에게 작별의 입맞춤을 하자니 내가 곧 그들을 그리워하리라는 생각이 들지만, 그럼에도 집으로 돌아가고 싶은 마음이 더 간절하다.

돌아가는 길에 특별한 일은 일어나지 않는다. 미레크가 유니언 역에 나를 마중하러 와 있다. 멀리서도 나는 쉽게 그의 차를 찾아낸다. 지붕에 자전거를 실을 수 있게끔 짐받이를 장착한 녹색 폭스바겐 파사트.

기차에서 내리는 나를 발견하자 미레크는 환한 미소를 지어 보인다.

"당신을 보니 정말 좋다." 그는 이렇게 말하며 몸을 숙여 입을 맞춘다. "보고 싶었어."

나는 그에게 입을 맞추지 않는다. "나 너무 피곤해." 그저 쏘아붙이듯 내뱉는다. "집에 가고 싶어."

그는 상처 입은 듯 어리둥절한 표정으로 나를 바라본다.

"무슨 안 좋은 일이라도 있었어? 즐거운 시간을 보냈을 거라고 생각했는데, 아니야?"

"지금 이 얘기를 꼭 해야 돼? 나 피곤하다니까!"

미레크는 침묵 속으로 물러서지만 나는 계속 그를 몰아붙인다.

"당신은 늘 질문이 너무 많아." 나는 식식거리며 말한다. "대체 왜 그러는 거야?"

미레크의 눈이 반짝거린다. 눈물인가? 상관없다.

그는 더 이상 아무 말도 하지 않는다. 우리는 완전한 침묵 속에서 집으로 돌아간다.

5

나를
독살하려는 남자

6월이 되고, 나는 이제 내게 정상적 삶이 된 규칙적인 일과로 돌아간다. 풀타임으로 끊임없이 일하는 와중에 의사들과의 진료 약속이 퍼레이드처럼 이어지는 생활. 사무실에 있자니 직원들의 작은 단점들이 대단히 짜증스럽게 여겨진다. 평소라면 사소한 일은 그냥 넘겨버리겠지만 이제 나는 수시로 그들을 비판하기 시작한다.

짜증이 나는 것도 당연해. 나는 속으로 중얼거린다. **아픈 것 진저리가 나. 발진도, 부은 팔도 진저리가 나. 모든 게 다 진저리가 나.** 그리고 두통은 계속 찾아왔다가 물러가기를 반복한다.

마침내 림프부종 물리치료의 예약 날짜가 다가오지만 가고 싶은 마음이 사라졌다. 팔이 불편한 건 여전하지만 또 하나의 병원, 또 하나의 치료를 더하려니 생각만 해도 지긋지긋하다. 치료를 위한 병원 방문은 내가 아프다는 사실을 여지없이 상기시킨다. 희망을 느끼려 노력하는 지금, 물리치료 때문에 병원에 가야 한다는 게 유난히 짜증스럽다. 흑색종은 내가 받고 있는 새롭고 훌륭한 치료 앞에서 후퇴할 것이다. 나는 그것을 **알고 있다.**

그러나 나는 한번 뱉은 말은 반드시 지키는 사람이다. 직전에 취소하기보다는 약속을 지키기로 한다. 집에서 병원까지는 뒷길을 따라 차로 조금만 달리면 되는 거리고, 치료가 끝나면 곧바로 출근할 것이다.

나는 우리 지역 병원을 잘 알고 있다. 지금 가는 병원은 지난 30년 동안 미레크와 비테크와 내가 겪었던 이런저런 경미한 수술들 때문에 여러 번 가본 곳이다. 그러나 오늘은 주차장 입구로 들어서는데 내가 병원을 제대로 찾아온 것인지 확신이 서지 않는다.

모든 게 완전히 낯설어 보인다. 주차장의 배치가 어땠는지 기억이 나지 않는다.

바뀐 건가?

나는 거대한 다층 구조 주차장으로 진입한다. 1층에는 자리가 없어서 위로 올라간다. 영원처럼 길게 느껴지는 시간 동안 계속 원을 그리고 또 그리며 위층으로, 다시 그 위층으로 올라간다. 그런데도 여전히 빈 공간을 찾지 못한다.

주차장 꼭대기까지 올라간 나는 햇빛에 눈이 부셔 잠시 아무것도 볼 수 없다.

"이렇게 더운데, 돌아올 즈음이면 차가 말도 못 하게 뜨거워져 있겠군.”

나는 주차를 하며 혼잣말을 한다. 이제 계단을 내려가고, 내려가고, 또 내려가 주차장 1층에 이른다. 그런데 그곳에 도착하고 보니 병원 입구를 찾을 수가 없다.

이것도 바꼈어?

잠시 어리둥절해하다가 마침내 정문을 찾아내지만, 안으로 들어서자 이번에는 긴 복도들을 따라 어디로 이어지는지 알 수 없는 문들이 늘어서 있다. 나는 사방으로 뻗은 그 복도들의 혼란스러운 미로 속에 들어서 있다.

또 길을 잃은 것이다.

여기 있는 게 죄다 바뀐 건가?

짜증이 차오른다.

“왜 이런 곳엘 왔지? 정말 말도 안 돼.” 나는 투덜댄다.

“사무실이 어디야? 왜 환자들이 길을 쉽게 찾도록 만들어놓지 않은 거야?”

나는 몇 사람에게 방향을 묻지만, 그들이 아무리 도와주려 노력해도 도저히 물리치료 부서를 찾을 수 없다.

환자한테 이런 짓을 하다니 믿을 수가 없어! 난 이렇게 아픈데. 어떻게 내게 이런 일을 겪게 할 수 있지?

어떻게 해서인지 모르겠지만, 마침내 나는 물리치료 부

서의 안내 데스크 앞에 도착한다. 내 속은 부글부글 끓고 있다.

접수를 한 뒤 대기실에서 자리를 잡고 앉는다. 마침내 그곳을 찾아냈다는 안도감은 순식간에 흩어져 사라진다. 대각선으로 마주 보이는 소파 위에서 어린 남자아이가 기침을 하며 울고 있다. 아이는 아빠더러 어서 이곳에서 나가자고 보챈다.

나는 짜증이 나서 아이를 노려본다.

도대체 왜 아픈 애를 여기 들여보낸 거야? 지금 나는 너무 아파서 저런 애들을 참아낼 여력이 없다고!

아이가 우는 동안 나의 미움은 점점 커진다.

물리치료는 어른들이 받는 거 아냐? 아픈 애들이 가는 별도의 클리닉이 있어야지. 아이들은 격리해야 해! 저 애가 나를 감염시킬 거야!

나는 저 조그만 아이가 몹시 밉다. 아이의 아빠도 밉다. 이 장소도 밉다.

이 고문은 한참 이어지고, 마침내 병원 위생복을 입은 한 여성이 대기실로 와 내 이름을 부른다.

"저는 테리사라고 해요." 그녀가 미소를 지으며 말한다. "만나서 반갑습니다."

**저 억지스럽고 가식적인 미소. 위선덩어리군. 무슨 꿍꿍이속
이지? 이 여자를 잘 지켜보는 게 좋겠어.**

나를 검사실로 안내한 그녀는 앉으라고 한 다음 내 팔
을 살펴보기 시작한다.

"림프부종이 상당히 많이 진행되었군요. 너무 오래 기다
리셨어요. 어쩌면 부기가 영구적일 수도 있어요. 더 악화되
지 않도록 우리가 어떻게 치료할 건지 설명해드릴게요. 하지
만 환자분이 제 설명을 아주 꼼꼼히 따르셔야지, 그러지 않
으면 위험해질 수 있어요. 팔이 감염에 취약해지거든요."

**이 여자는 왜 이렇게 계속 따분한 소리만 늘어놓는 거야. 여긴
정말 따분하고 지루하고 끔찍한 곳이야.**

나는 오늘 저녁으로 뭘 먹을까 궁리하기 시작한다.

**미레크가 식료품점에서 연어를 사 왔던가? 보나 마나 까먹었
겠지. 내가 해달라고 부탁한 건 뭐든 까먹으니까. 그 사람은 정말
어떻게⋯⋯.**

테리사의 목소리가 잠시 내 생각을 중단시킨다.

"팔에 붕대 감는 법을 보여드릴게요. 앞으로 한두 달은
이렇게 붕대를 하고 계셔야 할 겁니다. 아주 중요한 일이에
요. 이해하셨죠?"

지금 몇 시지? 집에 가야겠어. 미레크가 장 보는 걸 잊었다면

더더욱 꼭 가야 해. 내가 저녁 준비를 해야 돼.

그녀가 나를 바라본다.

"정말 이건 꼭 하셔야 해요."

단호한 목소리다. 나는 듣고 있는 척한다.

"붕대를 다 감으면 이런 압박 소매를 착용하셔야 해요." 그녀는 손가락 관절부터 겨드랑이까지 팔 전체를 감싸도록 디자인된 기다란 튜브를 내밀며 말한다. 피부와 비슷한 색상이다.

"밤에는 팔을 계속 압박해서 림프액이 고이는 걸 방지하도록 또 다른 소매를 사용하셔야 해요."

나는 압박 소매를 쳐다본다. 흉하고 우스꽝스럽다.

"장난해요?" 내가 비웃듯 내뱉는다. "당신, 내가 정말 그 터무니없는 물건을 착용할 것 같아요? 꼭 중세 시대 고문 도구 같이 생겼구먼."

테리사는 대꾸하지 않는다.

뭐 잘났다고 거기 그렇게 우쭐해서 앉아 있는 거야?

"나는 막대한 책임을 지고 있는 전문가라고요." 나는 말을 이어간다. "그렇게 멍청한 붕대랑 소매를 착용하면 꼴이 도대체 어떻게 보이겠어요? 하루 종일 집안에 앉아 있는 사람한테는 괜찮을지 몰라도 나한테는 아니에요. 나는 진지한 곳에서 일해요. 커다란 부서를 감독하는 사람이라고요. 그것보다 나은 뭔가를 내놔요.”

그녀는 말없이 계속 나를 지켜볼 뿐이다.

내가 너보다 더 잘 알아.

“그냥 팔 마사지나 해주고 끝내는 게 어때요?” 내가 제안한다.

“마사지는 이 압박 소매를 함께 사용할 때만 효과가 있어요.” 그녀가 마침내 입을 연다. “상태가 심각해요. 즉시 주의를 기울이고 지속적으로 치료해야만 합니다.”

이 여자 표정이 마음에 안 들어. 거만해. 그 가짜 미소를 본 순간에 바로 알아봤지.

“나는 팔에 아무것도 착용 안 할 거니까 포기해요.”

“정기적으로 방문하셔야 해요.” 그녀가 말한다. “그리고 저를 상대로 말싸움하는 것도 그만두셔야 합니다.”

“정기적으로 방문?” 나는 웃음을 터뜨린다. “난 이런 헛짓에 쏟을 시간 없어요!”

나는 벌떡 일어나 위압적인 눈빛으로 그녀를 한 번 노려본 다음 돌아서서 쿵쿵 발소리를 내며 방을 나와 대기실을 지나 복도로 나간다.

“뭐 저런 말도 안 되는 소리가 다 있어?”

큰 소리로 말하고 나는 그곳을 떠난다.

아까운 시간만 낭비했잖아! 다시는 오나 봐라. 끔찍해! 자기네 가 무슨 짓을 하는지 도통 모르고 있어.

나는 주차장으로 가는 계단을 찾아 곧바로 성큼성큼 올라 햇빛 쏟아지는 꼭대기 층으로 간다. 차에 올라 긴 나선형의 내리막길을 돌아 주차장에서 빠져나온다. 마침내 직장으로 갈 수 있게 됐다. 나는 이 불합리한 사건은 잊어버리고 내 일과나 잘 처리하자고 마음먹는다.

러시아워가 지난 터라 고속도로는 막히지 않는다.

당연히 고속도로에 차가 없지. 남들은 다 출근했으니까. 그 멍청한 병원에서 한 시간 넘게 시간을 잡아먹지 않았으면 나도 벌써 출근해 있었을 텐데.

순환선을 타면 베데스다의 국립정신보건원까지 차로 쉽게 갈 수 있다. 이곳은 세계에서 가장 큰 생물의학 연구소로, 과거에는 사유지였던 수백 헥타르의 대지에 세워진 건물 수십 개에서 2만 1,000명에 달하는 연방 소속 직원들이 일하고 있다.

무의미한 물리치료 약속으로 몸이 지쳤음에도 나는 뇌은행의 모든 것을 감독하며 일한다. 우선 도착하자마자 질문 폭격을 받는다. 테크니션 한 사람이 기증 가능한 어떤 뇌에 관해 수락 여부를 묻는다. 그가 나가자마자 또 다른 테크니션이 비슷한 질문을 들고 찾아온다. 그다음 나는 우리의 뇌 표본을 간절히 기다리는 전국의 연구자들에게서 온 수십 통의 이메일에 답장을 보내고, 이어 우리가 비축하고 있는 조직 표본들에 관한 가장 최근의 데이터를 검토한다.

자리에서 일어나 직원들을 살펴보려고 실험실로 갈 때면 동료의 책상에 있는 초콜릿 그릇 옆을 지나쳐야 한다. 그녀는 항상 달달한 군것질거리를 꺼내놓는데 그동안 나는 줄곧 그것을 피해왔다. 건강에 나쁜 음식, 특히 단것을 싫어하기 때문이다. 그러나 어제는 초콜릿이 너무 맛있어 보여서 하루 종일 초콜릿을 먹었다. 멈출 수가 없었다. 오늘도 마찬가지다. 그 옆을 지나칠 때마다 하나씩 집어 입안에 넣는다. 단것들이 이렇게 저항할 수 없이 맛있었던 적이 없다.

물리치료 예약일에서 며칠이 지난 어느 이른 저녁, 나는 주방에서 채소와 고기를 썰어 볶으며 저녁을 준비하고 있다. 긴장을 풀려고 와인을 홀짝거리는데, 현관문을 두드리는 소리가 들려온다. 미레크는 위층 자기 사무실에서 일하고 있는 터라 내가 문을 열러 나간다.

서른 살쯤 되어 보이는 남자가 정문 계단 위에 선 채 활짝 웃고 있다.

"안녕하세요, 립스카 부인!" 그가 쾌활하게 인사를 건넨다.

이게 무슨 일이야? 나를 안다는 듯 행동하잖아! 난 이 남자를 한 번도 본 적이 없는데. 원하는 게 뭐지? 뭔가 잘못됐어. 난 느낄 수 있어. 뭔가 위험한 일이야.

내가 뭐라 대답을 하기도 전에 남자는 걸음을 옮겨 집 안으로 들어오려 한다. 나는 문간을 막아선다.

"저 존입니다." 그가 이름을 밝히며 악수를 건넨다. "해충 방제 회사 직원이요."

나는 손을 마주 잡지 않는다.

"누구라고요?" 내가 다그치듯 묻는다.

"존이요. 부인 댁의 해충 방제 서비스를 담당하고 있잖아요. 기억하시죠?"

확실히 뭔가 꿍꿍이가 있어.

"20년 넘게 댁에 흰개미 점검 서비스를 제공해왔잖아요." 이제 그는 훨씬 더 천천히 말한다.

말투 달라지는 것 좀 봐. 내가 자기 속내를 파악했다는 걸 눈치챘군.

"오늘이 정기 방문일입니다." 그가 말을 잇는다. "들어가서 점검해도 될까요?"

"점검을 한다고요? 어머나, 그러세요?" 나는 노골적으로 빈정대며 말한다. "오늘 당신이 여기 온 정확한 이유가 뭔지 말해요." 그가 어리둥절한 표정으로 나를 쳐다본다. 나는 다시 묻는다.

"무슨 짓을 하려는 거냐고요!"

그는 흰개미에 관해 이야기하기 시작한다. 그 말을 듣자니 뭔가 시급한 일이 떠오른다.

"개미 떼!" 내가 소리친다. "사방에 개미들이 있어요!" 나는 주방으로 돌진한다.

"와서 봐요! 여기, 그리고 여기 좀 봐요!"

나는 창틀에서 벽을 따라 실외 데크로 이어진 뒷문까지 줄지어 행진하고 있는 작은 개미들을 가리킨다.

"개미! 보이죠? 또 지하실 벽에 있는 얼룩들도 꼭 봐야 돼요. 곰팡이가 틀림없어요." 나는 급류처럼 말을 쏟아낸다. "가서 봐요, 빨리!"

존은 급히 지하실로 내려간다. 눈앞에서 그의 모습이 사라지자 안심이 되지만 그는 몇 분 뒤 돌아와 뭔가에 관해 말한다. 내 귀에 들린 유일한 단어는 '화학물질'이다. 어떤 화학물질을 뿌리겠다는 것이다.

"화학물질!" 나는 누가 내 옆구리를 쿡 찌르기라도 한 듯 펄쩍 뛴다. "**화학물질**이라니, 그게 무슨 소리예요?"

존은 겁을 먹은 것 같다.

그럴 줄 알았지! 너, 나한테 딱 걸렸어.

"저희 회사의 화학물질은 개미와 곰팡이를 방제하는 데 매우 효과적입니다."

이렇게 말하지만 말투는 더듬거리고 확신이 없다.

아하! 네 하찮은 게임도 이제 끝이다.

"다른 스프레이도 있습니다. 흰개미용이에요." 그는 잠시 말을 멈췄다가 이렇게 덧붙인다. "걱정하지 마세요. 모두 지극히 안전하니까요."

"안전하다고? 화학물질이?" 나는 고함을 지른다. "화학물질은 독이야! 당신은 그것도 모르나? 어떻게 그것들이 안전하다고 말할 수 있지?"

"저, 고객 안전이 저희의 핵심……."

"그렇다면 말해봐요. 그 화학물질 안에 뭐가 들었는지." 내가 따져 묻는다. "어떤 성분을 사용하고 있죠?"

그는 멍한 눈으로 나를 빤히 바라볼 뿐이다.

내가 녀석을 코너로 몰아넣었어!

"하나도 모르죠? 안전하다고? 하! 나는 화학자야! 나를 속일 순 없지. 나한테는 어린 손자들이 있어! 그 아이들을 독살하려는 거야? 우리 모두를 독살하려는 거냐고! 그게 당신 계획이야? 모든 화학물질은 유독성이야. 그게 뭐가 됐든, 이 집에서 화학물질을 쓰는 건 내가 금지해."

누군가 내 뒤에서 다가온다. 나는 미레크가 계단으로 내려왔음을 알아차린다.

"안녕하세요. 잘 지냈어요?"

미레크가 젊은이에게 인사를 한다.

이 사람한테 왜 이렇게 다정하게 인사하는 거지? 우리를 독살하려는 놈인데!

미레크가 내 쪽으로 돌아선다.

"걱정 마. 이 친구 오늘 아무것도 안 할 테니까." 달래는 듯한 말투다. "그냥 점검만 할 거야. 여기 서류에 서명은 내가 할게요."

미레크는 젊은이가 서류를 올려둔 주방의 아일랜드 테이블로 다가간다.

"절대 안 돼!" 나는 그와 테이블 사이로 끼어들며 소리치고, 이어 젊은이 쪽으로 몸을 기울이며 고함을 지른다. "당신은 해고야!"

그의 얼굴은 믿을 수 없다는 표정으로 굳어 있다. 미레크가 뭐라 만류할 틈도 없이 나는 쏟아내듯 말을 이어간다.

"더 이상 우리 집 일을 못하게 된다는 얘기만이 아니야. 내가 당신 상사한테 전화해서 당신이 완전히 엉망이라고 할 거야. 어떻게 자기가 쓰는 스프레이의 화학 성분도 모를 수가 있어?"

어이가 없어! 완전 바보 아냐!

미레크와 낯선 젊은이만 주방에 남겨둔 채, 나는 뒤돌아서 횡하니 나와버린다.

이렇게 비정상적으로 변하는 행동은 대개 그 사람의 뇌 안에서 무언가 심각한 일이 벌어지고 있음을 알리는 신호다. 분노, 의심, 성마름 같은 나의 감정적 과잉 반응들은 내 전두엽에서 재앙 수준의 격변이 일어나고 있음을 암시했다. 그러나 나는 경고신호를 포착하지 못했다. 정신질환에 관한 전문가인 나는 다른 대부분의 사람에 비해 나의 이상한 행동을 더 쉽게 알아차렸어야 했다. 하지만 그럴 수 없었다. 당시에는 아직 모르고 있었지만, 여섯 개의 종양과 그 주변의 부기가 자기 성찰을 가능케 하는 부위인 전두엽의 작동을 멈춰버렸기 때문이다. 역설적이게도, 내 전두엽이 근무지에서 이탈했음을 알아차리기 위해서는 멀쩡한 전두엽이 필요했다.

이렇게 자신의 장애를 인지하지 못하는 것은 정신질환자들에게서 흔히 보이는 특징이다. 질병인식불능증anosognosia이라는 이 증상은 여러 신경증과 정신증 상태에서 나타난다. 이 몰이해가 뇌의 어느 영역 때문에 일어나는지에 관해서는 알려진 바가 거의 없지만, 일부 연구자들은 뇌의 오른쪽 반구와 왼쪽 반구를 나누는 중심선에 생긴 기능장애와 관련되어 있을 거라는 의견을 내놓는다.[1] 또한 오른쪽 반구에 생긴 손상과 관련되었을 가능성도 있다.[2]

조현병과 양극성장애 환자가 자신의 상태를 파악하지 못하는 것은 처음에는 부인이나 대처 기제로 보일지도 모르지만 사실 그보다는 그 병 자체가 발현되는 양상에 가깝다. 조현병 환자의 약 50퍼센트와 양극성장애 환자의 약 40퍼센트는 스스로 병에 걸렸다는 사실을 모르기 때문에 자신의 상태를 제대로 인지하지도 못하고 진단을 받아들이려 하지도 않는다.[3] 이들은 환각이나 망상을 경험해도 그것을 자기 뇌에 문제가 생겼다는 신호로 보지 않는다. 환청을 듣거나 자기 자신을 신이라고 믿는 가장 극적인 증상인 경우에도 환각을 현실과 구분하지 못한다. 조현병 환자와 양극성장애 환자 가운데 질병인식불능증을 보이는 사람들은 자신이 병에 걸렸다는 것을 믿지 않으므로 정신의학적 치료에도 격렬히 저항하는 경우가 많다.[4] 처방된 약물을 복용하지 않거나 행동치료에도 참여하지 않을 수 있다.[5] 그리고 현재로서는 이런 질병인식불능증을 치료할 방법이 없다.

조현병에 걸린 사람들과 마찬가지로, 나 역시 내게 심각한 문제가 생겼다고는 생각하지 않았다. 오히려 내가 느끼기에 내 정신은 완전히 멀쩡했다. 혹시라도 뭔가 문제가 있다면 스트레스를 받았거나 피곤한 것뿐이라고 믿었다. 의료 기관의 한심한 설계와 괘씸하게 병원 대기실에서 울어대는 아이와 내 집 현관에 나타난 뻔뻔스러운 낯선 남자 때문에 지쳐버린 것이라고 말이다. 이 점들을 연결해 문제는 바깥 어딘가가 아니라 내 머릿속에 있다는 사실은 추론할 수 없었다. 사건에 대한 내 반응이 종양이나 암 치료와 관련되어 있으리라 생각할 이유가 없었고, 이는 내 주변 사람들도 마찬가지였다. MRI 검사를 했다면 내 뇌에서 벌어지는 일이 드러났겠지만, 이 시기에 나는 MRI 검사를 전혀 받고 있지 않았다.

이렇게 점점 더 혼란스러운 상태로 치달아가는 동안, 나의 뇌는 내 머릿속에 있는 것과 주위에서 일어나는 일들

사이의 공백을 음모론으로 채웠다. 가족과 직장 동료를 점점 더 의심하게 되었고 아주 단순한 과제에 대해서도 모든 사람의 성과에 점점 더 큰 불만을 품었다. 나는 사람들이, 특히 내 가족이 나에 대한 음모를 꾸미고 있다고 확신했다.

카시아는 이제 나를 좋아하지 않아. 미레크도 그런 것 같고. 왜 다들 내 얘기를 하고 있는 거지? 뭔가 숨기고 있는 게 분명해. 그런데 뭘? 뭘 숨기고 있는 거지?

때로는 편집증 수준까지 치닫기도 하는 의심의 감정은 알츠하이머병을 비롯해 여러 가지 정신질환의 증상으로 나타날 수 있다. 알츠하이머병 환자 중에는 사랑하는 사람이 바람을 피운다거나 간병인이 자기 물건을 훔친다고, 혹은 자신을 해치려 한다거나 심지어 죽이려 한다고 비난하는 이도 있다. 신경과학자들은 아직 편집증과 관련한 뇌 부위 또는 네트워크를 아직 완전히 이해하지 못하지만, 측두엽 손상 때문에 그런 상태가 초래되는 경우가 있다.

나의 과잉된 반응이 뇌 속에서 벌어지는 혼란 때문에 초래된 것이기는 해도, 내가 느낀 감정들이 완전히 비이성적이기만 한 것은 아니었다. 내게는 의심할 만한 충분한 이유가 있었다. 어쨌든 걱정에 빠진 가족들이 내 행동 방식에 관해 이야기를 나눈 건 사실이니까. 뭐가 됐든 내 뜻대로 하려는 고집이나 정리벽처럼 내 성격 중에서도 가장 호감 안 가는 특징들이 날이 갈수록 더 과장되게 부풀었으니, 그들로서는 참으로 당황스러웠을 것이다. 나는 이기적이고 남의 감정에 무심한 사람으로 변하며 나 자신의 최악의 버전이 되어가고 있었다. 한편 나의 또 다른 뚜렷한 특징이었던 감정이입 능력은 어느새 사라지고 없었다. 전에는 카시아가 전화로 직장에서 겪은 일이나 아이들을 키우며 부딪치는 어려운 점들을 이야기하면 참을성 있게 들어줬는데, 이제는 단번에 말을 잘라버렸다. 나에게 가장 가까운 사람들과의 정서적 교감을 점점 잃어갔고, 늘 배려해주는 남편과 특히 더 그랬다.

왜 어떤 사람들은 감정이입 능력이 뛰어난 반면, 어떤 사람들은 지독하게 이기적인 것일까? 인간 행동의 많은 부분에 대해 그런 것처럼 이 질문에 대해서도 우리는 확실히 알지 못한다. 다른 복잡한 행동들처럼, 감정이입 또한 뇌의 고립된 한 부위에 담겨 있는 것이 아니라 뇌의 여러 영역을 연결하는 광범위한 네트워크에 의해 조절된다. 각자의 뇌가 어떤 구조를 가지고 내부적으로 어떻게 연결되어 있는지, 그 사람이 어떻게 양육되었으며, 어느 장소에서 어떤 문화와 더불어 성장했는지 등의 유전적 요인과 환경적 요인의 미묘한 조합이 작동하고 있을 것이다. 각 개인의 성격은 뇌의 기능에 영향을 미치는 수많은 요인들 사이를 오가는 복잡한 상호작용의 결과다.

그러나 일부 과학자들은 특정 뇌 영역이 다른 영역에 비해 감정이입에 더 깊이 관여한다고 보는데, 전두피질과 측두엽, 그리고 전두엽과 측두엽 사이 뇌 속 깊숙한 곳에 위치한 피질 영역인 섬엽insula이 바로 그런 부위다. 이러한 견해가 사실이라면, 전두측두 치매frontotemporal dementia(FTD)[6]라 불리는 치매의 한 유형에서 감정이입 능력 상실이 핵심적 증상인 이유가 설명된다. 전두측두 치매는 점점 진행되다가 결국에는 목숨을 앗아 가는 치명적인 신경 퇴행성 질환에 의해 초래된다.

치매는 기억상실이나 사회적·인지적 능력 상실과 같은 특정한 정신적 감퇴가 일상생활을 방해할 만큼 심각한 상태로 최소 12개월 동안 지속되는 경우를 일컫는 광범위한 용어다. 모든 치매 사례의 60~80퍼센트를 차지하는 치매의 가장 흔한 원인은 기억과 언어, 집행 기능의 쇠퇴를 특징으로 하는 알츠하이머병이다.[7] 몇몇 다른 신경 퇴행성 질환도 치매를 유발하며, 뇌졸중과 외상성 뇌손상, 매독이나 HIV 같은 감염도 치매를 초래할 수 있다. 세계보건기구는 전 세계에서 약 4700만 명이 어떤 형태로든 치매를 앓고 있으며, 매년 새롭게 치매 진단을 받는 사람을 1000만 명 정도로 추정한다.[8]

나의 경우, 증상들이 생긴 지 얼마 되지 않은 데다 일시적이었으니 치매의 기준에는 근사치로도 부합하지 않았다. 그러나 뉴헤이븐으로 여행을 떠나면서 경험하기 시작한 몇 가지 성격 변화는 그 이름에서 알 수 있듯이 전두엽과 측두엽에 영향을 미치는 전두측두 치매 환자에게서 보이는 증상과 유사했다. 전두측두 치매는 전형적으로 알츠하이머병보다 젊은 연령대의 사람을 공격하며, 환자의 60퍼센트가 45세부터 64세 사이에, 다시 말해서 중년에 발병한다.[9] 전두엽이 영향을 받기 때문에 전두측두 치매 환자들은 종종 자제력과 판단력을 잃는다. 이 병이 때로 '중년의 위기 병the midlife-crisis disease'이라 불리는 것도 서글프지만 적절한 비유인 셈이다. 어떤 사람들은 성적으로 부적절한 행동을 하고, 어떤 사람들은 흥청망청 쇼핑을 해대며, 금전적인 면에서 무책임하게 행동하거나 정크 푸드를 마구 먹어대는 경우도 있다. 충동과 욕망을 억제할 슈퍼에고superego 없이 이드id만 미쳐 날뛰는 사람처럼 행동하기도 한다. 전두측두 치매에 걸린 사람들은 전형적으로 감정이입을 하지 못하며[10] 자신이 하는 일은 전혀 잘못되지 않았다고 확신하는데, 이러한 통찰의 결여는 전두측두 치매와 다른 여러 정신장애에 대한 핵심적인 판단 기준이 된다.[11] 내가 내 삶의 많은 시간을 연구하며 보낸 조현병도 이러한 정신장애에 포함된다.

나는 전두측두 치매에도, 조현병에도 걸리지 않았지만 부은 뇌가 나를 정신질환을 앓는 사람처럼 행동하게 만들었다. 나는 내 몸 속에 그대로 있었으나 정신은 내 곁을 계속 지켜주지 않았다. 주변 사람들이 내 변화를 눈치채기는 했어도 아직 사태를 제대로 인지하지는 못한 터였다. 다만 내가 도대체 어떤 이유에서 그렇게 이상하게 행동하는지 이해하려고 고심할 뿐이었다. 하지만 나는 그들의 그런 걱정을 전혀 알아채지 못했다.

나를 둘러싼 세상은 점점 더 기이해졌고, 혼란한 마음은 종종 분노로 변했다.

모든 사람이 하는 모든 일이 너무나 신경에 거슬려. 거슬리는 정도가 아니라 날 격분하게 만들어!

연구소 사람들 죄다 왜 이러는 거야? 왜 일을 똑바로 못하지? 저 사람들이 저지른 실수를 바로잡는 건 왜 항상 내 몫이고? 미레크도 나을 게 없어. 그가 하는 모든 일이 잘못됐잖아. 내가 아무리

지적을 해도 계속 일을 망쳐놔. 믿기지가 않네 정말.

내 불만은 그야말로 가차없었다. 저녁을 준비하며 나는 미레크에게 이렇게 말하곤 했다.

"당신, 냅킨을 저기에 둬야지 왜 여기에 둔 거야? 말도 안 되잖아!"

"당신 왜 아직 앉아 있는 거야? **지금 당장** 날 도와줘야 한다는 거 보면 몰라?"

내가 쏘아붙일 때마다 미레크는 진정하라고 부드럽게 말했다. 난 그것조차 너무 싫었다. 저렇게 멍청하고 나약할 수가 있나. 그런 태도는 나를 더 화나게 만들 뿐이었다.

왜 저렇게 겁쟁이가 됐대? 도대체 저 사람한테 무슨 일이 있었던 거야?

그는 내 건강에 대한 걱정으로 노심초사하며 항상 내게 뭐가 필요하지 않느냐고 물었고, 달리기나 자전거 타기나 다른 좋아하는 일들을 하라고 권했다. 그것도 내 신경을 긁었다. 나는 점점 그의 시선을 외면하게 됐다. 그런 행동이 그에게 어떤 영향을 미치는지는 신경도 쓰이지 않았다. 그가 무슨 생각을 하든, 어떤 감정을 느끼든 내 알 바 아니었다. 직장에서나 다른 어디에서 그가 어떤 일을 겪고 있는지에도 전혀 관심이 없었다. 내게는 집중해야 할 더 중요한 일이 있었다.

아침으로는 뭘 먹지? 식사 준비는 완벽하게 된 건가? 미레크가 또 포크를 내가 찾을 수 없는 곳에 뒀잖아! 이 사람 대체 나한테 왜 이러는 거지? 소금은 어딨어? 가만, 저녁에는 뭘 먹으려고 했더라? 아무리 애를 써도 도무지 떠오르지가 않아. 이거 정말 짜증 나네. 그나저나 미레크는 어디 있는 거야?

내 고약한 성미와 자기중심적인 태도에 들들 볶인 가족들은 나를 자극하지 않으려고 조심조심 행동했고, 내가 들을 수 없는 곳에서 조용히 걱정 어린 대화를 주고받았다. 훨씬 나중에야 알게 된 사실이지만, 한번은 미레크가 위층 자기 사무실에서 카시아와 통화를 하며 내가 너무 까다롭게 굴어서 견디기 힘들다고 털어놓았는데 그때 카시아는 목소리에서 그가 울지 않기 위해 무척 애쓰고 있다는 걸 느꼈다고 한다.

그들이 느끼기에 나는 그들이 알던 예전의 그 사람이 아니었다. 나는 늘 화가 나 있고 과도할 정도로 비판을 일삼는, 이기적인 버전의 나였다. 나의 기본적인 특질은 대체로 전과 다르지 않았지만 그것들이 심하게 확대되어 있었다. 마치 나 자신을 과장되게 표현한 캐리커처 같은 존재가 된 것이다.

그러나 그러한 행동도 건강에 대한 위험신호로 보일 만큼 이상하지는 않았다. 내가 늘 내 생각을 있는 그대로 말로 표현하며 살았고, 더욱이 다른 사람들보다 가족들에게는 더 솔직하게 말해왔기 때문이다. 그들은 그런 나에게 익숙해 있었다. 또한 예컨대 살충제의 화학물질에 관한 나의 반응도 불합리하다고는 할 수 없었다. 그들 역시 그 점을 인정했고, 어쨌든 화학물질은 위험할 수 있으니 내가 해충방제 회사 직원을 맹공격한 것도 완전히 얼토당토않은 일은 아니었던 것이다.

그렇게 해서 나의 끔직한 행동은 별다른 제지 없이 이어졌다. 내 쪽에서는 뭔가 잘못된 점이 있다는 사실조차 아예 인식하지 못하는 상태가 계속됐다. 뇌가 제대로 작동하지 않는 상태에서 나는 오로지 나 자신의 필요에만 초점을 맞추었고, 내가 뭔가 심각하게 잘못되었음을 알리는 신호들은 전혀 보지 못했다.

내가 다른 무엇보다 신경을 쏟은 일은 단 하나뿐이었다. 바로 네 번째이자 마지막 면역치료였다. 아무런 도움도 없이 나 혼자서 차를 몰아 병원까지 가는 한이 있더라도 이 치료만큼은 반드시 마칠 생각이었다. 그곳까지 30킬로미터가 넘는 길을 걸어서 가야 한대도, 주사실까지 기어서 가야 한

대도, 스스로 내 정맥에 주삿바늘을 꽂아야 한대도. 나는 꼭 해낼 터였다. 무엇을 해야 한대도 반드시 해낼 작정이었다.

6

왜 누군가는
지독히 이기적인가

직장에서는 전과 똑같이 오랜 시간을 일했다. 나는 달라진 건 아무것도 없는 양 행동했다. 과학 논문을 검토하고 대규모의 직원들을 관리하며, 확장 일로에 있는 뇌 은행의 앞날을 위한 상세한 계획을 세웠다. 우리는 계속해서 사후의 뇌를 수집했고, 과학계에서 더 많은 사람이 우리 뇌 은행에 관해 알게 되면서 전국의 동료들과 점점 더 빠르게 과학적 협력 관계를 구축해나가고 있었다. 나는 상사들에게 내 건강이 다시 정상상태로 돌아왔다고 큰소리를 치며 "정말 기분이 좋아요!"라는 식의 쾌활한 제목으로 이메일을 보냈다.

그리고 정말로 나는 기분이 좋았다. 나는 내가 이 치명적인 암을 이기고 살아남을 가능성에 대해 여전히 낙관적이었다. 면역치료를 시작하기 전보다야 체력이 좋지 않았지만 힘을 내어 정상적으로 일을 할 수 있었고, 필요할 때는 프로젝트나 회의를 추진할 폭발적인 에너지를 끌어내기도 했다. 뇌에 종양이 생긴 것만 빼면, 뭐든 잘해내고 있다고 확신했다.

그러나 나는 잘해내고 있는 것이 아니었다. 당연히.

갈수록 점점 더 과제들을 완수하는 데 애를 먹었고, 하는 일에 집중하기도 어려웠다. 특히 글을 읽는 것이 혼란스러웠다. 업무 일부를 직원들에게 위임하기 시작했고, 언제부턴가는 이메일의 문장을 모두 대문자로만 써서 보냈다. 말하자면 이메일로 고함을 지르는 셈이었는데, 전에는 절대로 하지 않던 행동이었다. 한번은 저명한 학술지에 제출할 논문을 언제나처럼 스스로 교정하는 대신 "이것 좀 해요!"라는 퉁명스러운 메시지를 붙여 한 박사 후 연구원에게 이메일로 전달하기도 했다. 또 한번은 어떤 전문 콘퍼런스에 참석하기 위해 주최측에 호텔 예약을 부탁하며 이런 이메일을 보냈다.

고마워요. 이 사ㅎㄴ왕은 나에게 엄청나게 특별하답니다 나는 치명적인 병과 싸고 있거든요. 연방 정부의 직원으로서 난 출장 승인을 기다려야 하고 호텔비ㄹㄴ
는 정부에서 나온 돈만 쓸 수 있어요. 몇 주 전에 숙박비를 요청하려고 핸능데 잘 안대서. 도와주세요! 고맙습니다.
―바버락

나는 이 이메일에서 잘못된 점을 단 하나도 발견하지

못했고, 나에게 이 메일에 대해 뭔가 이야기를 꺼낸 사람도 전혀 없었다.

또한 나는 다른 사람들이 무슨 생각을 하는지에 대해 내가 점점 더 신경 쓰지 않는다는 사실도 눈치채지 못했고, 점점 더 자제력 없이 행동했다. 6월 언젠가부터는 집에서 샤워를 할 때 욕실 창의 블라인드도 내리지 않았다. 한마디로, 누가 보든 말든 더 이상 신경을 쓰지 않게 된 것이다. 블라인드를 내리는 것이 너무 성가셨다. 게다가 공원이 내다보이는 기막힌 풍경을 굳이 왜 가린단 말인가.

내가 인조 유방도 착용하지 않고 머리에서 흘러내린 염색약을 온몸에 묻힌 채 동네를 달리다가 그 괴상한 몰골로 집에 돌아가 미레크를 충격에 빠뜨린 것도 바로 이 무렵이었다. 그때도 나는 내 모습에서 이상한 점을 하나도 발견하지 못했다.

당시 나는 무슨 일이 일어나고 있는지 깨닫지 못했지만, 이렇듯 자제력도 판단력도 사라지는 것은 치매나 뇌졸중, 외상, 뇌부종 등 여러 문제로 인해 전두엽에 문제가 생긴 사람들의 공통점이다. 전두엽은 자신의 행동이 불러올 결과를 예측하고, 부정적인 반응이 예상되는 행동을 피할 수 있는 능력을 우리에게 부여한다. 우리 각자는 매일 스스로 수천 가지의 판단을 내리며, 대개의 경우 이런 판단은 의식적인 사고를 거치지 않은 채 이루어진다. 당시 내가 그랬던 것처럼 누군가 갑자기 지극히 당연한 사회규범을 위반한다면, 그것은 전두엽이 제대로 작동하지 않는다는 강력한 신호다.

전두엽이 제대로 작동하지 않던 나의 뇌는 기수가 고삐를 놓쳐 위험하게 질주하는 말과 같았다. 점점 더 나는 내가 하고 싶은 일만, 하고 싶을 때 했다. 무언가 빗나가 있다는 것을 눈치채지 못했고, 혹시 눈치챘다 해도 신경 쓰지 않았다.

6월 중순의 무덥고 습한 어느 날, 나는 교통 혼잡 시간을 피해 이른 아침에 출근하기로 한다. 운전이 갈수록 더 혼란스럽게 느껴지던 참이다. 늦은 오후 무렵 나는 지쳐버린다. 진료를 위해 병원에 다니고 면역치료 약물을 투입하느라 정맥주사에 매달린 채 놓쳐버린 시간들을 메우기 위해 하루 종일 쉬지 않고 일한 탓이다.

밖을 내다보니 무겁고 시커먼 구름들이 국립정신보건원의 높은 건물들 위로 모여들고 있다. 금세 비가 쏟아질 기세다. 나는 날씨에 짜증이 난다. 너무나 피곤하다.

가야 돼. 지금 당장 가야 돼.

나는 곧장 사무실에서 뛰쳐나가 다층 구조의 주차장으로 가서 늘 차를 세워두는 곳으로 향한다. 가끔은 주차장에 차가 한 대도 없을 때 도착할 정도로 워낙 일찍 출근하는 터라, 내가 출근하면 '내' 자리는 대체로 비어 있다. 나는 일하는 건물에서 거리가 좀 떨어진 곳에 있는 주차장을 이용한다. 하루를 시작할 때와 일이 끝난 뒤에 조금 걷는 것을 좋아하기 때문이다.

여러 해 동안 나는 이 흉한 콘크리트 구조물에 주차할 일이 별로 없었다. 날씨만 허락하면 항상 자전거를 타고 출근했으니까. 편도 30킬로미터가 넘는 거리지만, 포토맥강을 따라 나무들이 늘어선 평화로운 길을 늘 자전거로 달렸다. 그러나 이제는 더 이상 그러지 못한다. 뇌 수술을 받고 면역치료를 시작한 이후로 나는 예전 같은 에너지와 체력을 유지하지 못하고, 그래서 정말 싫지만 어쩔 수 없이 차로 출근한다. 더 왜소한 버전의 나로 줄어든 느낌이다. 그래도 최소한 사무실에서 하루를 보내고 난 뒤에는 상쾌하게 걸으며 느긋하게 긴장을 풀어야 한다.

나는 10분쯤 걸어 주차장에 도착한다. 그러나 늘 차를 세워두는 자리에 내 은색 토요타 RAV4가 보이지 않는다.

이상하네. 오늘 어디 다른 자리에 세운 기억이 없는데. 평소처럼 오늘도 일찍 출근했잖아. 아닌가?

통로를 쭉 따라갔다가 또 다른 통로를 짚어 돌아온다. 주차장이 자동차로 가득 차 있지만 내 차는 어디에도 없다. 터덜터덜 걸으며 모든 층을 훑고 줄지어 늘어선 차들을 하나하나 살펴본다. 신경이 좀 쓰이는가 싶더니, 이내 심한 걱정이 몰려온다.

누가 내 차를 훔쳐 갔어!

아니면 혹시 어딘가 다른 자리에 주차하고는 기억하지 못하는 걸까?

나는 가방에 손을 넣어 자동차 열쇠를 꺼낸다. 리모컨에 달린 버튼을 누르니 삐 하는 소리가 들린다. 멀리서 들려오는 것 같다. 나는 소리가 난 쪽으로 걸어가며 간간이 단추를 눌러 삐 소리를 낸다. 그러나 막상 그쪽으로 다가가면 소리가 들리지 않는다.

이게 무슨 일이지? 도저히 말이 안 되잖아.

나는 걸어간 길을 되밟아 출발점으로 돌아가서 다시 버튼을 누른다. 또다시 삐 소리가 들린다. 그러나 소리가 난 쪽으로 걸어가면 다시 아무것도 들리지 않는다. 같은 일을 반복해서 시도한다. 누르고, 삐 소리가 나고, 다시 안 들리고. 내 차가 어디 있는지, 도저히 찾을 수가 없다.

혼란스럽고 패배한 기분이다. 무슨 일이 벌어지는 건지 이해할 수가 없다. 이 세상을 이해할 수가 없다. 세상이 이상하고 잔인한 장난으로 나를 골려먹고 있다.

한 여자가 내 쪽으로 걸어오는 모습이 보인다. 나는 잠시 망설이다가 그녀에게 다가간다. 얼마나 창피한 노릇인가. 자기 차를 못 찾고 있다니! 하지만 달리 어쩔 도리가 없다. 이 어두운 공간에서 돌아다니느라 지쳤다. 이제 얼른 집에 가고 싶을 뿐이다.

"제 차 찾는 것 좀 도와주시겠어요?" 내가 묻는다. "어디에 주차해뒀는지 모르겠네요."

그녀는 놀란 표정이지만 도와주겠다고 한다. 그녀가 내 열쇠를 가져가 버튼을 누르고, 우리는 함께 삐 소리를 듣는다.

"위층으로 올라가는 중간쯤에 있는 것 같은데요." 그녀가 말한다. "저 위쪽을 보세요. 층과 층 사이요."

거기 그녀가 가리키는 곳에 내 은색 토요타 RAV4가 보인다. 1층과 2층을 연결하는 경사로에 있다. 그게 어떻게 거기 세워져 있는지 도무지 알 수가 없다. 나는 그녀의 손에서 열쇠를 낚아채 차가 있는 경사로로 달려간다. 녀석은 마치 내게 눈을 찡긋하며 "약오르지!" 하고 말하듯 등을 깜빡거리고 있다.

나는 안도하는 한편 혼란스럽다.

왜 여기 주차돼 있는 거지? 이 자리에 차를 댄 기억이 없는데. 누군가 이리로 옮겨다 놓는 게 가능한가? 아니, 가능하더라도 누가, 왜 그런 짓을 하겠어?

차에 오르자 혼란은 더욱 깊어진다. 자리에 앉아 안전벨트를 매려는데 벨트를 도저히 찾을 수가 없다. 내가 이 차를 몬 게 벌써 3년째인데. 늘 하듯이 벨트를 끌어내리려고 팔을 뻗지만 있어야 할 곳에 벨트가 없다. 대신 쭉 뻗은 내 손은 차 밖의 허공에서 허우적대고 있다. 다시 시도한다. 똑같은 일이 벌어진다. 잡을 것, 매달릴 것이 아무것도 없다. 안전벨트고 뭐고, 아무것도.

왜 내가 하려는 일마다 이렇게 문제가 생기는 걸까?

나를 둘러싼 세계가 기이하고 어색하게 느껴지고, 그중에서도 자동차가 가장 나를 기만하는 것 같다. 이제 나는 자동차와 관련된 거라면 지극히 단순한 일도 어떻게 하는 건지 알 수 없다. 주위를 둘러보지만 여전히 안전벨트는 보이지 않는다. 대신 차 문이 활짝 열려 있다는 사실을 알아차린다.

나는 문이 열려 있으면 안 된다는 것을 깨닫는다. 그러나 그것이 안전벨트가 사라진 일과 무슨 관계가 있는지는 여전히 연결 지을 수 없다. 잠시 앉아 있던 나는 이내 짜증을 내면서 쾅 하고 세차게 문을 닫는다.

이 소리와 함께 나의 세계도 정상으로 돌아온다. 마치 마술처럼. 오른손을 닫힌 문 안쪽으로 가져가자 안전벨트가 쉽게 찾아진다. 손을 뻗어 벨트를 붙잡는다. 그것은 늘 있던 그 자리, 차 안쪽 고정 장치에 매달려 있다. 나는 벨트를 가슴 앞으로 당겨 버클을 잠금장치에 딸깍 끼워 넣는다.

드디어! 이제 됐어. 이제 출발할 수 있어.

나는 시동을 걸고 차를 뒤로 움직이려 한다. 그러나 차는 꼼짝도 않는다. 뭔가가 차를 단단히 붙잡고 있다. 나도 움직일 수가 없다. 가속페달을 더 세게 밟자 금속이 무언가 딱딱한 것을 긁어대는 듯한 소름 끼치는 소리가 들린다. 브레이크를 밟고 왼쪽을 바라본다. 어떻게 된 건지, 내 차체의 일부가 바로 옆에 주차된 작은 트럭 밑에 끼어 있다. 바퀴나 다른 어떤 부분이 그 트럭 밑에 들어간 것 같은데 어떻게 해서, 왜 그렇게 된 건지는 알 수가 없다.

이번엔 차를 앞으로 움직이려는데 긁히는 소리가 더 심해진다. 다시 뒤로 빼려 해도 똑같은 일이 벌어진다. 나는 필사적인 마음으로, 무언가 박살나고 긁히고 부서지는 무시무시한 소음은 무시한 채 가속페달을 아주 힘껏 밟는다. 그렇게 마침내 그 덫에서 벗어난다. 그 자리를 빠져나오는데 얼핏 차체의 왼쪽 면이 찌그러진 것이 보인다. 그러나 내가 트럭에 어떤 손상을 입혔는지는 확인하지 않는다. 내 알 바가 아니다. 나는 그대로 차를 몰아 그 자리를 빠져나온다.

이제 출구 쪽으로 향한다. 멀찌감치 출구의 모습이 명확하게 보여 그 방향으로 달린다. 출구로 가는 진입로는 좁고 살짝 굽어 있지만 여태 그곳을 지나갈 때 문제가 생긴 적은 한 번도 없었다. 수백, 수만 번 손쉽게 통과했던 길이다. 그런데 그 앞에 당도한 지금, 진입로는 훨씬 더 좁아 보인다. 어제와 똑같은 길이라고 생각할 수 없을 정도다. 그렇게 좁아진 출구를 뚫고 나가려 애쓰면서, 나는 천천히 차를 몬다. 그러나 아무리 노력해도 그 안으로 들어가지지가 않는다.

이 진입로에 무슨 짓을 한 거야? 이 멍청한 연구소 단지에서 끊임없이 공사를 하면서 모든 걸 엉망으로 만들고 있잖아! 출구를 왜 이렇게 바꿔놓은 거지?

차가 높은 연석 위로 올라가는가 싶더니 요란하게 긁히

는 소리와 쿵 하고 부딪치는 소리가 들린다.

주차 관리원이 부스에서 달려 나온다.

"부인, 뭐 하시는 겁니까?" 그가 큰 소리로 묻는다.

"뭐 하는 것 같아요?" 나는 점점 더 짜증이 나서 쏘아붙인다. "그냥 여기서 나가려는 거예요. 이 멍청한 주차장에서 나가 집으로 가려고!"

그는 내 차 앞에 선 채 내가 바퀴를 빼낼 수 있도록 두 손으로 움직일 방향을 가리킨다. 바퀴 하나가 연석 위로 올라가 끼인 상태다. 마침내 바퀴가 빠진다. 나는 머리끝까지 화가 나 차를 몰고 그 자리를 떠난다.

온 세상이 나를 겨냥해 음모를 꾸미고 있다는 불안한 느낌이 밀려온다. 그 느낌을 확인이라도 해주듯, 집으로 가는 길에 하늘이 활짝 열리며 비를 쏟아붓기 시작한다.

1년 중 이맘때 버지니아 북부에서는 종종 세찬 소나기가 쏟아지곤 하는데, 이게 얼마나 갑작스러운지 열대지방이 연상될 정도다. 그런 날씨에는 시야가 매우 좁아지는 데다 세상은 안개처럼 형체 없는 회색 물 커튼 뒤로 숨어버린다. 해가 지려면 몇 시간이나 남아 있었지만 날이 벌써 어두워져 빗줄기 말고는 아무것도 보이지 않았다. 심지어 내 자동차 후드의 윤곽선조차 알아볼 수 없다. 집들도, 도로의 중앙분리대도, 다른 차들까지 모두 비로 지워진 것 같다. 나는 아무것도 보이지 않는 상태로 차를 몬다.

집은 저기 어딘가에 있다. 마치 오아시스처럼, 조용한 도로를 마주한 숲속에 숨겨진 채. 그 집은 내 안전의 요람이다. 어서 집에 가야 한다. 그러면 괜찮을 것이다. 하지만 집은 아직 30킬로미터나 떨어져 있다. 나는 혼잡한 4차선 도로로 접어든다. 차들이 유난히 빠른 속도로 쌩하니 내 옆을 지나친다.

저 사람들은 위험하게 저렇게 빠른 속도로 어디에 가는 거야?

나는 조심조심 기듯이 정확한 출구로 들어가 주도로로 접어든다. 메릴랜드와 버지니아의 교외 지역을 에워싸고 돌아가는 순환선이다. 거기서부터는 단순한 길이다. 그동안 이 도로를 무수히 지나다녔다. 그러나 이날은 다르게 보인다.

왜 여기가 어딘지 모르겠지? 비 때문에 이렇게 달라 보이나?

나는 236번 주도로인 리틀 리버 턴파이크 서쪽 방향으로 나가는 출구를 찾아야 한다. 하지만 그게 도무지 보이지 않는다.

벌써 출구를 지나쳤나? 왜 기억이 안 나지?

길을 잃은 것일까? 나도 알 수가 없다. 내가 있는 곳이 어딘지, 정말로 모르겠다. 어쨌든 더 이상 고속도로를 달리고 있는 게 아니라는 건 안다. 나는 계속 차를 몬다. 익숙한 도로들과 우리 동네 주택들 대신 거대한 쇼핑몰 앞을 지나간다. 회색 건물, 거대한 주차장, 어두운 차고로 들어가는 입구들.

내가 여기서 뭐 하는 거지? 어쩌다 이 음울한 쇼핑몰로 들어오게 된 거야? 여태 한 번도 본 적 없는 곳인데?

마치 시간을 건너뛰어 다른 현실 속으로 들어간 것만 같은 기분이다. 기묘하다. 하지만 그다지 걱정이 되지도 않고, 겁도 나지 않는다. 그저 폭우 속에서 뭔가 수수께끼 같은 방식으로 의도하지 않은 장소에 놓인 영화 속 인물이 된 것 같다. 모든 게 겉보기와 다른 곳. 모든 게 원래 작동해야 하는 방식대로 작동하지 않는 곳.

나는 집에 가고 싶지만 어떻게 해야 갈 수 있는지 모른다. 도로변에 잠시 멈췄다가 그 쇼핑몰의 넓은 주차 공간에 차를 댄다. 그러고는 더듬더듬 휴대전화를 만지작거린다. 나를 집으로 안내해줄 애플리케이션이 있다는 사실을 알지만 어떤 건지 기억나지 않는다. 화면에 가득한 아이콘들을 들여다보는데 익숙한 게 하나도 없다. 이것저것 아무 아이콘이나 눌러본다. 소용이 없다. 한참이 지난 뒤 웨이즈Waze

아이콘을 발견해 누르고, 거기서 방향을 안내하는 소리가 나오자 다시 운전을 시작한다.

마침내 나는 한 블록 전체를 차지하는 거대한 건물의 건설 현장 옆을 지나간다. 반짝반짝한 새 건물 같다. 거의 완성된 모양이다. 자이언트 슈퍼마켓의 개점을 예고하는 커다란 안내판이 서 있다.

자이언트네! 정말 멋지다! 우리 동네 근처에도 새 자이언트 매장을 지으면 좋겠는데!

아! 잠깐만, 가만있어봐. 이거 우리 동네에 있는 거잖아! 우리 동네로 들어왔나봐! 이 자이언트는 우리 동네 자이언트구나!

그러나 나의 기쁨은 이내 사그라진다. 그래, 이건 우리 동네의 새 슈퍼마켓이지. 하지만 **나의** 슈퍼마켓이기도 할까? 이 매장이 문 여는 걸 볼 때까지 내가 살 수 있을까?

이제 나는 우리 집 진입로에 들어선다. 어떻게 여기까지 왔는지는 전혀 모르겠다.

내 뇌가 정상적으로 작동하는 것은 갈수록 점점 더 어려운 일이 되어갔다. 순서에 따라 연속적인 동작을 하는 것이 자꾸만 더 어렵게 느껴졌다. 과거에 무수히 반복했던 단순한 과제들을 실행에 옮기는 것도, 머릿속으로 그 과제를 체계적으로 정리하는 것도, 더 이상 할 수 없게 되었다. 각 단계들은 아주 익숙했지만 그 각각을 조합해 실행하는 일은 내가 연구소에서 수행하는 복잡한 실험들만큼이나 어려웠다. 나는 운전하기 전에 안전벨트를 매야 한다는 것을 알고, 안전벨트가 거기 어디쯤 있으리라는 것도 어렴풋이 짐작할 수 있었다. 그러나 안전벨트의 버클을 채우기 위한 기본적인 단계들, 며칠 전만 해도 자동적으로 해냈던 그 단계들을 수행할 수 없게 된 것이다.

내 뇌의 어느 부분이 제대로 일하지 못하는 것일까? 전전두피질과 해마 사이의 소통이 제대로 이루어지지 않을 가능성이 있었다. 불편하게도 이런 소통 장애는 내가 조현병을 연구한답시고 쥐들의 전전두피질 연결을 교란시켰던 경험을 상기시켜 내 마음을 불편하게 했다. 이런저런 문제가 심각해질 때 만일 신경심리학 검사를 받았더라면 정상적으로 기능하지 않는 뇌 영역들이 어딘지 밝혀낼 수 있었으리라. 그러나 내가 쥐들을 검사했던 것처럼, 그러니까 행동장애의 특정 요소들을 검토하기 위해 세심하게 통제해 실험했던 것처럼 나를 검사해주는 사람은 없었다. 어쨌든 분명 내게는 뇌 손상을 입은 그 쥐들과 비슷한 점이 있었다. 나는 편안하고 익숙한 우리 동네 도로의 미로 속에서 길을 찾지 못했으며, 목적지에서 나를 기다리는 음식과 안전이라는 달콤한 보상에 이르는 방법을 찾아내지 못했다.

어떤 면에서 내가 힘들어했던 일은 통합운동장애dyspraxia를 지닌 사람, 다시 말해 운동 기능과 운동기억, 협응 동작 수행능력을 상실한 사람이 힘들어하는 일과 유사하다. 통합운동장애는 발달장애로 인해 생길 수 있다. 배우 대니얼 래드클리프Daniel Radcliffe도 통합운동장애로 겪는 고통을 솔직하게 털어놓은 바 있다. 또한 통합운동장애는 알츠하이머병 환자들 사이에서도 매우 흔하며, 그 증상은 점점 심해진다. 처음에는 정교한 운동 기능을 수행하는 데 어려움을 겪다가 나중에는 양치질처럼 단순한 동작도 할 수 없게 되는 것이다. 심지어 마침내는 음식을 삼키지 못하게 되기도 한다.

이런 종류의 문제들은 두정피질parietal cortex에 손상이 생긴 사람들에게서도 흔히 나타난다. 두정엽은 글을 읽고 수학적인 계산을 하는 능력과도 연관되므로 통합운동장애는 난독증 및 난산증(계산하는 데 곤란을 느끼는 것으로 나도 머지않아 경험하게 될 문제였다)과 동시에 일어나는 경우가 많다. 당시 우리가 이런 점을 깊이 고려해봤더라면, 내 뇌의 문제가 생각보다 훨씬 더 넓은 범위까지 퍼져 있다는 사실을 알 수 있었을 것이다.

통합운동장애뿐 아니라, 나는 내가 있는 위치를 기억하고 공간 속에서 방향을 찾아가는 것을 어렵게 만드는 시공간 기억상실에도 시달리고 있었다. 이런 문제들은 발달상의 지형적 방향 상실developmental topographical disorientation(이하 DTD)을 겪는 사람들에게서 나타나는 문제들과 유사하다.[1] DTD가 있는 사람들은 아주 이른 시기부터, 어쩌면 태어날 때부터, 지극히 익숙한 환경도 알아보지 못한다. 내가 거의 30년 동안 살았던 곳에서 집을 찾지 못했던 것처럼, 그들은 아무리 여러 번 똑같은 길을 지나가도 그 주변 환경을 알아보지 못한다. 내게는 이 증상이 짧고 일시적이었지만 그들에게는 영구적이다.

공간 속에서 방향을 찾아가는 일에는 뇌의 여러 영역들이, 그리고 서로 다른 영역에 속한 뉴런들 간의 네트워크가 관여한다. 공간 기억에서 결정적으로 두드러지는 역할을 하는 두 영역은 바로 전전두피질과 해마다. 신경과학자들이 MRI 스캔으로 알아낸 바에 따르면 DTD라는 희귀한 신경장애는 이 두 영역 간의 연결성에 문제가 생긴 결과일 수 있다.

나에게도 그런 일이 일어나고 있었던 걸까? 가능한 일

이다. 나의 전전두피질은 제 기능을 하지 못하는 듯했고, 따라서 DTD의 간접적이지만 주요한 표적 중 하나인 해마를 포함한 뇌의 다른 영역들과 효과적으로 연결되지 못했을 수 있다. 내가 어디 있는지 어리둥절해하고, 심지어 30년을 살았던 동네에서 차를 몰면서도 거기가 어딘지 몰랐던 이유는 내 뇌의 전전두피질과 해마가 서로 의사소통을 하지 못했기 때문일 가능성이 있다.

하지만 이렇게 달라진 행동도 내 가족과 동료들에게 내 뇌가 심각한 기능장애를 일으키고 있음을 알리는 충분한 위험신호로 여겨지지는 않았다. 무엇보다 나는 내가 경험하는 문제를 가족에게 모두 솔직하게 이야기하지 않았다. 심지어 차가 어쩌다 찌그러졌는지도 털어놓지 않았다. 평소 하던 일을 제대로 해내지 못하는 것을 암울한 진단과 고된 치료, 가족과 직업에 대한 책임감이 주는 스트레스 때문이라고 쉽게 설명하고 무시해버렸다.

또한 그런 문제에도 불구하고, 나는 여전히 고도의 기능을 수행하며 일하고 있었다. 나와 내 가족과 의사들이 곧 알게 될 것, 즉 내 뇌에서 벌어지고 있던 충격적인 현실을 감안하면 이는 너무나 놀라운 일이었다.

7

정신도, 인생도
잃어가는 중입니다

—— 두통이 나를 죽이고 있다.

멀리서 울리는 천둥처럼 둔탁하게 지끈거리는 두통이 나를 압도하며 머리뿐 아니라 존재 전체를 집어삼킨다. 침실 시계를 보니 여전히 한밤중이다. 나는 말똥말똥한 정신으로 침대에 누워 있다.

나는 몸 깊은 곳 어디에선가 폭풍이 다가오고 있음을 느낀다. 갑자기 번개가 친다. 속이 뒤집히며 메스꺼움이 나를 덮치자, 나는 침대에서 뛰쳐나가 욕실로 가서 변기에 격렬하게 구토한다. 두통이 폭발하면서 두개골을 두 조각으로 쪼개는 듯하더니 서서히 잦아든다. 상태는 나아졌지만 힘이 빠져 일어설 수가 없다. 변기 앞에 무릎 꿇고 앉은 채, 물 위에서 빙빙 떠돌고 있는 이상한 플라스틱 조각들을 내려다본다.

오싹하다. 초현실적이다. 내가 토해낸 이 플라스틱들.

왜 플라스틱으로 가득한 피자를 만든 거지? 누군가 우리를 독살하려는 거야!

어젯밤인 6월 16일, 미레크와 나는 내 마지막 면역치료를, 내가 반드시 밟겠다고 맹세했던 결승선을 통과한 것을 축하했다. 나는 뿌듯하면서도 몹시 피곤했다. 막 1등으로 대학을 졸업한 듯한, 혹은 마라톤의 결승선을 통과한 듯한 기분이었다. 면역치료가 끝났어! 이 치료에 따라붙는 고난들, 그러니까 온몸을 뒤덮는 가려운 발진을 비롯해 위장의 여러 문제, 갑상샘 기능 저하 등을 내가 잘 이겨내기만 바라며 12주를 보냈고, 이제 그 치료가 끝난 것이다.

마지막 병원 방문은 어느 때보다 길었다. 혈액검사를 기다리고, 의사를 기다리고, 약국에서 투명한 비닐에 담긴 약이 배달되기를 기다리고. 그 약이 아주 느린 속도로 한 방울 한 방울 떨어져 내 정맥으로 들어오는 데만 여섯 시간이 넘게 걸렸다. 다 끝나자 미레크도 나도 너무 지쳐서 저녁을 만드는 것은 생각도 할 수 없었다. 병원에서 집으로 돌아오는 길에, 우리는 좀처럼 하지 않던 일을 했다. 동네 식당에 들러 피자를 포장해온 것이다.

우리가 식당에 가거나 포장 음식을 사 오는 일은 흔치 않다. 우리는 만들어 먹는 것을 더 좋아하고, 더욱이 요리는 내가 가장 즐거워하는 일 중 하나다. 미국에 온 뒤로 나는 전에는 상상도 할 수 없었던 다양한 식재료를 구할 수 있게 된 자유를 만끽하며 가능한 한 손수 요리해 먹었다.

수년간 어떤 하루를 보냈든, 유방암 화학치료를 받았든 유방 절제술이나 뇌 수술 이후 회복 중이든 개의치 않고 직접 음식을 만들었다. 마라톤과 트라이애슬론을 치르고 온 직후에도 피곤하지만 만면에 행복한 미소를 머금은 채 저녁을 준비했다. 주로 단순하고 건강한 음식이었다. 볶은 채소와 파르메산 치즈를 곁들인 파스타, 구운 토마토와 아루굴라 샐러드를 곁들인 생선구이, 스위트피와 토마토, 양파와 함께 매운 고춧가루를 잔뜩 뿌려 볶은 닭고기 같은 것들 말이다. 미레크와 나는 널찍한 주방에 앉아 숲을 내다보며 와인 몇 잔을 즐기는 시간을 무척 좋아한다. 몇 잔이 아니라 한 병을 다 비우는 일도 잦다. 그날 하루 있었던 일들을 서로에게 들려주고, 우리가 참가한 자전거 경기의 기억을 되살리고, 내가 카시아나 비테크나 마리아와 대화한 내용에 관해 이야기를 나눈다. 긴장을 풀고 놓쳤던 서로의 일상을 알아가는, 우리에게는 지극히 소중한 시간이다. 우리의 저녁 식사는 최소 두 시간이 넘도록 이어지고, 식사의 마지막은 진하고 뜨거운 차로 마무리된다.

지금 이렇게 변기 속에 떠 있는 플라스틱 조각들을 보고 있자니, 매일 저녁의 의식을 거른 것이 후회된다.

그 식당에서 피자에 플라스틱을 잔뜩 채워놨어! 피자를 더 크

게 보이게 해서 돈을 많이 받으려고! 진작에 알아차렸어야 했는데! 치즈가 이상하게 너무 하얗더라니. 게다가 쭈글쭈글한 질감도 진짜 음식이라기에는 너무 이상했잖아. 바삭바삭한 진짜 피자 맛이 아니었어. 바닥에도 이상한 액체가 스며들어 있었지. 게다가 표면은 또 어떻고! 질기고 먹을 수 없는 플라스틱으로 뒤덮여 있었잖아!

나는 화가 나서 부글거린다. 우리가 독을 먹었다니!

"미레크! 일어나봐!" 나는 황급히 침실로 달려간다. "그 피자 말이야! 그거 독이야! 플라스틱으로 만든 피자였어!"

그는 침대에서 일어나 앉아 나를 진정시키려 한다.

"그거 독 아니야." 그가 부드럽게 말한다. "그렇게 맛있는 피자는 아니었지만, 플라스틱이나 뭐 그 비슷한 건 하나도 안 들어 있었어."

"아니야, 내 말 들어봐. 내가 방금 다 토했어. 그 피자는 플라스틱으로 만든 거더라고! 변기에 둥둥 떠 있는 거 봤어. 치즈도 플라스틱이고, 크러스트도 플라스틱이었어."

"하지만 나는 배탈이 안 났잖아." 그가 달래듯 말한다. "당신이 토한 건 어제 맞은 주사에 대한 반응 아닐까?"

"당신, 내 말 안 믿는 거야?" 더 화가 난다. "내가 봤다니까. 플라스틱을 봤다고. 그 사람들이 우리한테 독을 먹인 거야!"

미레크는 부드럽게 내 등을 두드리며 물을 좀 마시겠냐고 묻는다.

"여기 와서 누워. 잠을 청해봐. 자고 나면 기분이 나아질 거야."

나는 다시는 거기서 음식을 사 먹지 않겠다고 선언한다. 미레크도 동의한다. 하지만 그가 다시 잠들자, 나는 그 곁에 누운 채 분노하고 의심한다.

미레크는 왜 실상을 보지 않으려는 거지? 왜 그 피자집 편을 드는 거야?

아침이 되자 나는 카시아에게 전화를 걸어 길가에 있는 피자 가게가 플라스틱으로 우리를 독살하려 한다는 사실을 알린다.

"엄마." 카시아가 조심스럽게 말한다. "제 생각엔 앳킨스 박사님이나 그분 간호사에게 전화해보는 게 좋을 것 같아요."

카시아의 목소리에 걱정이 배어 있는 게 느껴진다.

"제발 전화해봐요."

"문제는 내가 아냐! 그 피자 가게지!"

카시아가 왜 내 말을 안 믿지?

"엄마? 전화할 거죠?" 카시아는 계속 권한다.

"아니, 아니, 난 괜찮아. 그냥 그 끔찍한 피자 문제일 뿐이야. 신경 쓰지 마. 이미 지나간 일이니까."

수요일과 목요일, 나는 아침에 운전해서 출근하고 뇌은행에서 별다른 일 없이 일과를 보낸다. 목요일에 일을 마친 뒤에는 지역 수영장에 가서 수영을 한 다음 장을 본다. 식료품을 사고 집으로 돌아가서는 미레크에게 기분이 아주 좋다고 말한다. 그러나 저녁 식사를 끝내고 컴퓨터 앞에 앉아 계속해서 내 인생 이야기를 쓸 때, 미레크는 내가 타이핑을 제대로 하지 못하고 있음을 눈치챈다. 게다가 내가 얼마나 갈피를 못 잡고 있는지 스스로 전혀 인지하지 못하고 있다는 것도 알아차린다. 나는 내가 쓴 몇몇 단어들이 엉망진창이라는 사실을 모르고 있다. 미레크는 아무 말 없이 위층으로 올라가 카시아에게 전화를 건다. 그들은 피자 사건과 그날 밤 나를 괴롭힌 깨질 듯한 두통에 관해 이야기를 나눈다. 내 행동은 두 사람에게 엄청난 근심거리가 되어 있다.

금요일인 다음 날 아침 일찍, 나는 카시아에게서 걸려온 전화를 받는다.

"엄마, 앳킨스 박사님한테 연락해보는 게 좋겠어요." 카시아가 말한다. "박사님한테 보낼 이메일 초안을 엄마한테 보낼게요. 그 메일을 박사님의 간호사에게 전달하면 될 거예요.”

몇 분 뒤 카시아가 보낸 메일이 도착한다.

나는 괜찮은데 딸이 이야기를 해보고 싶어 하네요. 딸애는 내 운전 능력에, 또 어쩌면 사고력(돌아야 할 교차로를 놓치는 것 같은 가벼운 건망증)에 미묘한 변화가 생긴 것 같아 걱정이 된다고 해요. 스트레스나 처진 기분 때문일 수도 있고, 다른 이유가 있을지도 모르죠. 계속되는 두통, 특히 엊그제 밤에 있었던 심각한 두통으로 미루어, 내 뇌의 병변 주위에 부종이나 염증이 있을까 염려된대요. 간호사님이 앳킨스 박사님께 이야기해서 의견을 들어봐주실 수 있을까요? 정말 고맙습니다.

나는 격분한다. 내 딸이 나를 배신하다니.

카시아는 매우 총명한 의사이고, 나는 카시아가 내게 일어난 일 때문에 걱정하고 속상해한다는 걸 안다. 하지만 지금 카시아는 히스테리를 부리며 비이성적으로 굴고 있다. 게다가 넘지 말아야 할 선을 넘어섰다! 마치 **나에게** 뭔가 잘못된 점이라도 있다는 태도라니!

내 정신은 아주 멀쩡하고, 인생 경험도 카시아보다 훨씬 풍부하다. 우리 가족은 나 자신의 안녕뿐 아니라 가족 모두의 건강에 관한 나의 직관과 판단력을 존중한다. 카시아가 숙련된 의사인지는 모르지만, 결국 자기 마음이 편치 않을 땐 나에게 전화를 하지 않는가. 아이들이 아플 때 내게 전화하는 것이 걱정을 털어놓고 위로받기 위해서만은 아니다. 카시아는 늘 내 조언을 원한다. **엄마가 보기에 심각한 일인 것 같아요? 소아과 의사에게 연락해봐야 할까? 열이 더 심해지면 어쩌지? 만약…….** 나는 항상 카시아에게 나라면 어떻게 할 것인지 이야기해주고, 카시아는 대체로 내 충고를 따른다. 나는 여전히 카시아가 신뢰하는 현명한 어머니다. 그런데 왜 나를 이렇게 대한단 말인가?

나는 카시아에게 답장을 보낸다.

이 메일은 보내지 않을 거다. 물론 내가 박사님한테 전화해볼 수는 있어. 하지만 내게 이래라저래라 하지는 마. 엄마 운명은 엄마가 알아서 책임질 거고, 엄마가 적절하다고 생각하는 일을 할 거니까. 네가 나를 걱정한다는 건 알아. 고맙지만 제발 내 결정은 내게 맡겨라. 나는 괜찮아!!!

잠시 후 카시아도 이메일로 회신을 보내온다.

엄마!!!!! 알았어요!!!! 엄마의 결정을 존중하고 엄마가 원하는 대로 할게요.

나는 앳킨스 박사에게 전화를 걸지 않는다. 그러자 곧 카시아가 다시 전화를 하더니 자기가 직접 연락해보겠다고 제안한다. 무슨 이유에서인지는 모르지만, 나는 더 이상 반대하지 않는다. 한 시간 뒤, 앳킨스 박사의 간호사가 내게 전화를 걸어 카시아의 이메일을 받았다며 즉시 병원으로 와주면 좋겠다고 말한다. 한 시간 뒤로 응급 MRI 스케줄을 잡아놓겠다면서.

"가서 MRI 검사를 받아보자."

미레크도 재촉한다. 강요는 아닌데, 그래도 그의 말투가 어딘가 수상쩍다.

카시아가 왜 나를 두고 음모를 꾸미는 거지? 미레크까지 그 애편을 들고 있잖아!

나는 여전히 짜증을 느끼지만 병원에 가기로 동의한다. 곧 자동차 열쇠를 집어 들고 밖으로 나간다.

"당신 요즘 방향 찾는 데 어려움을 겪고 있잖아. 그냥 긴장 풀고 내게 운전을 맡기면 어때?" 미레크가 제안한다.

"운전은 항상 내가 해!"

나는 쏘아붙이고 운전석에 오른다. 미레크는 마지못해 물러선다. 하지만 고속도로에 오르자마자 그가 소리친다.

"조심해! 잘 살펴!"

이 사람 계속 무슨 소리를 하는 거야?

"당신 차선을 벗어났어!" 그가 소리친다. "중앙을 벗어나지 마! 아니, 아니, 또 차선을 넘어갔잖아. 돌아와, 돌아오라고!"

"제대로 하고 있는데 왜!" 나는 우긴다. "당신 자리에서 좀 다르게 보이는 것뿐이라고. 왜 계속 나한테 이렇게 비판적이야? 그냥 조용히 좀 있을 수 없어?"

그러나 뒷차들이 경적을 울리기 시작하고, 나는 우리가 막 왼쪽 트럭에 부딪치기 직전임을 깨닫는다. 마지막 순간, 간신히 급격하게 방향을 튼다. 미레크는 두 손으로 머리를 감싸고 있다.

"나 참, 그만해둬." 내가 말한다. "아무 일도 안 일어났잖아. 별일 아니라고. 그냥 좀 넘어가."

더 이상의 극적인 상황은 없이 우리는 조지타운 MRI 센터에서 접수를 마친다. 한 간호사가 조영제를 주입하려고 내 팔의 정맥에 주삿바늘을 꽂는다. 좁은 테이블에 몸을 누이자 검사실 기사가 꽉 끼는 튜브처럼 생긴 강력한 자석

속으로 나를 밀어 넣는다. 내 머리는 플라스틱 받침대로 고정되고 몸은 하얀 담요에 싸인다. 꼭 미라가 된 것 같다.

자기장이 켜졌다 꺼졌다를 반복하고 내게는 보이지 않는 코일이 진동하며 뭔가를 툭툭 치는 듯한 시끄러운 소음을 내는 동안 나는 움직이지 않고 누워 있다. 터널 같은 MRI 기계 속에서 아무것도 보이지 않는 가운데, 나와 함께하는 건 혼란에 빠진 뇌 속에 담긴 뒤죽박죽된 생각들뿐이다. 쿵쿵쿵, 쿵쿵, 다양한 박자와 높낮이로 반복되는 MRI 기계 소리가 묘하게도 나를 진정시킨다. 이 고독이 마음에 든다. 흡족한 마음으로 고치처럼 비좁은 공간에 감싸인 채, 나는 아늑함과 안전함을 느낀다.

한 시간 뒤 MRI 스캔이 끝난다. 나는 옷을 입고 복도에서 기다리는 미레크를 찾는다.

"끝났어. 집에 가자." 내가 말했다.

우리가 주차장에 도착하기도 전에 미레크의 휴대전화가 울린다.

"뭐라고요? 왜요?" 그가 전화에 대고 묻는다.

"아, 그렇죠. 곧장 가겠습니다." 그러더니 그는 내게로 돌아선다. "우리 곧바로 응급실로 가야 돼."

"왜? 무슨 일인데?"

"간호사 말이, 당신 뇌가 많이 부었대."

걸어가는 동안 나는 두통이 다시 돌아왔음을 깨닫는다. 끈질기고 강렬한 통증이 나를 괴롭힌다.

응급실에 도착하자 그들은 재빨리 나를 뒤쪽 방으로 데려가 혈압을 체크한다. 혈압이 무척 높다. 이어서 커튼으로 나뉜 작은 침실로 나를 데려가고, 나는 외상과 응급 상황에서 터져 나오는 끔찍한 소리들에 파묻힌 채 커튼 뒤에 눕는다. 칸막이 침실 밖에서 사람들이 뛰어다니고, 고함을 지르고, 울고, 비명을 지른다. 내가 다시 응급실에 와 있다니. 그들이 내 뇌에서 종양 출혈을 발견한 지 딱 다섯 달 만이다.

그러나 나는 조금도 걱정하지 않는다. 사실, 우리가 왜 여기 와 있는지 온전히 이해하지 못한다. 미레크는 슬픈 눈빛을 하고 얼굴에 근심이 가득하지만, 나는 그가 왜 그렇게 마음이 상했는지 알지 못한다. 나는 그의 기분을 가볍게 해줄 생각으로 농담을 건넨다. 그러나 그의 표정은 달라지지 않는다. 그저 내 손을 잡은 채 나를 바라볼 뿐이다.

잠시 후 종양학과 의사인 앳킨스 박사가 간호사 두 명과 함께 내 간이 침실로 들어온다. 다들 하도 슬픈 표정으로 나를 쳐다보기에 나는 그들이 뭔가 실수를 저지른 모양이라고 생각한다. 이 사람들이 나를 걱정할 리는 없어. 왜 내 걱정을 하겠어?

"MRI가 당신 뇌에 생긴 새로운 종양들을 보여주네요." 앳킨스 박사가 말한다.

"면역치료가 효과가 없었습니다. 정말 유감입니다."

나는 한 사람 한 사람 얼굴을 쳐다본다. 미레크는 침울한 표정이다. 앳킨스 박사는 마치 자신이 내게 도움을 주지 못했다는 듯 몹시 좌절한 모습이다.

불쌍한 선생님, 이해를 못 하시네. 나는 멀쩡한데!

"또 뇌 조직에 부기와 심한 염증도 생겼습니다." 앳킨스 박사가 말을 잇는다. "부기를 가라앉힐 스테로이드를 즉시 고용량으로 처방하겠습니다. 지금 바로 입원하셔야 해요."

아, 앳킨스 박사 너무 안쓰럽네. 내가 안심시켜줘야지.

"아니, 아뇨, 잠깐만요." 내가 말한다. "스테로이드는 싫어요. 내가 읽어봤는데, 스테로이드는 면역반응을 떨어뜨리고 치료를 방해한대요. 그리고 내 면역치료는 효과가 있었어요. 내가 알아요. 뇌에 염증이 생긴 건 유감스럽지만, 선생님도 그런 일이 일어날 수 있다는 거 아시잖아요. 면역치료가 상태를 개선시키기 전에 종종 여러 가지 차질이 생기기도 하잖아요. 제발 걱정하지 마세요. 나는 괜찮아질 거예요."

나는 앳킨스 박사를 쳐다보고, 이어 눈에 눈물이 그렁그렁한 미레크를 쳐다본다. 두 간호사도 금세 울음을 터뜨릴 것만 같다.

전혀 그럴 이유가 없는데 왜 이렇게들 호들갑이야? 무슨 일이 일어나고 있는지 내가 설명해줘야겠군. 그러면 좀 진정할지도 몰라.

"이 치료를 시작하고 처음에는 종양이 더 커지는 경우가 많아요." 내가 말했다. "몇 주 전에 몇몇 과학 간행물에서 읽은 게 분명히 기억나요. 맹세해요. 여러분이 MRI에서 본 종양들은, 그러니까 내 T세포들이 흑색종 세포들과 싸우고 그것들을 죽이고 있는 중이라 실제보다 더 커 보이는 거예요. 여러분이 본 건 내 뇌에서 격렬한 전쟁이 벌어지고 있다는 증거예요. 내 몸이 이 추한 전쟁터를 깨끗이 정리할 때까지 우리 모두 시간을 갖고 기다려줘야 해요. 그냥 기다리기만 하면 된다고요. 내 말 믿어요."

하지만 앳킨스 박사는 고개를 젓는다. 그들의 시선은 나를 지나쳐 간다. 모두 나를 바라보면서도 바라보지 않는다. 그들의 눈은 눈물로 반짝이고 표정은 심각하다. 그들은 내 말을 귀담아듣지 않은 채 서로 이야기를 나눈다. 이윽고 침대 위로 몸을 굽혀 걱정스럽게 내 얼굴을 살핀다.

나는 그들이 너무 안쓰럽다. 다들 내가 멀쩡하다는 걸

좀 이해했으면 좋겠는데.

카시아가 뉴헤이븐에서 오는 중이라고 미레크가 알려준다. 몇 시간 뒤 카시아가 도착해 내가 옮겨 온 병실로 들어선다. 카시아를 보자 나는 어안이 벙벙하다.

"카시아, 아, 얘야, 올 필요까지는 없는데! 나는 정말 괜찮아."

확신에 찬 내 말에 카시아는 울기 시작한다. 카시아는 제이크와 두 아들과 함께 1년 전부터 계획한 이탈리아 여행을 취소하고 서둘러 이리로 온 것이다. 카시아가 함께 있는 것이야 행복하지만, 휴가를 취소한 카시아의 결정과 격정적으로 쏟아내는 감정은 당혹스러울 뿐이다.

"쓸데없이 지나치게 흥분하고 있구나." 내가 카시아에게 말한다. "나는 괜찮아! 괜찮다니까!"

어느새 밤이 오고, 1월에 응급실에 갔던 그날처럼 몸도 마음도 피곤한 상태인 카시아는 침대 위 내 옆자리에 올라와 눕는다. 이처럼 카시아와 가까이 있는 것은 참 좋지만 그래도 이렇게 큰일이라도 난 듯 굴다니 이해가 안 된다. 어떻게 해야 카시아와 미레크와 앳킨스 박사에게 그렇게 초조해할 이유가 전혀 없다는 것을 이해시킬 수 있을지 모르겠다.

몇 시간 뒤, 미레크와 카시아는 아침에 돌아오겠다고 말하고 집으로 돌아간다.

"그래, 어서들 가봐!" 내가 쾌활하게 말한다. "난 괜찮을 거야. 정말 아무것도 필요 없어. 걱정하지 말고 서두르지도 마. 아침에는 기분 좋게 자전거도 타고."

칫솔도, 갈아입을 옷도 없지만 난 아주 낙관적이고 기분도 좋다. 두통도 사라졌다. 몇 시간 뒤, 나는 환자복을 입고 침대에 누운 채 미소 짓고 있는 모습을 사진으로 찍어 그들에게 보낸다.

하지만 나는 편안하게 밤을 보내지 못한다. 소란과 소음, 밝은 조명과 삑삑거리는 기계들에 둘러싸인 병원에서 보내는 밤이 좋을 수는 없다. 새벽 무렵, 간호사가 내 바이탈을 체크하고 정맥주사 주머니를 교체할 때 나는 잠에서 깬다. 잠을 깨운 것에 화가 나고, 배가 고프다. 너무너무 배가 고프다.

"아침 식사는 언제죠?" 내가 묻는다.

"곧 나올 거예요." 간호사가 대답한다.

"난 지금 배가 고프다고요!"

나는 날카롭게 대꾸한다. 배고파. 음식을 먹고 싶어. 온통 그 생각뿐이다.

7시 정각인데도 아직 아침 식사가 오지 않는다. 8시에도, 9시에도 식사는 오지 않는다. 나는 약이 오를 대로 올라 있다. 간호사가 다시 나타나기 무섭게 나는 그녀에게 달려들어 호통을 친다.

"어떻게 아직까지 식사가 안 나올 수 있어요? 뭐 이런 끔찍한 병원이 다 있어! 내가 여기 누워 있는 동안 보험사가 하루에 수백 달러씩 지불하고 있다고. 끔찍하네 정말! 아침 식사만으로도 100달러는 되겠지. 그런데 늦기까지 하다니!"

나는 병실에 들어오는 모든 사람에게 똑같은 얘기를 반복하며 불평을 늘어놓는다. 10시가 되었는데도 여전히 아침은 없다. 카시아도 미레크도 없다. 마침내 그들에게서 전화가 왔을 때, 나는 두 사람이 아직까지도 뭔가 음식을 갖고 병원에 오지 않았다는 사실에 격분해 있음을 분명히 알린다. 전화를 끊고 나서는 정맥주사 약이 걸린 거치대를 끌고 간호사 대기실로 가 식사를 내놓으라고 요구한다. 간호사는 내가 새로 들어온 환자라서 아침 식사 주문에 시간이 좀 걸린다고 설명했다. 분개한 나는 달려 나가 복도에서 지나가던 의사를 붙잡고 화를 토해낸다.

"왜 아침 식사를 안 줘요! 이렇게 한심하고 무책임할 수가 있나. 내 보험사가 돈을 지불하고 있다고!"

간호사들도, 다른 환자들도, 그 누구도 내게서 벗어날 수 없다. 그들 모두 내 아침 식사 사연을 들어야 하고, 나는 모두가 기어코 그 이야기를 듣게 만든다.

마침내 10시 30분이 되어서야 병원 직원이 식사를 가져온다. 동시에 미레크와 카시아도 내가 제일 좋아하는 아침 메뉴인 과일과 견과류를 곁들인 오트밀을 들고 도착한다. 나는 먼저 병원 식사를 게걸스레 먹어치운 다음 가족이 가져온 음식을 먹는다. 그런데도 여전히 불만은 가시지 않는다. 나는 카시아와 미레크에게 늦게 나온 아침 식사 이야기를 늘어놓고, 한 번 더, 그리고 또 한 번 더 반복한다. 병실에 들어온 모든 간호사와 의사는 인사 대신 이 부당한 사연을 들어야 한다. 그들은 내게 두통이나 다른 의학적 문제들에 관해 질문하려 하지만 나는 음식이 늦게 나왔다는 이야기를 하고 싶다. 그러고도 여전히 배가 고프다. 음식을 더 가져다줄 수는 없나?

카시아를 보니 화가 나 있는 것 같다. 카시아는 이제 그만하라며 나를 만류한다.

"엄마, 엄마 병이 심각한 상태라는 거 이해 못 하겠어요?" 이렇게 말하는 카시아의 눈에 눈물이 차오른다. "엄마 뇌에 새 종양들이 생겼다고요. 목숨이 위험한 판국에 왜 아침 식사나 음식 같은 사소한 것에 집착하고 그래요?"

나는 내 귀를 의심한다.

"아침 식사가, 사소하다고? 아침 식사가 얼마나 중요한데! 나한텐 그게 중요하다고."

카시아가 병실 밖으로 나간다. 문 바로 앞에서 카시아가 나를 살펴보러 온 의사와 이야기를 나누는 소리가 들린다. 얘기를 끝낸 카시아는 울면서 병실로 다시 들어온다. 딸의 감정적인 반응에 나는 어리둥절하다.

"너는 왜 그렇게 종양이나 슬픈 것들에 대해서만 이야기하고 싶어 안달이니? 그래봤자 무슨 의미가 있어? 그 일에 대해 내가 할 수 있는 게 뭔데? 너 그거 과잉 반응이야."

"엄마, 엄마 지금 많이 아파요. 이해가 안 돼요?"

"넌 너무 흥분했어. 진정해!" 그러고서 나는 이렇게 덧붙인다. "온 세상이 나를 적대시하고 있어!"

"우리 엄마 맞아요? 지금 엄마는 내가 평생 알아온 내 엄마가 아니야!" 카시아가 흐느끼며 말한다.

나는 아무 말 없이 먼 곳을 응시한다.

이제 아무도 나를 사랑하지 않는구나. 이 아침 식사 대참사만 해도 그래. 다들 내 생각에 동조하지 않는다니 도저히 믿을 수가

없어. 10시 30분에 식사가 나왔잖아. 우리가 돈을 얼마나 내고 있는데!

병원에서 지내면서, 나는 식반에 담겨 나오는 모든 것을 싹싹 깨끗이 닦아 먹고 가족들에게도 집에서 음식을 더 가져다 달라고 부탁한다. 병원에서 주는 크래커는 정말이지 천상의 맛이다. 나는 크래커를 게걸스럽게 먹고는 어디 더 없는지 두리번거린다. 모든 게 다 맛있다.

다음 날인 6월 21일 일요일 오후 무렵, 그들이 나를 퇴원시킨다. 나는 고용량 경구 스테로이드를 계속 복용해야 한다. 며칠 뒤 내 상태에 관한 상세한 내용을 듣고 가능한 방법들을 의논하기 위해 앳킨스 박사를 만날 예정이다. 그때까지는 그저 기다릴 뿐이다. 가족 중 아무도 추가적인 치료의 가능성을 언급하지 않는다. 죽음이 유령처럼 우리 곁을 떠돈다.

집에 도착했을 때도 나는 여전히 무척 배가 고프다. 나는 스스로 저녁을 만들겠다고 고집한다. 그런데 식사를 준비하려는 과정에서 몹시 당황스러운 일이 생긴다. 냄비도, 팬도, 필요한 건 아무것도 찾을 수가 없다. 미레크가 자기가 하겠다고 제안하지만 나는 제발 나 좀 혼자 내버려두라고 쏘아붙인다. 카시아도 도우려 했지만 그 아이의 노력 하나하나를 향한 내 세세한 비판에 결국 물러서고 만다. 우리 세 사람은 완전한 침묵 속에서 저녁을 먹는다.

다음 며칠이 지나는 동안, 나는 식사 준비에 점점 더 어려움을 겪는다. 미레크와 나 둘이서만 먹던 음식을 카시아 몫까지 충분하게 만들어야 하는데, 양을 어떻게 조절해야 할지 도저히 알 수가 없다. 지극히 단순한 조리법으로 요리할 때조차 재료들의 비율을 어떻게 조정해야 하는지 떠올리지 못한다. 파스타를 삶을 때 물을 얼마나 넣어야 하는지, 그 정도의 물에는 소금을 얼마나 넣어야 하는지 등등. 그리고 계획을 세우는 능력을 완전히 상실했다. 식사 시간에 적절히 맞추려면 어떤 요리부터 먼저 해야 하는지, 어떤 조리법에 어떤 재료를 언제 추가해야 하는지 하나도 알 수 없다. 이제는 더 이상 빵도 구울 수 없다. 폴란드에서 가져온 이스트로 몇 년 동안 매주 했던 일인데. 아무리 애를 써도 어떻게 하는 것인지 기억이 나지 않는다.

그런 순간이면 너무 답답하지만, 그런데도 나는 그 모든 게 무엇을 의미하는지 생각해보지 않는다. 마치 내가 몇 주 전만 해도 그 일들을 아주 잘해냈음을 전혀 기억하지 못한다는 듯. 나는 내 뇌에 생긴 심각한 문제들과 내가 좋아하는 요리를 더 이상 만들지 못한다는 사실을 서로 연관 지어 생각하지 않는다.

주방에서 일이 제대로 안 되어 끙끙대는 와중에도 음식에 대한 집착은 사라지지 않는다. 6월 중순부터 7월 초 사이에 몸무게가 5킬로그램 가까이 불어나지만, 그런 사실도 전혀 내 마음을 불편하게 하지 않는다. 1월에 뇌 수술을 끝내고 나왔을 때 나는 아주 야위어 있었다. 체중이 54킬로그램으로, 성인이 된 이후 가장 야윈 상태였다. 그러나 나는 곧 63킬로그램까지 치솟았다. 평소 내가 168센티미터의 몸집으로 지고 다닐 수 있다고 생각하던 정도를 넘어서는 무게다. 그런데도 나는 신경 쓰지 않는다. 물론 스테로이드를 복용하면 체중이 느는 경우도 많지만, 그건 문제의 일부일 뿐이다. 한마디로 나는 먹기를 멈출 수가 없는 것이다. 이것은 배고픔의 문제가 아니다. 그저 이 음식들이 너무 맛있어 보이니 그냥 먹겠다는 생각이다. 안 될 게 뭔가?

과다한 설탕이 건강에 초래하는 결과를 염려한 카시아는 내게 이 엄청난 식욕을 다스려보지 않겠느냐고 부드럽게 제안한다. 내분비학자인 카시아는 내가 스테로이드를 복용하고 있어서 특히 걱정한다. 스테로이드에 과다한 설탕이 더해지면 고혈당증을 일으킬 수 있기 때문이다.

"엄마, 제발. 설마 그 아이스크림을 다 먹고 싶은 건 아니죠?"

"내버려 둬." 나는 카시아에게 쏘아붙인다. "넌 나한테 뭘 먹어라 말아라 할 수 없어. 이건 내 일이지 네 일이 아니니까."

당시에는 우리 중 누구도 몰랐지만, 나의 집착적인 식탐은 전두엽에 문제가 있음을 보여주는 전형적인 신호였고, 내 경우에 그 문제는 식욕 촉진 효과를 가진 스테로이드 때문에 더욱 악화됐다. 전두측두 치매를 앓는 사람들은 아주 빠른 시간 안에 체중이 상당히 증가하는 경우가 많은데, 이는 먹고자 하는 충동을 억제할 수 없기 때문이다. 전두피질이 제대로 기능할 때는 욕망을 충족시키는 일에 따르는 장단점을 저울질할 수 있다. 그러나 그 기능이 억압되거나 사라지면 결과에 대해서는 전혀 신경 쓰지 않고 원하는 대로 그냥 해버리는 것이다.

난 달달한 게 좋으니까 달달한 거 먹을 거야. 끝!

6월 24일 수요일, 카시아와 미레크와 나는 다시 앳킨스 박사의 사무실을 찾는다. 이제 무엇이 나를 기다리고 있는지 알아볼 시간이다. 그가 무슨 말을 할까 궁금하다. 스테로이드가 내게 강력한 에너지를 불어넣은 터라, 나는 새 종양이 생겼든 말든 내 몸은 나아가고 있다고 그저 즐거운 기분으로 확신한다.

나는 접수를 하며 접수 담당자에게 미소를 지어 보인다. 그러나 카시아와 미레크는 썩 기분 좋은 상태가 아니다. 그들은 앳킨스 박사의 조수가 우리를 데리러 올 때까지 대기실에 앉아 침통한 표정으로 기다린다.

"안녕하세요!" 내가 박사의 조수에게 말한다. "다시 만나니 너무 반갑네요!"

그녀는 내게 슬픈 미소를 살짝 지어 보이고는 우리를 검사실로 안내한다.

뒤이어 검사실로 들어서는 앳킨스 박사의 얼굴도 역시 심각하다. 그는 우리에게 앉으라고 권한다. 박사 근처에 선 세 간호사, 켈리와 브리짓, 도로시도 비통한 표정이다.

"좋은 오후예요!" 나는 분위기를 띄우고자 유쾌하게 말한다. "도대체 얼마나 나쁜 소식이기에 그래요?"

"아시다시피……." 앳킨스 박사가 말을 꺼낸다. "뇌에 새로운 종양 여러 개가 생겼는데……."

"그건 그냥 해결하면 될 일이에요." 내가 그의 말을 자른다. "전에도 새 종양이 생겼었잖아요. 결국에는 쪼그라들어 사라졌고요. 나를 믿어요."

문에 가장 가까이 서 있던 간호사 브리짓은 울지 않으려 애쓰지만 소용없다. 결국 고개를 돌리고 뺨에서 눈물을 닦아낸다.

"정말이라니까! 괜찮아요!" 나는 그들을 향해 큰소리를 친다. "내 말은……."

"종양이 적어도 열여덟 개는 있는 것 같습니다." 앳킨스 박사가 말한다.

카시아의 입에서 숨이 턱 막히는 소리가 새어 나온다.

"아시다시피 임상 시험을 시작할 때는 종양이 세 개였죠. 그런데 마지막 MRI 스캔 이후로 뇌 전체에 열다섯 개쯤 되는 종양이 더 나타났어요."

"열여덟 개라고요?"

카시아의 목소리가 갈라진다. 내 곁에 선 미레크는 몸이 잔뜩 굳은 채 아무 말도 하지 않는다.

"아, 아닐 거예요." 나는 말한다. "여러분이 본 건 뭔가 다른 거예요. 아마도 염증이거나 아니면……."

앳킨스 박사가 내 말을 자르더니 바로 옆에 있는 자기 사무실에서 MRI를 보여주겠다고 말한다. 카시아는 그를 따라 나가지만 나는 따라가지 않고, 미레크도 내 곁에 남는다. 그들이 다시 돌아왔을 때, 카시아의 눈에는 눈물이 고여 있다.

앳킨스 박사는, MRI에 의하면 내 뇌에 작지만 분명한 검은 점들이 흩어져 있는 모습이 보인다고 설명한다. 건포도만 한 크기의 작은 형체가 모두 해서 열여덟 개가 넘는다는 것이다. 전두엽과 두정엽에 있는 종양이 가장 크지만 측두엽과 후두엽, 그리고 뇌의 맨 아래서 동작을 조절하는 구조물의 무리인 기저핵에도 숨어 있다고. 나중에 카시아는 그 MRI에 대해 이야기하며, 내 뇌가 꼭 건포도 빵의 반죽 덩어리 같았다고 말했다.

앳킨스 박사의 설명에 따르면 가장 큰 종양은 전두엽에 있다. 아몬드만 한 크기라고 한다.

"그간 그렇게 엄마답지 않게 행동했던 것도 전혀 놀라울 게 없네요." 카시아가 조용히 중얼거린다.

"무슨 소리니, 카시아, 나는 그렇게 이상하게 행동하지 않았어!" 나는 끝까지 고집을 부린다.

앳킨스 박사가 카시아를 향해 고개를 끄덕이더니 말을 잇는다.

"그리고 스캔을 보면 몇 군데 뭉실뭉실하고 흰 부분들이 있는데, 이건 뇌의 상당 부분이 많이 부어 있다는 뜻입니다."

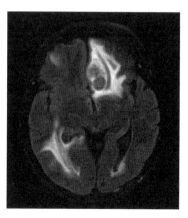

앳킨스 박사가 새 종양과 광범위한 부종을 발견한 6월 19일의 뇌 스캔. 흰 부분은 부종을 나타내며, 동그랗고 검은 얼룩들이 종양이다. 사진 상단부 전두피질에 정확히 자리 잡은 종양이 가장 뚜렷하게 보인다.

"엄마, 사랑해요." 카시아가 폴란드어로 말한다.

"하지만 스테로이드가 부종을 저지할 거예요! 벌써 기분이 나아지고 있다니까요!"

나는 더 환하게 미소 지으며 말한다. 문득 나를 빤히 바라보는 미레크의 얼굴이 눈에 들어온다. 간호사들을 보니, 모두 또다시 눈물짓고 있다.

이 사람들, 왜 이렇게 다들 비관적이지? 다 과잉 반응을 하고 있잖아. 이렇게 세상 무너진 것처럼 비관할 필요가 전혀 없는데 말이야.

"정말 유감입니다. 면역치료가 효과가 없었어요." 앳킨스 박사가 또다시 그 말을 한다. "저도 효과가 있으리라 대단히 큰 희망을 품었는데 말입니다."

모두들 아무 말도 하지 않는다. 무거운 기운이 방 안 가득 퍼져 있다. 하지만 나는 포기할 생각이 없다.

"그래요, 좋아요. 다음은 뭐죠?" 나는 묻는다. "우리가 뭘 해야 하죠?"

"방사선으로 종양을 치료할 겁니다. 우리 방사선 종양학과 의사인 션 콜린스 박사가 곧 연락드릴 거예요."

하지만 방사선이 치료법이 아니라는 사실은 우리 모두 알고 있다.

"그런 다음에는요?" 내가 재차 묻는다. "그게 효과가 없으면요?"

앳킨스 박사는 대답을 망설인다.

"제발요. 그냥 말해주세요. 그러면 나한테 어떤 일이 일어나죠?"

나 자신이 이 질문과 완전히 분리된 듯 초연한 느낌이다. 마치 과학자가 유리병에 들어 있는 표본에 관해 질문하는 것처럼, 우리가 의논하고 있는 내용이 나 자신의 죽음과는 완전히 무관한 것처럼 말이다.

마침내 앳킨스 박사가 입을 연다.

"부종이 더 심해져서 뇌를 더 압박하게 되면 뇌사에 빠질 가능성이 있습니다."

뇌사? 뇌사는 겁나지 않아. 오히려 편안할 것 같은데. 꼭 잠을 자는 것처럼.

"그다음에는요?"

"그다음에는…… 결국에는 사망에 이를 겁니다." 앳킨스 박사가 조용히 말한다.

"알았어요." 나는 대답한다.

"그사이 나는 뭘 하면 되나요? 어떻게 준비해야 하죠?"

마치 날씨의 변화에 해를 입지 않게끔 안뜰을 가꾸는 방법에 관한 충고라도 구하는 것처럼, 나는 무덤덤하게 질문을 던진다.

앳킨스 박사는 잠시 어떻게 반응해야 할지 판단이 서지 않는 모양이다. 마침내 그는 이렇게 말한다.

"최악을 준비해야 할 시간입니다. 여러 일들을 정리하셔야겠지요."

방 안의 모든 사람이 눈물을 참으려 애쓰고 있다. 나는 전혀 울고 싶지 않다.

"좋아요." 나는 고개를 끄덕인다. "나는 행동 계획 세우는 걸 좋아하죠. 이런저런 일을 정리할게요."

그러나 말이 나온 즉시 그럴 필요가 없다는 사실을 깨닫는다. 몇 달 전 뇌종양 진단을 받았을 때 이미 내 일들을 정리해두었으니까. 완전히 준비되어 있다는 사실이 다시금 내게 평정심과 만족감을 안겨준다.

다른 사람들은 모두 참혹한 표정이다.

모두들 너무 심란해하는군. 하지만 난 괜찮아. 내가 괜찮다는 걸 그들도 알게 될 거야.

우리는 죽음에 관해 더 이상 한마디도 꺼내지 않는다. 차를 타고 집으로 돌아가는 길에도 카시아와 미레크와 나는 별로 대화를 나누지 않는다.

나는 조수석에 앉아 면역치료에 관해 읽었던 과학 문헌들의 내용을 머릿속으로 훑는다. 내 뇌의 부종과 새 종양들은 결국 성공적으로 마무리될 치료 중 나타나는 일시적인 단계라고 확신한다. 연구에서 기술한 일부 사례들에 관한 내용을 떠올린다. 종양이 붓다가 줄어들고 결국 사라진 사례들. 치료에 관해 읽었던 내용을 기억하는 능력에는 전혀 문제가 없고, 이 점이 나의 낙관적인 태도를 지켜준다.

오랫동안 조현병을 연구하며 보냈으므로, 나는 뇌에 문제가 생기면 판단력이 흐려지고 자신의 정신적 결함을 인지하지 못한다는 사실을 잘 알고 있다. 그러나 뇌에 관한 전문 지식을 쌓으며 보낸 그 모든 세월도 이 순간만큼은 내가 상황을 있는 그대로 판단하는 데 도움을 주지 못한다. 그러니까 나는 정신을 잃어가는 중이고, 인생도 잃어가는 중이라는 것을.

며칠 뒤인 6월 28일 일요일, 카시아와 나는 홈디포 매장에 있다.

파랑, 주황, 분홍, 빨강, 하양.

원예 코너의 차양 아래 온갖 색깔의 봉선화가 우리 앞에 줄지어 놓여 있다.

"엄마, 우리 여기 벌써 15분째 서 있어요. 그냥 몇 개 골라봐요." 카시아가 말한다.

나는 마음을 정할 수 없다. 우리한테 이게 얼마나 필요할까? 내가 원하는 색깔은 뭐지? 나는 산호색을 좋아하지만 여기 있는 것 중 내가 보기에 산호색에 가까운 것은 하나도 없다. 이게 산호색인가? 잘 모르겠다. 그런 것 같기도 하다. 그러나 이 화분에 있는 건 싱싱해 보이지 않네. 약간 시들었잖아. 좋아, 어차피 산호색은 아닌 것 같으니까. 아마 빨강인 것 같다.

카시아가 답답함에 한숨을 내쉰다.

나는 결정할 수가 없다. 결국 산호색은 포기한다. 30분 동안 꽃들을 꼼꼼히 뜯어본 뒤 다른 무언가로 마음을 정한다. 보라 계통이었던 것 같기도 하고 빨강 계통이었던 것 같기도 하다. 확실히 모르겠다. 우리는 차에 오르고, 카시아가 근처 쇼핑몰에 있는 아시안 식당으로 날 데려간다. 미레크의 생일을 축하하기 위해 초밥을 사 가기로 한 것이다.

홈디포를 떠난 지 45분 뒤, 나는 혼자서 식당 카운터에 앉아 있다. 주변에서는 사람들이 내가 이해할 수 없는 언어로 크게 외치며 바삐 돌아다닌다. 점심시간이라 몹시 분주하다. 이곳은 세계 곳곳에서 온 사람들, 특히 한국인들로 가득하다. 최근 많은 한국인이 버지니아 북부 교외로 이민해 왔다. 어째서인지 지금 나는 이 북적거림이 즐겁게 느껴진다.

정말 기분 좋은 산만함이다. 내가 생각이 멈춰 꼼짝도 못 하고 있기에 더 그렇다. 나는 뭔가 생각하려 애를 쓰지만, 그게 너무나 힘들어 애를 먹고 있다. 밖은 덥고 식당 안은 후텁지근하다. 공기는 이국적인 향기로 가득하다. 김치, 김이 모락모락 올라오는 국수 국물, 주변 식탁에서 굽고 있는 불고기와 마늘, 생강, 간장 냄새다. 피에로기(폴란드식 만

두)도 그렇고 양배추와 고기, 양파와 야생 버섯을 걸쭉한 갈색 곤죽처럼 보일 때까지 뭉근히 끓이는 폴란드의 밍밍한 음식들과는 전혀 다르다. 몇 년 전부터는 우리 가족도 더 이상 그런 폴란드 음식을 먹지 않는다. 명절에만 전통을 기려 챙겨 먹으며 그 음식들이 불러일으키는 향수를 음미한다.

미레크는 생일 저녁 메뉴로 초밥을 골랐다. 그가 제일 좋아하는 음식이다. 내일 6월 29일이 그의 생일이라는 사실을 나는 잊고 있었다. 오늘 아침 폴란드에 살고 있는 여든일곱의 어머니에게 전화를 걸었을 때 어머니가 물었다.

"내일이 미레크 생일 아니냐?"

나는 기억이 나지 않았다. 1년 중 이 무렵이 우리 가족에게 중요한 시기라는 것은 알고 있었다. 미레크와 내 제부인 리샤르트 두 사람의 생일이 있기 때문이다. 하지만 지금 다가오는 생일이 둘 중 누구의 생일이지? 알 수 없었다.

"그런 것 같네요" 하고 나는 모호하게 대답했다.

확실히 해두기 위해 카시아에게 물었다.

"내일이 리샤르트의 생일이니, 아니면 미레크 생일이니? 기억이 안 나네."

"내일은 미레크 아저씨 생일이죠." 카시아가 알려주었다. "이모부 생일은 며칠 전이었고."

거의 30년 동안 결혼 생활을 함께한 남자, 내가 온 마음으로 사랑하는 남자의 생일을 기억하지 못한다는 사실에 나는 놀랐어야 마땅하다. 게다가 몇 년째 그의 생일을 내 휴대전화 비밀번호로 써오지 않았는가. 하지만 요즘 나는 여간해선 놀라지 않는다. 내가 기억하지 못하는 것들이 워낙 많으니까. 특히 숫자들이 내게서 달아나고, 날짜들도 기억하기 어렵다.

내일은 방사선치료를 받으러 가는 날이라 카시아와 나는 하루 일찍 미레크의 생일을 축하하기로 했다. 그리고 지금, 나는 식당에 앉아 계속 정면을 응시하고 있다. 종업원이 내가 뭘 하고 있는지 궁금해한다는 것을 보기만 해도 알 수 있다. 그들은 친절한 미소를 띤 채 더 필요한 게 있는지, 자기들이 도울 일이 있는지 묻는다. 나는 고맙다며 고개를 젓는다. 카운터를 사이에 두고 나와 마주하고 있는 키 크고 잘생긴 초밥 요리사가 롤을 만들고 있다. 색색의 재료를 썰고 다지고, 맨손으로 끈적끈적한 밥을 김에 싸서 말고, 그 위에 화려한 소스를 짜 얹는다. 이 그릇 저 그릇에 손가락을 담글 때마다 그는 수줍은 미소를 띤 얼굴로 나를 힐긋 쳐다본다. 내가 포장 주문한 음식, 그러니까 장어와 연어, 흰살생선을 넣고 아보카도와 와사비, 김, 참깨 등으로 장식한 롤을 가져다준 지 벌써 20분이 지났다. 그리고 나는 덫에 걸린 듯 카운터 앞에 앉아 여전히 계산서를 쳐다보면서 팁 액수를 계산하려고 애쓰는 중이다.

전혀 진전이 없다. 작은 종이 위에 적힌 많은 숫자들이 눈앞에 어른거리지만, 그 숫자들은 내게 아무것도 의미하지 않는다. 나는 숫자를 읽으면서도, 그걸로 어떻게 해야 하는지 알지 못한다. 팁이 20퍼센트여야 한다는 것은 기억난다. 그 개념은 머리에 떠올라 있다. 그러나 백분율 개념이 이해가 안 된다. 기억나는 것은 20퍼센트라는 단순한 사실뿐이다. 그것을 둘러싼 맥락이 없으면 그 자체로는 아무 의미도 없다. 20퍼센트는 무엇을 나타내는 걸까? 20퍼센트를 어떻게 계산하는 거지?

나는 계산서를 꼼꼼히 뜯어본다. 어떤 게 우리가 산 음식의 가격이지? 이거, 여기 있는 이 70이라는 숫자가 가격인 것 같다. 하지만 음식 값이 그 정도라면 팁은 얼마일까?

이런 질문들을 계속 머릿속에서 굴리며 필사적으로 답을 찾으려 하지만 답은 나오지 않는다. 나는 전략을 바꿔 아무 숫자나 떠올리고는 그 숫자를 혀로 굴려보기 시작한다. "30달러?" 나는 혼자 작게 중얼거린다. "아니면 20달러? 아냐, 그건 아닌 것 같아."

거의 30분 전에 카시아가 걸어 나간 식당 정문 쪽으로 시선을 던진다. 포장한 음식 쟁반을 너무 멀리 들고 갈 필요가 없도록 차를 가지러 갔다는 것이 떠오른다.

카시아는 돌아오지 않는 건가?

막막한 기분이다. 지갑을 열어보니 10달러 지폐가 한 장 보인다.

그래, 10달러일지도 몰라.

나는 내게 있는 액수, 아무렇게나 정한 액수로 만족하기로 하고 그걸 카운터 위에 놓는다. 누가 나를 멈춰 세우고 액수가 틀렸다고 말하지 못하도록 서둘러 그 자리를 떠난다. 사기꾼이 된 기분이다.

카시아는 식당 입구 근처에 차를 대고 내내 차 안에 앉아 있었다.

"무슨 일이에요, 엄마? 그 안에서 그렇게 오랫동안 뭐 했어요?"

뭐라고 대답해야 할지 모르겠다.

"아, 아무것도 아냐." 나는 태연하게 들리도록 애쓰며 말한다. "10달러면 팁으로 괜찮을까?"

"포장 주문에 팁을 주고 왔다고요?" 놀란 듯한 말투다.

"응, 그런데 정확한 액수를 계산하기가 힘들었어."

카시아가 당황한 눈빛으로 나를 본다.

"초밥이 얼마였어요?"

나는 주저한다.

"70달러." 기억이 나니 마음이 놓인다.

"70달러의 20퍼센트가 얼마인지 계산을 못 했다고요?"

"응." 갑자기 내가 모자란 인간이 된 것 같다.

차를 몰고 집으로 가는 동안 카시아가 나를 시험한다.

"120 나누기 3은 뭐예요?"

나는 곰곰이 생각한다.

"몰라."

"12 나누기 3은?"

"음…… 전혀 모르겠어."

"5하고 10은 더할 수 있어요?"

"15!" 나는 너무 기쁜 나머지 큰 소리로 외친다.

"18 빼기 5는?"

"몰라. 혹시 12?"

집으로 돌아가는 내내 우리는 간단한 산수 문제들을 시험해본다. 숫자들이 단순할 경우에 한해 내가 덧셈은 할 수 있다는 걸 알게 된다. 그러나 뺄셈과 곱셈, 나눗셈은 아무리 간단한 문제라도 불가능하다. 그 계산들은 한마디로 내 머리의 능력을 넘어서 있다.

집에 들어간 뒤로 카시아와 나는 더 이상 그 얘기는 하지 않고, 미레크에게도 말하지 않은 채 음식을 먹으며 미레크의 생일을 축하한다. 시간이 한참 지나도록 내게 말하지 않았지만, 카시아는 그토록 의지력 강하고 뛰어나던 내가 능력을 잃고 딴사람처럼 변해가는 모습을 보는 게 몹시 고통스러웠다고 한다. 더 이상 내가 수학과 논리뿐 아니라 성실함의 중요성과 인생을 즐기는 법을 가르쳐주었던 냉철하고 지적인 어머니가 아니라는 것이. 카시아는 우리의 역할이 뒤바뀌는 것을 원치 않았다. 무엇이 잘못되었는지 이해하기 위해 의사로서 내 증상들을 검토하거나 나의 새롭고도 이상한 행동을 관찰하고 싶어 하지 않았다. 카시아가 원하는 건 사랑이 넘치고 재미있고 능력 있던 자신의 엄마였다. 이렇게 혼란과 분노에 사로잡혀 스스로에게만 몰두하는, 자신의 엄마를 사칭하는 사기꾼이 아니라.

훨씬 나중에 아이저 박사가 설명해준 바에 따르면, 내 수학적 능력이 떨어진 것(난산증 또는 계산 불능증이라 불린다)은 전두엽 바로 뒤 뇌의 꼭대기 부분에 위치한 두정엽에 생긴 병변이나 염증과 관련되었을 가능성이 가장 크다. 인간이라는 종의 고도로 진화된 신피질(대뇌피질에서 가장 최근에 진화해 형성된 부분)은 네 개의 뇌엽으로 이루어지는데, 전두엽과 두정엽이 이 신피질의 약 3분의 2를 차지한다. 이 부위에 생긴 병변이나 결함은 치매 초기 단계 환자들의 난산증과 관련이 있다고 여겨진다.

과학자들은 곱셈이나 뺄셈 같은 수치 처리의 다양한 측면들을 분담하는 두정엽의 서로 다른 하위 영역들을 추적해냈다. 그러니까 두정엽의 특정 영역에 병변이 있는 사람들은 한 가지 유형의 계산 능력에 결손이 생겨도 다른 유형의 계산은 할 수 있다는 것이다. 내 경우에는 단순한 숫자들로 덧셈은 할 수 있었다. 그러나 나눗셈이나 뺄셈, 곱셈은 불가능했다. 뇌부종이 두정엽의 특정 하위 영역의 기능에 영향을 미치면서 다른 영역들에는 비교적 해를 입히지 않았던 것 같다.

우리가 마지막으로 방문했을 때 앳킨스 박사가 지적했던 두정엽의 병변들은 내가 겪고 있던 또 다른 문제들의 원인이기도 했다. 두정엽은 전에 가본 곳의 형태와 구조를 기억하거나 특정 장소의 지도를 머릿속에 유지하는 능력인 지형 기억의 처리도 담당하기 때문이다. 또한 두정엽은 습관화되지 않은 기술을 요하는 과제를 계획하고 실행하는 능력인 운동 계획에도 관여한다. 그뿐 아니라 자신의 질병을 통찰하는 능력에도 관여하는데, 내게 확실히 결여되어 있었던 요소다. 정말로, 내게는 이 모든 기능들이 손상되어 있었다.

그러나 놀랍게도 글쓰기 능력은 전혀 쇠퇴하지 않았다. 변한 점이 있다면 단기 기억에 문제가 생겼음에도 오히려 글쓰기 능력이 더 좋아졌다는 사실이었다. 언어능력은 여전히 멀쩡했을 뿐 아니라, 심지어 놀라울 정도로 왕성했다. 창의력에 불이라도 붙은 것 같았는데 아마도 스테로이드의 추진력 때문인 듯했다. 나는 매일 아침 4시나 5시에 일어나 침대에 등을 기대고 앉아 무릎 위에 노트북을 올렸다. 머릿속에서는 내가 느끼는 것을 어떻게 묘사할지에 관한 아이디어들이 소용돌이쳤다. 나의 감정들과 기억들은 너무나 강렬하고 때로는 너무나 기괴해서 그 부담감을 덜어내려면, 또 생생한 회상이 흐릿해지기 전에 다른 사람들에게 전하려면 얼른 언어로 옮겨놓아야만 했다. 마치 실제 삶에 부족한 것들을 가상의 종이인 컴퓨터 화면에 옮김으로써 벌충하는 것 같았다.

나는 폴란드에서 보낸 어린 시절에 관해, 여름방학이면 베스키디산맥의 원시적인 외딴 마을로 우리를 데리고 갔던 사랑하는 할머니에 관해 썼다. 뭐라 말할 수 없는 기쁨을 느끼며 나는 오랫동안 잊고 지내던 달콤한 건초 냄새와 소 똥 냄새의 기억을 되찾았다. 할머니와 동생과 함께 숲에서 버섯을 따고 얼음처럼 차가운 개천을 건너고 야생 블랙베 리를 따던 날들. 50년도 더 지났건만 너무도 생생하고 유쾌 해서 나는 이 기억들이 사라지지 않기를 바랐다. 나는 우리 자매가 소녀였던 시절, 머나먼 세상에서 살던 날들을 회상 하며 자판을 두드려 페이지들을 채워나갔다. 모든 것이 마 치 어제 일어난 일처럼 생생했다.

7월에 동생 마리아가 찾아왔을 때 나는 마리아에게 이 기억들을 들려주었다. 마리아는 우리의 유년기에 대해 놀 랍도록 세세하게 되살린 이야기들을 듣고 감탄하며 기뻐했 다. 그러나 이유는 알 수 없었지만, 나는 어린 시절에 대한 회상이 마리아를 슬프게 만든다는 사실을 감지했다. 마리 아도 다른 가족들도, 머지않아 내가 더 이상 살아 있지 않 을 것이며 남는 건 나에 대한 기억뿐이리라는 생각에 마음 아파했던 것임을 나는 나중에야 깨달았다.

7월 내내 가족들이 돌아가며 나를 찾아왔다. 동생 부 부가 왔다 갔고, 그다음에는 카시아가, 이어서 아들과 샤이 엔이 왔고, 또다시 카시아가 왔다. 그들은 내 곁에 함께 있어줬고 나는 그게 좋았다. 그들이 내게 그렇게 많은 관심을 기울이고 있다는 사실에 나는 우쭐했지만, 그들은 모두 불안해하고 침울해했다. 뭔가가 끔찍하게 잘못되어 있다는 생각, 그래서 그들이 돌아가며 그렇게 자주 찾아온다는 생각이 들었다. 그러나 그들이 걱정하고 있는 일이 무엇인지는 알아낼 수 없었다. 스테로이드를 고용량으로 투여하면서 더 이상 두통이 없어져 크게 안심이 되었다. 나는 낙관적이었다. 내 뇌에 새로운 종양이 여럿 더 생겼다는 최근의 소식에도 끄떡 하지 않았다.

종양들. 종양들이 더 생겼다지. 아, 뭐, 그래. 오늘 점심에는 뭘 만들까?

나는 행복했다. 거의 그랬다. 가족들이 내가 모르는 뭔가를, 나로서는 완전히 이해할 수 없는 모종의 비극적인 비밀을 공유하는 것 같다는 불편한 느낌만 아니었다면 훨씬 더 기분이 좋았을 테지만.

8

모든 것이
바뀌다

조지타운대학병원에서 퇴원한 지 일주일 후, 임상 시험 전에 방사선치료를 받지 않았던 종양 세 개를 포함해 새로 생긴 종양 열다섯 개를 치료하기 위해 나는 다시 외래환자로 병원에 간다. 표적으로 삼기에는 너무 작은 몇 개의 종양은 당분간 치료하지 않고 두기로 했다.

이때가 내가 처음으로 사이버나이프CyberKnife 시술을 받은 시기다. 지난 3월 브리검여성병원에서 뇌 수술 이후에 받았던 정위방사선수술과 달리, 사이버나이프 로봇 방사선수술CyberKnife Robotic Radiosurgery 시스템은 거의 전자동으로 작동한다. 이제 나는 3월 수술 때 그랬던 것처럼 움직이지 않도록 플라스틱 마스크를 얼굴에 단단히 고정하고 틀에 묶인 채 누워 있다. 두 경우 모두 마스크는 플라스틱 망사로 내게 맞춰 제작한 것이다. 사이버나이프는 실시간 CT 스캔으로 종양의 위치를 추적하고 내 머리가 아주 조금만 움직여도 그 위치 변화에 반응하는 정교한 소프트웨어를 사용한다. 그리고 로봇 팔에 장착한 고에너지 엑스선 기계를 사용해 여러 방향에서 고선량 방사선을 종양에 조사照射한다. 사이버나이프라는 이름과 달리 전혀 칼을 대지 않는, 통증도 없고 비침습적인 치료법이다. 그러나 종양을 파괴하면서도 건강한 조직은 다치지 않게 해야 하므로 극도의 정밀성이 필수적으로 요구된다. 사이버나이프든 정위 방사선수술이든 표적 방사선치료의 과정은 정확한 계산과 상당한 사전 계획에 의지하며, (브리검여성병원의 종양학과에서 물리학자로 일하는 내 동생 마리아 같은) 물리학자와 (조지타운대학병원의 콜린스 박사와 브리검대학교의 아이저 박사 같은) 방사선 종양학자, 그리고 방사선 선량을 계산하고 건강한 뇌 조직의 손상을 최소화하도록 최적의 궤도를 결정하는 선량측정사 등 여러 전문가들의 협조로 이루어진다.

사이버나이프가 내 종양들을 공격하는 동안 나는 최대한 꼼짝하지 않고 누운 채 어두운 방 안의 천장만 응시한다. 내 마음은 초원과 숲속을 배회한다. 환하게 빛나는 태양의 모습을 떠올리고 파란 하늘에 떠다니는 상상의 연을 쫓아간다. 나는 머릿속으로, 내 뇌에 뚫린 구멍들에 초록색 풀과 제비꽃이 가득 들어차고 나의 슬픔이 천천히 숲속으로 미끄러져 들어가는 내용을 담은, 폴란드어로 된 슬픈 시를 읊는다.

뇌 방사선

겨울 길 움푹 팬 구멍을 닮은 구멍들이 내 고장 난 머리에
점점이 생겼네.
그 구멍은 금세 진흙으로 가득 차 꽃밭이 될 거야.
초록 풀이 구멍을 메우면 거기서 꽃들이 피어나
민들레와 제비꽃이 신성한 어둠을 밀어내고
그 자릴 차지하지.
슬픔은 아픈 내 뇌에 물처럼 스며들어.

걱정하는 영혼을 달래고 갉아대는 통증을 가라앉히네.
풀이 난 머리를 가졌다고 걱정해봐야 소용없어.
그 머리는 재미있기도 하지.
킬킬거리고 큭큭거려.
웃고 또 꿈꾸지.
그 머리는 죽지 않았어.

마침내 나는 집으로 돌아온다. 몸은 뻣뻣하고 녹초가
되어 있지만 살기 위한 전투에서 또 하나의 임무를 완수했
다는 생각에 안도감이 든다. 잠시 동안은 기다리고 희망을

품는 것 외에 다른 할 일이 없다.

다음 날은 편안히 보낸다. 이제 비테크와 샤이엔까지 와 있고, 남편과 아이들에게 둘러싸여 있자니 정상적인 삶으로 돌아온 듯이 기쁨마저 느껴진다.

그다음 날 아침, 그러니까 사이버나이프 시술을 받은 지 채 이틀이 지나지 않아서, 나는 마치 지난 몇 주간 특별한 일은 하나도 일어나지 않았던 것처럼 건강하고 힘찬 기분으로 일찍 일어난다. 아름다운 여름날이다. 나는 우리가 운동을 하러 즐겨 나가던 프린스윌리엄산림공원 숲속으로 가벼운 아침 운동을 가자고 제안한다. 대공황기에 공공사업촉진국이 하이킹과 달리기를 할 수 있도록 개발한 넓게 트인 멋진 공원이다.

이달에는 비테크와 샤이엔과 카시아가 트라이애슬론에 참가하려고 준비하고 있다. 나는 병을 진단받은 1월 이후로 트라이애슬론 훈련은 그만둘 수밖에 없었지만, 그 시련을 겪는 내내 운동은 단 하루도 거르지 않았다. 그날의 상태가 어떻든 거의 매일 달리거나 걷거나 수영하거나 자전거를 탔다. 오늘도 언제나처럼 육체적 활동을 향한 갈망을 느낀다. 이제 걷는 속도는 예전만 못하지만, 그래도 숲을 걸으면 긴장이 풀린다. 사랑하는 가족들과 함께 나가 운동을 하는 것, 나에게는 의사들과 병실로부터의 위대한 탈출이 될 것이다. 나에게는 가능한 한 정상적인 기분을 느낄 수 있는 활동이 필요하다.

프린스윌리엄산림공원의 야트막한 언덕에는 12킬로미터에 이르는 고리 모양의 아스팔트 순환로가 깔려 있다. 트라이애슬론 훈련을 할 때마다 자전거로 네댓 바퀴 돌고, 이어서 한 바퀴를 더 달리던 길이다. 심각한 뇌부종 치료를 받고 퇴원한 지 얼마 안 된 데다 바로 이틀 전에는 방사선 치료까지 받았기에 무리하지 않고 한 바퀴만 걷기로 한다.

"정말 괜찮겠어?" 미레크가 걱정스레 묻는다.

결혼 생활 내내 늘 서로의 상태를 확인해왔지만, 내가 병에 걸린 뒤로 미레크는 나의 안전을 더욱 강박적으로 염려한다.

"괜찮아, 컨디션 최상이야." 나는 확고한 말로 미레크를 안심시킨다.

미레크가 자기 자전거와 카시아의 자전거를 자동차에 실은 뒤 우리는 출발한다. 비테크와 샤이엔은 자기들 차를 타고 우리 뒤를 따라온다. 늘 이용하던 작은 주차장에 차를 세울 무렵, 날씨는 이미 무척 덥다. 운동을 마친 뒤 여기서 다시 만나 공원에서 도시락을 먹을 계획이다. 가족들은 트레일을 돌며 나와 마주칠 때마다 각자 내 상태를 체크하기로 한다.

비테크와 샤이엔과 카시아는 자전거를 타고 출발한다. 미레크도 내 볼에 입을 맞추고 포옹한 뒤 페달을 밟기 시작한다.

나는 아스팔트 길로 들어서서 절도 있게 두 팔을 흔들며 단호한 걸음으로 성큼성큼 걷는다. 숲 냄새와 지저귀는 새들, 키 큰 나무의 흔들리는 가지들이 자유로움과 행복감을 불어넣는다. 숨을 깊이 들이쉴 때마다 향긋한 공기가 폐에 가득 들어찬다.

한 시간쯤 지나자 살구버섯으로 노랗게 뒤덮인 넓은 들판이 펼쳐진다. 진한 노랑에 갓 밑에는 이국적인 느낌으로 골이 져 있고 후추 비슷한 강한 향과 맛, 쫄깃한 식감을 지닌 살구버섯은 우리 가족이 아주 좋아하는 음식이다. 살구버섯이 풍부한 폴란드에서 지내던 시절에는 여름 별장 주변이나 바르샤바 교외의 숲에 나가 살구버섯을 따곤 했으니, 고향의 추억을 떠올리게 하는 버섯이기도 하다. 우리는 이 버섯에 다양한 소스를 뿌려 요리하거나 올리브기름으로 살짝 볶아 스크램블드에그에 곁들여 먹곤 한다.

그렇게 많은 살구버섯을 보자 나는 신이 나서 딸 수 있는 한 최대한 많이 따 가고 싶다. 하지만 버섯을 담을 가방이 없어 할 수 없이 계속 파워 워킹을 이어간다. 다행히 잠시 후 미레크가 자전거를 타고 내가 있는 쪽으로 다가온다.

"내가 지나온 쪽으로 조금만 더 가면 살구버섯이 가득한 들판이 나와. 차에 가서 봉지를 가져다가 버섯 좀 따줄수 있어? 내일 아침에 스크램블드에그랑 같이 먹게."

미레크는 주차장으로 출발하고 나는 계속 걷는다. 그렇게 한 시간 반쯤 더 힘차게 걸어 12킬로미터를 한 바퀴다 돌아 주차장에 도착한다.

두 시간 반 전 출발할 때만 해도 기운이 넘쳤지만 지금은 완전히 지쳐 있다. 육체적으로도 감정적으로도 기운이다 소진되어서 마치 마라톤을 완주하고 난 기분이다. 당장쉬고 뭔가를 먹어야 한다는 원초적인 절박감이 느껴진다.

그러나 당혹스럽게도 미레크의 모습이 아직 보이지 않는다.

전화를 해봐야겠네.

그런데…… 번호가 기억나지 않는다. 그리고 무슨 해괴한 이유인지 모르겠으나, 휴대전화에 저장된 그의 번호를 찾는 방법도 기억해낼 수 없다. 나는 전화를 쥐고 이리저리 더듬거린다. 그러다가 내가 뭘 하려던 중이었는지 잊어버린다.

지금 뭐 하고 있는 거지? 아, 그래, 미레크에게 전화하려고 했었지. 그런데 번호가 어딨더라? 어떻게 해야 미레크한테 전화할 수 있지?

나는 전화를 만지작거리며 방법을 알아내려 애쓴다. 동시에 계속 내가 지금 뭘 하려는지 다시금 생각해내야만 한다. 마침내 연락처 목록에서 그의 번호를 찾아내 전화를 건다.

"살구버섯이 정말 많아!" 미레크의 목소리는 잔뜩 들떠 있다. "커다란 봉지에 가득 찰 만큼 땄어."

"우리 지금 당장 점심 먹어야 돼." 나는 화난 목소리로 대꾸한다.

"좋아! 여기서 기다리고 있을게."

"아니, 아니지! 당신이 이리로 와!"

"자전거로는 이 버섯들 다 못 가져가. 그러면 전부 뭉개질 거라고. 내가 길가에 나가서 기다리고 있을게."

전화를 끊고 나서야 중요한 사실이 떠오른다. 내가 그를 어떻게 찾아야 하는지 전혀 모른다는 사실이.

여긴 우리 집 뒷마당처럼 잘 알던 공원이다. 자전거로, 달리기로, 혹은 걸어서 수년 동안 수없이 돌았던 곳. 한 시간 반 전만 해도 미레크에게 살구버섯이 어디 있는지까지 얘기해주었다. 그런데 지금 내 머리는 얼어버렸다. 그가 있는 곳이 어디인지 전혀 떠올릴 수가 없다. 차를 몰고 그에게 가는 것은 도저히 해낼 수 없는 도전, 내 능력을 완전히 넘어서는 묘기 같다.

나는 휴대전화를 손에 쥐고 씩씩거리며 서 있다.

도대체 어떻게 해야 그를 찾을 수 있는 거야?

나는 다시 미레크에게 전화를 걸기로 한다. 그러나 이번에도 어떻게 그의 번호를 찾아야 하는지 알 수 없다.

지금은 조리 있는 사고가 안 되는 것 같다.

어떻게 전화하는 거지? 최대한 집중력을 발휘해 다시 시도한다. 그리고 또다시. 엄청난 노력을 기울인 끝에 간신히 그의 번호를 찾지만, 그러고 나니 이제는 심한 좌절감이 느껴지며 점점 분노가 차오른다.

"당장 이리로 와, 미레크!" 내가 쏘아붙인다. "난 당신이 어디 있는지 모른단 말이야!"

"그냥 차를 몰고 길을 따라와." 그가 대답했다. "날 금방 찾을 수 있을 거야."

"어느 길 말인데?" 나는 애원하듯 묻는다.

"일방통행로잖아, 여보."

그 말이 나를 더 혼란스럽게 한다. **일방통행로**가 무슨 뜻이야? 말이 안 되는 소리잖아. 그동안 자동차로 수없이 달린 길이건만, 지금 미레크가 있는 곳까지 가는 것은 나로서는 도저히 풀 수 없는 대단히 복잡한 퍼즐처럼 느껴진다.

"당신이 어디 있는지 몰라!" 나는 목소리를 더욱 높여 같은 말을 반복한다.

"순환로잖아. 그냥 길을 따라오라고." 그가 말하고는 전화를 끊는다.

나는 부글거리며 제자리에 가만히 서 있다. 다시 전화를 하려고 번호를 찾는데 이번에는 시간이 더 오래 걸린다.

"당신 어딨어?" 나는 거의 울기 직전이다.

"말했잖아!" 그가 말한다. "그냥 차에 올라타서 나를 데리러 오라고."

"아니, 아니야. 당신이 돌아와. 난 지쳤어!"

"당신이 차로 여기까지 오는 게 훨씬 빨라." 이제는 미레크도 화를 낸다.

마침 샤이엔이 달리기를 마치고 주차장에 도착한다. 샤이엔은 내가 미레크와 말싸움하는 내용을 어리둥절한 표정으로 듣고 있다. 나는 왜 이렇게 화가 났는지 이야기한다. 아니, 이야기한다기보다는 "그 사람이 어디 있는지 모르겠어!" 하고 우는소리를 한다. 샤이엔이 자기 차로 가서 그를 데려오겠다고 한다.

"그러지 마!" 나는 심술궂게 내뱉는다.

"그 망할 살구버섯들하고 그냥 거기 있게 내버려둬."

"우리 잠깐 걸을까요?" 샤이엔이 부드럽게 제안한다. "비테크가 올 때까지만요."

하지만 나는 샤이엔과 걷고 싶지 않다. 나는 머리끝까지 화가 나 있다. 직접 미레크를 찾으러 갈 작정이다. 나는 차에 올라 시동을 건다. 그런데 오른쪽으로 꺾어야 하나? 아니면 왼쪽? 미레크가 순환로라고 한 게 무슨 뜻이지? 그게 뭔지 머릿속에 그려지지 않는다.

마침내 나는 아무 방향이나 정해 길을 따라간다.

여전히 전혀 갈피를 잡을 수 없고 짜증은 점점 더 차오른다. 나무나 들판이나 다 낯이 익은데, 그런데도 어디가 어딘지 알 수가 없다. 그리고 내 뇌 속 깊은 곳까지 뒤져 순환로라는 개념을 찾아내려고 아무리 노력해도 도무지 잡히지가 않는다.

나는 아주 천천히 차를 몬다. 기분은 점점 더 나빠지고 분노도 더욱 커진다. 이제 모든 걸 미레크 탓으로 돌리기 시작한다.

나는 완전히 지쳤어. 당장 뭐라도 먹고 싶다고. 그런데 나보고 자기를 찾으라고? 무슨 외국의 어느 거대한 숲에서 길을 잃은 사람을 찾는 것 같잖아. 이건 다 미레크 잘못이야. 전적으로 그 사람 탓이라고. 나한테 방향을 잘못 가르쳐줬다고!

자전거 타기를 마치고 이제 저 앞에서 달리기를 하던 카시아와 비테크가 내 쪽으로 달려온다. 평생 처음으로 사랑하는 자식들의 모습을 보고도 기분이 풀리지 않는다. 내가 차를 세우자 카시아가 차에 탄다. 비테크는 주차장에 있는 샤이엔을 만나러 가느라 계속 달린다.

내 험악한 표정을 본 카시아가 묻는다.

"엄마, 왜 이렇게 화가 났어요?"

"미레크가 꾸물거리고 있잖아! 난 집에 가고 싶은데! 망할 놈의 버섯!"

"미레크 아저씨는 버섯을 따고 있던데." 카시아가 달래듯 말한다. "곧 거기 도착할 거예요."

카시아는 아주 단순한 말로 방향을 안내한다.

"그냥 계속 앞으로 가요, 엄마."

하지만 나는 카시아에게도 화가 난다.

"계속 앞으로 가라고? 넌 어떻게 그렇게 다 잘 아니?" 내가 묻는다. "정말 짜증 나. 이 멍청한 순환로며 주차장이며, 모든 게 난 왜 이렇게 혼란스러운 거지?"

카시아의 눈에 눈물이 차오른다.

"우리 모두 여기 엄마 곁에 있잖아요." 그러고서 다시금 묻는다. "왜 그렇게 화가 난 거예요?"

"그 사람이 늦었다니까!" 나는 거의 고함을 지르듯 말한다.

그때, 우리 앞쪽 길가에서 미소를 지으며 손을 흔들고 있는 미레크의 모습이 보인다. 자전거는 나무에 기대어두고 손에는 버섯으로 가득한 봉지를 들고 있다. 그는 자전거를 싣고 수확물을 든 채 차에 오른다. 아직 내 어두운 기분은 알아차리지 못한다.

"이것들 좀 봐!" 미레크는 그저 신이 나서 말한다.

나는 눈길도 주지 않는다. 버섯을 창밖으로 내던지고 싶다.

"나 밥 먹어야 된다니까!"

내가 고함치자 그제야 미레크는 충격을 받은 표정으로 나를 본다.

카시아가 자신이 운전을 하겠다고 제안한다. 나는 너무 피곤해 아웅다웅할 힘도 없어 조수석으로 자리를 옮긴다. 비테크와 샤이엔이 기다리는 피크닉 장소로 가는 내내 나는 냉랭한 침묵 속에 앉아 있다. 다른 식구들이 테이블보를 펼치고 샌드위치와 과일, 그래놀라 바를 꺼내는 동안에도 계속 씩씩거린다. 이해할 수 없는 나의 분노는 그들을 불안하게 만들고, 우리는 대화도 거의 없이 재빨리 식사를 마친다.

집에 도착하자 비테크는 살구버섯을 씻고 나는 낮잠을 자러 2층으로 올라간다.

한 시간 뒤 잠에서 깬 나는 저녁을 준비하러 부엌으로 간다. 하루하루 지날수록 요리가 점점 어려워지더니, 지금은 부엌에 서 있는데 무엇을 해야 하는지 전혀 기억이 나지 않는다. 가장 단순한 단계조차도.

"냄비는 어디 있지? 스푼들은?" 나는 툴툴거린다. "왜 아무것도 찾을 수가 없는 거야?"

모든 게 다 사라졌어! 내 가족들이 뒤에서 작당을 하고 내 주방의 배치를 다 바꿔놓은 거야! 나는 서랍을 열었다가 쾅 닫고 미친 듯이 찬장 문들을 열어젖힌다.

전부 잘못됐고 모든 게 다 바뀌었어. 도대체 나한테 왜들 이러는 거야?

마침내 필요한 것들을 찾는다. 하지만 일을 시작하려니 그간 수백 번 만들었던 단순한 조리법도 복잡한 방정식 만큼이나 어렵게 느껴진다.

필요한 재료들을 애써 기억해내고 식품 저장실에서 찾아낸다. 하지만 너무 어렵다! 나는 점점 더 기분이 나빠져 욕을 하고 찬장 문들을 쾅쾅 닫는다. 미레크가 들여다보더니 도와주겠다며 말을 건넨다.

"싫어!" 내가 소리쳤다. "저녁은 내가 만들어! 저녁은 항상 내가 만든다고! 당신이 물건들 위치를 모조리 바꿔놨다고 내가 그만둘 것 같아?"

나는 간신히 뭔가 이상한 혼합물을 만들고, 가족들은 아무 말도 오가지 않는 긴장감 넘치는 저녁 식탁에 앉아 예의를 차려 그것을 먹어낸다. 그날 저녁 내내 나는 거의 말이 없고, 그나마 입을 열 때는 모두 그들을 비판하는 말밖에 나오지 않는다.

아주 단순한 것조차 해내지 못해 끙끙거리는 일이 그렇게 많으면서도 나는 여전히 투지에 불타오른다. 내가 너무나 좋아하는 운동을 다시 하는 일에 대해서 특히 그렇다. 그 무엇도 내 규칙적인 훈련과 일상을 방해하지 못하게 만들겠다는 강력한 갈망으로 가득하다. 습관을 바꾼다는 것은 내가 괜찮지 않음을 받아들여야 한다는 걸 의미한다. 반대로 힘든 운동을 의지력으로 끝까지 해낸다는 것은 내 앞에 놓인 장애물을 극복하고 어떤 적도, 심지어 뇌암까지도 물리칠 수 있음을 증명하는 일이다.

그러나 의욕과 체력이 넘친다는 기분은 환상에 불과하다. 그것은 상당 부분 내가 복용하는 고용량의 스테로이드와 반드시 살아남겠다는 타고난 투지의 산물일 뿐이다.

기분은 더 좋아졌을지 몰라도, 내 전두엽은 정상적으로 작동하지 않는다. 며칠 전만 해도 전두엽은 뇌의 염증과 부종 때문에 두개골 안쪽에서 압박받고 짓눌린 상태였다. 응급실에서 고용량 스테로이드 치료를 받지 않았다면 영구적인 손상을 입었을지도 모른다. 판단력 같은 결정적인 인지 기능과 더불어 사교 기술, 감정이입 능력, 성격까지도 영원히 잃어버렸을지 모를 일이다. 염증과 부종이 적절한 시간 안에 잡히지 않았다면, 짓눌린 뇌간은 제 기능을 하지 못해 심폐 정지를 일으켰을 수도, 그래서 나를 죽음으로 데려갔을 수도 있다.

전두엽 기능이 여전히 떨어진 상태였기에, 내 뇌는 복잡하거나 힘든 과제에 직면했을 때 아직 적절하게 대응할 수 없었다. 공원에 간 날 아침 집을 나서기 전, 그러니까 내게 익숙하고 조용한 환경에 둘러싸여 있었을 때 나의 행동은 정상적이었다. 그랬기 때문에 우리 모두에게는 내 상태가 정말로 괜찮다고 믿기에 충분한 감정적 동기가 있었다. 게다가 내가 숲속을 걷는 것은 아무 문제없다고 큰소리까지 치고 있었으니 말이다.

그러나 두 시간 반 동안 12킬로미터를 걷고 난 뒤에는 평소와는 비교할 수 없을 정도로 지치고 허기가 졌고, 내 뇌는 그 무엇에도 대처할 만한 상태가 아니었다. 녹초가 되고 기운이 다 빠져 생존 모드로 바뀌어 있었던 것이다. 미레크의 전화번호를 찾고, 그에게 전화를 걸고, 자기가 있는 곳을 찾으라는 그의 요구를 처리하고, 기억 속에서 그 길에 대한 시각 정보를 불러오고, 그 길이 순환로라는 말을 이해하고, 그 일방통행로가 어느 방향을 향하는지 기억해내는 것 같은 아주 조금만 복잡한 일을 요구받아도, 손상된 내 뇌는 작동을 멈춰버렸다. 이러한 정보 과부하로 전두엽 내의 신경 연결들과 전두엽과 다른 뇌 영역들 사이의 신경 연결이 막혀 내 머릿속은 마치 교통 체증이 일어난 것 같은 상태였다. 마침내 고도의 사고가 완전히 멈추다시피 한 것이다. 자신이 위험에 처했음을 감지한(너무 많은 일이 벌어지고 있고, 요구들이 너무 많아!) 나의 뇌는 원초적인 욕구를 제외한 모든 것을 무시했다. 뇌는 내게 이렇게 말하고 있었다. **쉬**

어, 쉬어, 쉬라고! 쉬고, 먹어! 다른 건 아무것도 하지 마! 네 생존이 위기에 처했어!

배고픈 세 살 아이나 여덟 살 아이에게 곧 저녁이 준비될 거라고 말한 뒤 퍼즐을 풀게 해보라. 아이는 떼를 쓰고 발을 구르고 소리를 지르고 욕을 해댈 것이다. 전두엽은 20대 중반이나 후반에 이르러서야 완전히 성숙하며, 따라서 어린 아이일수록 대체로 생존과 연관된 본능이나 기본적인 감정에 의해 조절된다. 충동 통제력이 없고 이성적이지 못하며 주의력 지속 시간도 짧은 아이로서는 나중에 올 음식, 즉 보상을 기다린다는 개념을 이해하지 못한다. 뇌는 아이에게 한 가지 말만 들려준다. 지금 당장 먹어야 해!

같은 실험을 막 결승선을 통과한 마라톤 주자에게 해보라. 간단한 산수 문제 풀이에 도전하기는커녕, 당신의 뺨을 때리려 할 것이다. 저장된 에너지를 거의 다 소진해버린 그의 뇌는 마지막 남은 에너지를 모두 생존에 필수적인 영역을 위해 꿍쳐두려 할 것이다. 그것은 바로 심장과 폐의 기능을 유지하고 두려움 등의 기본적인 감정을 조절하는 원시적인 영역인 변연계다. 그의 뇌는 가능한 선택지들을 비교하고 검토해 판단을 내리는 능력을 비롯해서 우리를 인간으로 만드는 고도의 인지 기능 및 문제 해결을 가능하게 하는 호화롭고 정교한 영역인 전두엽의 스위치를 꺼버린다. 탈진한 마라톤 주자에게 이런 세련된 기술들은 생명을 유지하는 기본적인 뇌 기능들만큼 필수적이지 않으므로, 충분한 에너지가 생길 때까지는 일종의 휴면 상태에 들어가는 셈이다.

나도 마라톤을 뛰며 이런 현상을 몸소 경험했다. 마지막 몇 킬로미터를 남겨두었을 때는 결코 내 속도를 계산할 수 없었다. 뇌가 셈을 할 수 없었기 때문이다. 목표 지점이 가까워지면서 결승선을 통과하는 것에만 집중할 때 내 정신은 좀비와 비슷한 상태였다. 누군가 그 고도의 집중을 방해하면 나는 발끈했다. 남편이 격려하며 결승선에 거의 다다랐다고 말해주었을 때 나는 이렇게 쏘아붙였다.

"속 편한 소리! 아직 멀었어!"

아니면 내 연로한 어머니를 생각해보자. 늘 총명하고 어설픈 구석 하나 없이 활동하는 어머니도 요즘에는 한 번에 한 가지 일밖에 하지 못한다. 나이가 들면서 퇴화한 전두엽이 쉽게 과부하에 걸리기 때문이다. 주변에서 너무 많은 일이 일어나면 어머니는 혼란에 빠지고 공황 상태가 되어 화를 낸다.

이와 유사하게 조현병 환자들도 인지적 압박이 커진 상

태에서는 수행 능력이 떨어진다. 뇌 영상 스캔을 보면, 복잡한 문제 등 지나치게 어려운 과제를 받을 때 조현병 환자들의 전전두피질은 신경에 별다른 문제가 없는 사람들 수준으로 활성화되지 않는다는 것을 알 수 있다. 너무 과한 것을 요구받거나 환경에 자극이 많을 때는 그렇지 않아도 저하되어 있는 뇌의 기능이 더욱 떨어지는 것이다. 그들은 화를 내거나 부적절하게 반응할지도 모른다. 공원에서 불상사가 벌어진 그날 내가 그랬듯이 말이다.

공원에 가기 전까지 나는 꽤 괜찮은 상태였다. 그러나 너무 많은 활동을 요구받자 내 뇌의 가장 발전된 부분이자 가장 인간적인 부분이 말 그대로 정지해버렸다. 그날 나의 붕괴는 내가 아직 위험에서 벗어나지 못했다는 명백한 증거였다. 그리고 계속 살기 위해서는 훨씬 더 공격적인 치료가 필요했다.

9

무해한 소리조차
감당할 수 없는 존재

—— 7월 초 어느 날, 나는 마치 비테크를 잃어버릴까 두려운 양 그를 꼭 붙든 채 텅 빈 거리를 걷고 있다. 처방받은 경구용 스테로이드를 사러 근처 약국에 가는 길이다. 최근 내가 방향을 찾는 데 큰 어려움을 겪고 있는 터라, 아들과 나는 서로 손을 잡고 간다.

나는 아들의 군살 없는 얼굴과 튼튼한 근육질의 몸을 바라본다. 비테크는 내가 이상적인 아들의 특징으로 여기는 모든 점을 갖추고 있다. 뇌를 연구하는 과학자이자 운동을 즐기는 친절한 남자. 몇 주 전 내가 응급실에 있는 동안 첫 번째 트라이애슬론 경기를 마쳤고, 지금은 다음 경기를 위해 준비하는 중이다. 목표는 트라이애슬론의 최고봉인 하와이에서 열리는 코나 트라이애슬론에 출전할 자격을 얻는 것이다. 비테크는 자기와 똑같이 지구력을 요하는 스포츠를 즐기는 평생의 사랑 샤이엔을 만났다. 나는 비테크가 자랑스럽고 이런 아들이 내 곁에 있다는 사실이 기쁘다.

그러나 오늘은 우리가 평생 맡아온 각자의 역할이 뒤집혔다는 것이 통렬하게 느껴진다. 나는 더 이상 아들의 강력한 어머니이자 보호자가 아니다. 오히려 내가 어린 딸이라도 되는 양 비테크가 나를 인도하고 있다. 비테크의 존재는 내게 안전하고 따뜻한 느낌을 주지만, 동시에 뭔가 이상한 기분도 느껴진다. 내가 연약하고 의존적이라는 생각.

우리는 비테크의 일과 친구들, 날씨 같은 일상적인 이야기를 한다. 날씨는 습하고 보도는 젖어 있다. 7월이면 종종 그랬듯이 이곳에 심한 폭풍우가 몰아친 탓이다. 그러나 나는 폭풍우가 몰아치던 상황이 기억나지 않는다. 동네 곳곳에 부러진 나뭇가지들이 널려 있고 몇몇 집들의 지붕이 커다란 나무줄기에 맞아 피해를 입은 모습을 보며 폭풍우가 왔었나보다 할 뿐이다.

우리는 둘로 갈라진 나무 밑에 깔린 차 옆을 지나친다. 차체는 찌그러졌다. 유리창도 박살이 나, 깨진 유리가 길바닥에 흩어져 있다.

"이 차 좀 봐!" 내가 비테크에게 말한다. "끔찍해라. 나무 절반이 차를 다 덮쳤어!"

"그러게, 운이 나빴네요." 비테크가 말한다. 그러고서 우리는 계속 걸어간다.

약국 안에 들어가서도 나는 비테크 곁에 꼭 달라붙어 있다. 그 애가 내 시야에서 사라진 상황을 감당할 자신이 없어서다. 그러나 약이 나오기를 기다리는 동안 비테크는 나를 내버려둔 채 진열장에 있는 약품들을 둘러보러 간다.

불안하다. 여기에는 사람이 너무 많고 너무 많은 일들이 벌어지고 있다. 나도 약국 안을 거닐기 시작하지만 그 공간 안에서조차 방향을 찾아 움직이기가 쉽지 않다. 선반에 부딪치고 다른 손님들과 부딪친다. 균형 감각을 잃었거나 대상과 나의 거리를 추정하는 능력이 없어진 것 같다. 나 자신의 경계마저 제대로 감지할 수 없어서 내 몸이 어디서 시작되고 어디서 끝나는지 제대로 느껴지지 않으며, 이것이 나고 저것이 외부 세계라는 인식조차 없다. 마치 내가 환경과 융합된 느낌이다.

겁이 난다.

내 아들이 어디 있지?

다행히 처방약을 손에 쥔 비테크가 나를 찾아낸다. 내가 비테크의 팔을 꼭 붙들고 있기 때문에 집으로 향하는 우리의 걸음은 아주 느리다.

우리는 둘로 갈라진 나무 밑에 깔린 차 옆을 지나친다. 차체는 찌그러졌다. 유리창도 박살이 나, 깨진 유리가 길바닥에 흩어져 있다.

"이 차 좀 봐, 비테크!" 내가 말한다. "너무 끔찍하다.

나무가 차를 덮쳤잖아."

비테크가 이상한 눈빛으로 나를 본다. 놀라고 불안해하는 것 같다. 그 눈빛이 마음에 안 든다.

뭔가 잘못됐나보군. 내가 뭘 어쩐 거지?

비테크의 얼굴을 보며 그를 더 단단히 붙잡는다. 놓칠까봐 두렵다.

알츠하이머병이나 뇌 손상을 포함한 각종 정신질환의 초기 환자들처럼 나도 단기 기억을 잃어가고 있다. 어린 시절이나 오래전에 있었던 여러 사건들에 대해서는 예리한 기억을 유지하면서도(과거에 대한 글을 그렇게 많이 쓸 수 있는 것도 그래서다), 불과 몇 분 전에 일어난 일은 기억할 수가 없다. 단기 기억과 장기 기억은 뇌 안에서 처리되는 방식이 다르기 때문에, 치매 환자들은 어린 시절에 일어난 일은 기억하면서도 그날 아침으로 무엇을 먹었는지는 떠올리지 못하는 경우가 많다. 장기 기억은 우리 뇌 속에서 강력한 감정적 성분과 얽혀 보관된다. 생존에 유용할 수도 있는 기억이기 때문이다. 반면 단기 기억은 분류와 평가를 기다리고 있는 잠정적 사실 정보들에 더 가깝다. 중요한 정보라면 보관될 것이다. 중요하지 않다면 보유용으로 분류되지 못하고 사라져버린다.

그러나 나는 내 기억이 휘청거리고 있음을 깨닫지 못한다. 내가 무엇인가를 놓치고 있다는 사실 자체를 알아채지 못한다.

"엄마, 아까 우리 약국 가는 길에 저 차 봤잖아요." 비테크가 조심스레 말한다. "기억 안 나세요?"

긴가민가하다. 이제는 모든 게 긴가민가하다.

다음 날 늦은 아침, 미레크와 나는 동네 주택가 뒤쪽으로 난 구불구불한 숲길을 향해 차를 몰고 간다. 차에서 내린 우리는 손을 잡고 천천히 나무들 사이를 거닌다. 저녁으로는 뭘 만들지, 그러려면 무엇을 사야 하는지 하는 일상의 잡담을 나눈다. 그러나 대개는 침묵 자체를 즐긴다.

미레크가 돌아갈 시간이 되었다고 판단한다. 30분이 채 지나지 않아 조용한 도로변에 세워둔 우리 차 앞에 도착한다. 미레크가 차에 오를 때 나는 조금 더 걷고 싶다고 말한다. 움직이고 싶다. 좀처럼 가만히 있을 수가 없다. 사무실에서도 수시로 벌떡 일어나 스트레칭을 하고 실험실들 사이로 걸어다니며 이것저것을 점검한다. 그리고 야외에서 더 많은 시간을 보낼 기회를 호시탐탐 노린다.

"집까지 걸어서 갈래." 내가 말한다. "나한테는 격렬한 움직임이 필요해, 괜찮지?"

미레크는 주저하다가 내가 돌아가는 길을 찾을 수 있을지 확신이 안 선다고 말한다.

"아유, 고작 2킬로미터도 안 되는 거리야! 당연히 찾아갈 수 있지." 내가 말한다. "이 길은 당신만큼 잘 알아."

나는 돌아서서 빠른 속도로 걷기 시작한다. 잠시 뒤 미레크가 차를 타고 내 곁을 지나간다. 내가 손을 흔들자 그도 미소를 띤 채 손을 흔든다.

무덥고 안개 낀 7월 오후다. 나를 둘러싼 조용한 세상. 내겐 이런 고요함이 소중하다. 새 몇 마리가 유쾌하게 지저귀고 멀찌감치서 차가 부릉거리는 소리가 들려온다. 나는 다리를 경쾌하게 움직인다. 상체에 피가 잘 돌도록 팔을 힘차게 흔들며 행복하게 걷는다.

처음에 내 걸음은 아주 빠르다. 그러나 그것도 오래가지 않는다. 나는 금세 지쳐 속도가 떨어진다. 지금 내 몸은, 치료와 병으로 인한 스트레스가 지속적인 손상을 입히기 전까지 내가 입고 있던 몸의 희미한 그림자에 지나지 않는다. 근육도 많이 줄었다. 스테로이드를 고용량으로 복용한 탓이다. 한때 탄탄한 근육질로 바위가 많은 험준한 길이며, 사막의 모래밭이며, 눈 쌓인 길 등 지형과 날씨를 가리지 않고 달리기와 자전거로 수십 킬로미터씩 달리던 내 허벅지를 내려다본다. 이제 보이는 건 나를 간신히 받쳐주는 말라빠진 두 다리다.

그래도 나는 이 병과 싸워 이겨내겠다고, 한심한 몰골을 탄탄하게 회복시켜 다시 운동을 잘하는 나로 돌아가겠다고 스스로를 설득하며 계속 걷는다.

교통 표지판을 충실하게 확인하면서 교차로를 하나 또 하나 지난다. 나는 아주 신중하다. 길을 잃고 싶지 않다. 그러나 몇 백 미터를 걸은 뒤에는 더 이상 어디가 어딘지 알아보지 못한다. 거리 이름은 알고 있다. 그러니까, 익숙한 이름이긴 하다. 하지만 이 길이 어디로 이어지는지, 어느 방향으로 난 길인지는 도저히 기억해낼 수 없다.

좋아. 내가 집에서 2킬로미터쯤 떨어져 있다는 건 알겠어. 그러니까 집을 찾는 게 그리 어려울 리는 없을 거야.

나는 그렇게 나 자신을 안심시키고 계속 걷는다.

길을 잃을 리 없어. 집에서 이렇게 가까운 곳에서 그럴 수는 없지. 바른 길을 찾아내고 내가 아는 집들을 발견할 때까지 시간이 조금 더 필요할 뿐이야. 아는 길만 나오면 쉽게 우리 집을 찾을 거야.

나는 공포에 사로잡히지 않는다. 걱정조차 하지 않는다. 그저 걷고 또 걷는다. 조용한 집들은 모두 똑같이 생겼고, 사람 없는 길들도 모두 똑같아 보인다. 밖에 나와 있는 사람은 단 한 사람도 없다. 더위가 이웃들을 모두 실내에 묶어둔 게 분명하다. 잔디 깎는 사람도, 울타리를 다듬는 사람도 없다. 방향을 물어볼 사람이 아무도 없다.

나는 계속 걷는다. 하지만 정말로 피곤하다. 게다가 화장실도 가고 싶다. 정말 소변이 급하다.

몇 킬로미터 안에 공중화장실이 없다는 건 알고 있다. 여기엔 숲도 없다. 그저 줄줄이 늘어선 집들뿐. 숨어서 볼일을 해결할 만한 덤불이 없는지 주위를 둘러본다. 내가 원하는 용도에 어울릴 법한 덤불은 하나도 보이지 않는다. 잘 손본 잔디밭과 고르게 깎아놓은 풀들, 그리고 곱게 다듬은 나무들뿐이다.

더 이상 참기가 힘들다.

도저히 참을 수 없다.

나는 소변을 본다. 반바지에 소변을 본다. 걸음을 멈추지도, 속도를 줄이지도 않는다. 나는 걸으며 소변을 본다. 이런 일이 일어나지 않기를 바랐지만, 소변 또한 나름의 의지를 갖고 있는 것처럼 그 일은 일어나버렸다. 누군가 볼까 걱정되지는 않는다. 어린아이처럼 바지에 소변을 보며 이웃들의 집 앞을 지나면서도 나는 전혀 개의치 않는다.

한 시간쯤 흐른 뒤, 교차로에서 손을 들어 차 한 대를 세우고 운전자에게 방향을 물어본다. 그런데 내가 가고 싶은 곳이 어디인지 설명하기가 어렵다. 운전자에게 주소를 말해주지만 그는 우리 집이 있는 거리가 어디인지 모른다. 내가 사는 곳이 어딘지 알아내려 애쓰며 그가 몇 가지 질문을 더 던진다. 이 동네에서 이정표의 역할을 하는 이런저런 장소들에서 가까운지 어떤지 하는 질문인데, 나는 의미 있는 구체적인 대답을 해줄 수가 없다. 그가 나를 태우고 동네를 돌아보겠다고 제안하지만 나는 거부한다. 모르는 사람 차에 타는 게 두려워서가 아니다. 그냥 걷고 싶기 때문이다. 걷는 것이 나의 계획이었고, 아무것도 그 계획을 바꿀 수 없다. 그러자 그는 내 기억을 일깨울 수 있을지 모른다는 기대에 가장 가까운 큰길까지 안내하겠다고 한다.

그 남자의 차를 따라가는 동안 내 걸음걸이는 불안정하다. 하지만 젖은 반바지에는 전혀 마음이 쓰이지 않는다. 그는 아주 천천히 차를 몰고, 나는 버지니아 북부 교외의 줄줄이 늘어선 붉은 벽돌집들이 만들어내는 단조로움 속에서 그 차의 꽁무니를 따라간다. 그가 인도한 큰길에 도착하자 갑자기 퍼즐 조각들이 맞아든다. 이제 우리 동네를 알아볼 수 있다. 모퉁이에 노란 널빤지를 댄 저 작은 집, 건너편의 벽돌 저택. 이제 나는 왼쪽으로 꺾어 번잡한 길을 따라 90미터쯤 가다가 다시 한 번 왼쪽으로 꺾어야 한다는 걸 안다. 우리 집이 보인다.

미레크가 안도하며 나를 맞이한다. 내가 집에 도착하기까지 왜 그렇게 오래 걸렸는지 그는 이해하지 못한다.

"잠깐 길을 잃었어. 길들이 들쭉날쭉 엉켜 있어서 어디가 어딘지 찾기 어렵더라고."

"그래, 괜찮아."

그가 내게 입을 맞추며 말한다. 무사히 돌아온 것을 다행스러워하는 기색이 역력하다.

"그리고 너무 소변이 마려워서 바지에 싸버렸어."

그는 내 젖은 반바지와 다리를 내려다본다.

"아이고, 저런." 그러고는 내게 애정이 담뿍 담긴 목소리로 말한다.

"그냥 씻어버려."

이것이 내게 의식이 생긴 이래 평생 처음으로 요실금을 경험한 사건이었다. 이후 한두 달 동안 때때로 나는 방광의 압력에 대한 반응으로 일어나는 반사적인 요의(의학 용어로 말하자면 배뇨)를 통제하는 데 어려움을 겪었다. 출근길, 정체된 도로에서 오도 가도 못 하고 있다가 연구소 단지에 차

를 세우자마자 가장 가까운 건물로 달려가 화장실을 찾곤
했다.

요의를 억제하지 못하는 것도 혹시 뇌의 기능과 관계가
있을까? 알고 보니 그것은 피질의 배뇨 중추인 전두엽 내측
면의 기능장애와 관련이 있을 수도 있는 증상이었다. 전두
엽에 병변이 있는 뇌졸중 환자는 대부분 요실금이 생기고,[1]
전두엽에 종양이 생긴 환자는 더 이상 요의를 통제할 수 없
는 마지막 순간이 될 때까지 방광이 찬 것을 알아차리지 못
하는 경우가 많다. 요실금은 치매 환자는 물론 노인층 전반
에 흔한 장애다. 여러 가지 요인이 있는데, 그중에는 요도
감염이나 방광염, 전립선 문제 등 뇌 질환과는 무관한 이유
도 있다. 그러나 나와 비슷한 연령대의 누군가에게 요실금
이 생겼다면, 그것은 뇌에 문제가 있다는 신호일 수 있다.

소변을 통제하지 못하는 것은 치매가 아닌 다른 정신질
환의 증상일 수도 있다. 이후 국립정신보건원에서 함께 일
했던 신경학자이자 조현병 연구자인 토머스 하이드Thomas
Hyde 박사는 조현병이 발병하는 아이는 그 병이 생기지 않
는 다른 아이에 비해 방광 통제력을 습득하는 기간이 더 길
다는 가설을 제기했고, 실제로 연구자들은 성인 조현병 환
자가 아동기에 건강한 형제자매에 비해 요실금 비율이 훨

씬 높았다는 사실을 발견했다.[2] 하이드 박사의 견해에 따르면, 많은 조현병 환자가 어린 시절에 방광 통제 기능 결함을 겪는 것은 전전두피질의 성숙이 지체되는 것과 관련이 있다.

나에게 이것은 또 하나의 아이러니다. 조현병에 걸린 것은 아니지만 내가 평생을 바쳐 연구하고 치료하려 애써온 그 병의 진행 과정 일부를 몸소 겪고 있었으니 말이다.

나는 평생 재빠르게 반응하고, 독립적이고, 자신감 넘치며, 고집이 센 사람이었다. 이런 특징들은 이제 말도 안되는 수준까지 확대되어 있다. 나는 늘 서두르고, 아무 생각 없이 하나의 활동에서 다른 활동으로 건너뛰는 사람이 되었다. 집중력은 완전히 엉망이다. 글을 읽을 때면 단어들을 점점 더 빠른 속도로 훑고 넘어가지만 내가 뭘 읽고 있는지 거의 이해하지 못한다. 한 페이지에서 다음 페이지로, 이 이야기에서 저 이야기로, 한 문장에서 다음 문장으로, 한 단어에서 다음 단어로 급히 넘어가면서도 그 의미는 흡수하지 못하는 것이다. 매일 자식들이나 여동생과 통화를 하지만, 단 한 가지 주제에 대한 이야기도 끝까지 마무리하지 않는다. 그들의 말을 문장 중간에서 잘라버리고 엄청나게 중요한 다른 일을 하러 어딘가로 가는데, 해야 하는 그 중요한 일이 무엇인지 알지 못한다. 불안하고 스트레스가 심하다고 느끼지만 그 이유가 뭔지는 모른다. 그리고 카시아와 미레크와 비테크가 나에게 하는 말을 전혀 듣지 않는다. 내가 제일 잘 알아. 아무도 내가 아는 만큼 알지 못해!

어느 날 나는 〈워싱턴포스트〉를 읽다가 재미있는 기사를 발견했다. 어느 고등학생이 아이비리그의 몇몇 학교에서 입학 허가를 받았는데, 알고 보니 학교들의 실수였다는 내용이었다. 나는 미레크에게 이 사연을 들려주었다. 내가 막 읽은 내용에 대한 설명을 마치자 그가 나를 이상한 표정으로 쳐다보았다.

"실제로 일어난 상황은 그거랑 전혀 다른데."[3] 미레크가 부드럽게 말했다.

"내가 방금 읽었어!" 나는 우겼다. "내가 직접 읽은 것도 이해 못 한다고 생각하는 거야?"

"당신이 거꾸로 이해했어. 그 학생은 하버드와 스탠퍼드 모두 자신을 원했다고 주장하지만, 그건 모두 학생이 지어낸 이야기로 밝혀졌어."

"아니, 아니야. 당신이 완전히 잘못 이해했어, 미레크."

내가 화를 내며 고집을 부리자 미레크는 슬픈 미소를

지어 보였다.

새로운 날을 맞이할 때마다 나는 점점 더 깊은 혼란에 빠졌다. 세상이 점점 더 속도를 높이며 내 주위에서 소용돌이를 일으키는 것 같았다. 나는 그 속도를 따라잡기가 힘들었다. 무슨 일이 일어나고 있는지 이해할 수 없었고, 그 뒤를 쫓으며 의미를 파악할 수도 없었다. 세상은 앞으로 질주했고 그러는 동안 나는 뒤로 처졌다.

7월 초, 신문이 내가 그렇게 오랫동안 기다려왔던 자이언트 슈퍼마켓의 새 매장 개장을 알린다. 자이언트가 개업하는 날까지 살아 있으리라고는 생각해본 적도 없었는데.

자이언트는 그사이 나에게 이상한 의미를 띠게 되었다. 이제 그것은 잔인하게 흐르는 시간과 내 존재의 불확실성을, 강한 신체와 운동 능력, 고집스러운 낙관론에도 불구하고 너무나 부서지기 쉬운 내 삶을 상징한다. 사실, 병을 견디는 동안 나는 그 거대한 콘크리트 건물에 대해 분한 마음까지 갖게 되었다.

저 멍청한 매장은 내가 떠난 뒤에도 저기 서 있겠지.

이제 자이언트의 개업을 목격할 만큼 오래 버텨냈으니 거기에 가보는 것은 내게 정말 중요한 일이 되어 있다. 우리 모두는, 그러니까 미레크와 나, 그리고 나를 만나러 와 있는 비테크와 샤이엔과 마리아는 그곳에 가서 축제 분위기를 즐기기로 한다. 그러나 우리가 차를 세우고 차 문을 여는 순간 나는 뒤로 움츠린다. 거대한 사람들 무리, 정면 출입문 안쪽에서 손님들을 환영하는 라이브 재즈밴드의 시끄러운 음악소리에 반감이 든다. 가족들은 내 반응을 눈치채지 못한다. 비테크와 샤이엔과 마리아와 미레크는 그저 신이 나 있다. 내가 기억하는 한 우리는 늘 재즈를 사랑했다. 그들은 서서 밴드의 연주를 지켜본다.

나는 화가 나 씩씩거리며 혼잣말로 투덜댄다.

"대체 무슨 난리람! 음악이 왜 이렇게 시끄러운 거야? 대화도 할 수 없잖아!"

가족들은 내가 이 상황을 얼마나 질색하는지 알아차리지 못한다. 나는 음악소리보다 더 크게 소리를 지르기 시작한다.

"끔찍해! 너무 시끄러워!"

가족들은 놀라 멍해진 얼굴로 나를 진정시키려 애쓴다.

"엄마, 좋은 음악인데 왜 그러세요?" 비테크가 말한다. "저 사람들 연주, 정말 훌륭하지 않아요?"

비테크는 클라리넷과 기타를 연주하고, 하와이에서 1년

동안 커피 농장을 관리하며 지낼 때는 플루트 연주도 배웠다. 비테크의 연주는 듣기 좋다. 비테크가 연주하는 음악은 내 영혼을 달래주며, 짜증 나는 마음을 가라앉힌다. 그러나 이 재즈는 귀를 아프게 하고 마치 굴착기처럼 내 안에 깊은 구멍을 쿵쿵 뚫어댄다. 고통스럽다.

나는 갑자기 달리기 시작한다. 사무실을 찾아 매장을 누빈다. 가족들도 내 뒤를 쫓아 달린다. 비테크와 다른 가족들이 나를 제지하려 애쓰는 와중에 나는 매장 관리자를 만나게 해달라고 요구한다.

관리자가 나타나자 나는 소리친다.

"음악을 멈춰요! 너무 시끄럽잖아요! 음악 때문에 귀가 아파 죽겠어요! 얼른 멈추라니까!"

그녀는 나를 쳐다보더니 이내 가족들 쪽으로 시선을 돌린다. 이어 그녀가 뭐라고 말을 하기도 전에, 나는 돌아서서 뛰쳐나간다.

서둘러 나가다가 밴드 옆을 지나치는데, 그 음악에 신체적 고통이 느껴질 지경이다. 음들이 칼처럼 내 몸을 찌른다.

가족들이 나를 따라잡는다. 차에 올라 문을 닫자마자 순식간에 기분이 나아진다. 훨씬 조용하다. 우리는 침묵 속에서 집으로 차를 몬다. 나는 이미 침착해져 있다.

"무슨 놈의 밴드가 그래!" 나는 농담하듯 입을 연다.

아무도 내 말에 반응하지 않는다.

나의 과다 경계 상태(모든 사건에 내 존재 전체를 다 던져 참여한다는 느낌으로 온몸이 늘 경계 태세를 갖춘 상태)는 스트레스나 불안 때문에 촉발되었을 가능성이 있다. 이런 불안은 다시 더 많은 스트레스와 불안을 야기한다. 거기다 내가 자신과 주변 세상을 더 이상 통제하지 못한다는 어렴풋한 느낌도 상황을 악화시킨다. 그런 통제 상실이 나를 분노하게 한다.

나처럼 감각 과부하에 극단적으로 반응하는 것은 뇌 외상, 자폐증 그리고 다른 여러 뇌 질환이 있는 사람들에게서 흔히 나타나는 현상이다. 정상적인 뇌라면 뇌로 들어오는 감각 정보를 분류해 중요한 것과 무시해도 되는 것의 우선순위를 정한다. 이런 여과 메커니즘이 작동하지 않으면 뇌는 그 모든 정보를 처리하려 애쓰다가 나가떨어질 수 있다. 너무 많은 데이터가 넘치도록 입력된 컴퓨터처럼 말이다. 이런 상태의 뇌는 멀리서 들리는 차 소리나 걸을 때 얼굴을 스치는 바람처럼 무시해도 안전한 것과 잘못하면 나를 들이받을 수도 있는 자동차의 경적처럼 중요한 정보를 더 이상 구분하지 못한다. 이렇게 소음과 시각, 냄새 들이 끔찍하게 뒤죽박죽되니 혼란에 빠질 수밖에 없다. 심한 감각 과부하에 직면하면 내가 자이언트 슈퍼마켓에서 그랬던 것처럼 공황 발작과 유사한 반응을 보이는 경우도 생긴다.

그렇게 달라진 상태로, 나는 나 자신에게 무슨 일이 일어나고 있는지조차 이해하지 못하고 있었다. 사실 과학자들조차 불안이나 스트레스에 대한 반응과 경계를 담당하는 메커니즘을 완전히 이해하기까지는 아직 더 많은 시간이 필요하다. 우리가 아는 것은 주의력결핍 과잉행동장애 ADHD와 외상 후 스트레스 장애PTSD 같은 특정한 정신질환 때문에 그 메커니즘이 붕괴한다는 점, 또한 한 사람이 온갖 종류의 스트레스 요인들로 가득한 삶의 정글을 성공적으로 헤치고 나가도록 안내하기 위해서는 뇌의 여러 영역을 잇는 복잡한 신경 연결망이 제대로 작동해야만 한다는 사실뿐이다.

나의 손상된 뇌에는, 재즈밴드의 연주처럼 즐겁고 지극히 무해한 소리조차 감당할 수 없는 과한 자극이었다.

그날 밤, 미레크와 나는 홈시어터로 개조한 지하실에서 커다란 평면 텔레비전으로 영화를 본다. 우리는 6년 전 내가 유방암으로 화학치료를 받을 때 구입한 편안한 가죽 소파에서 서로를 끌어안고 있다. 우리의 따뜻한 몸은 서로 얽힌 채, 상대의 심장이 뛰는 것이나 폐가 공기를 들이마시는 것까지 느껴질 정도로 가깝게 붙어 있다. 미레크가 나를 꼭 안은 채 내 팔을 쓸어내리고 부드럽게 손을 간지럽힌다.

따뜻하고 다정한 손으로 내 손을 감싼 그에게 편안히 안겨 있으니 안전하다는 기분이 든다. 하지만 내 머릿속 한 구석에서는 낯설지만 그렇다고 불쾌하지만은 않은 혼돈이 소용돌이치고 있다.

검정과 하양―죽음과 삶―하양과 검정―삶과 죽음―검정―검정―검정.

우리는 재즈 가수 니나 시몬Nina Simone에 관한 다큐멘터리 〈무슨 일이 있었나요, 미스 시몬?What Happened, Miss Simone?〉을 보고 있다. 휙휙 날아 지나가는 이미지들…… 폭발적인 음악…… 깊고 강력하면서도 매혹적인 그녀의 목소리……. 나는 최면에 걸린다. 움직일 수가 없다. 나는 이 모든 것을 온몸으로 경험하고 있다. 니나 시몬의 목소리와 그 압도적인 페르소나는 내 눈과 귀로 나를 관통할 뿐 아니라 내 피부까지 뚫고 들어와 온갖 감정을 흘러넘치게 하고 내면을 흔들어놓는다. 나는 홀려버린다. 망가진 내 머리가 소화하기에는 너무 많은 것을 흡수했는지 몸이 덜덜 떨린다.

"당신 듣기엔 소리가 너무 큰가?" 미레크가 묻는다. "소리 좀 줄일까?"

"아니, 아니, 제발 그러지 마! 지금 정말 좋아!" 내가 말한다.

검정과 하양 — 하양과 검정 — 검정, 검정, 검정.

화면의 이미지들은 단색으로 된 만화경처럼 날카로운 가장자리와 겹겹으로 비친 상들의 형태로 휙, 휙, 휙, 점멸하듯 지나간다. 화면에서 전개되는 이야기의 흐름을 잘 따라가지는 못하지만 내가 보고 있는 것에서 나 자신을 떼어낼 수가 없다. 니나 시몬은 아름답고 경이적이며 강력한 동시에 불안정하고, 그 삶은 열정적이고 어둡고 비극적이다. 나는 스스로를 지탱하기 위해 미레크에게 매달리며 나 자신의 임박한 죽음을 생각한다.

검정과 하양, 검정 — 검정 — 검정.

"잠깐만 멈춰줄 수 있어?" 내가 말한다.

그러고는 벌떡 일어나 지하실을 뛰쳐나와서는 두 층을 올라가 내 서재로 달려간다. 책상의 맨 아래 서랍을 열고 미친 듯이 서류더미를 뒤진다.

여기 있다! 찾았어!

나의 의료 의향서다. 여기에 뭔가를 추가해야 한다. 지금 당장. 너무 늦기 전에 빨리. **소생술을 거부합니다.** 당장 이

지시 사항을 추가해야 한다.

나는 펜을 찾고 서류를 뒤적인다. 어디에 그 말을 써야 할까? 나는 애를 써서 힘겹게 문구들을 읽어나간다.

여기, 여기에 쓸 거야.

글을 쓰려는데 '소생'이라는 단어의 철자가 기억나지 않는다. 필체가 흔들려 읽기가 어렵다. 내가 쓴 글자들이 꿈틀거리고 꼼지락거린다. 영어 같지도, 폴란드어 같지도 않고, 다른 어떤 언어로도 보이지 않는다.

나의 필사적인 바람을 전달할 수 없을 것 같아 두렵다.

종말이 다가오고 죽음이 가까이 왔을 때 내 몸을 함부로 건드리지 말고, 상처 입히지 말고, 가만히 내버려두세요. 잔인하게 굴지 마세요. 내 몸이 살기를 그만뒀을 때 억지로 살도록 강요하지 마세요.

나는 의료 의향서에 소생 금지에 관한 메시지라고 여겨질 만한 무언가를 휘갈겨 쓴 다음 서재에서 달려 나온다. 다시 미레크의 따뜻한 품속으로 들어가야 한다. 우리는 오랜 세월을 함께 지나온 훌륭한 팀이다. 나의 이혼과 전남편의 죽음을 함께 겪고, 낯선 나라에서 함께 아이들을 기르며 얼마 안 되는 돈으로 집을 마련해 새롭게 가꾸고, 내가 유방암을 앓던 시기까지 함께 지나왔다. 그리고 이제는 내게 마지막 병이 될 이 병을 앓으며 우리 인생에서 가장 어려운 시기를 함께 지나고 있다.

나는 계단을 몇 칸씩 건너뛰어 아래층으로 내려간다. 이제 준비가 됐다는 기분이 든다. 그런데 무엇에 대한 준비지? 미레크의 곁에 누워 포옹할 준비? 죽을 준비? 아니면 둘 다? 곧 이 암울한 생각을 밀어낸다. 나는 의료 의향서를 수정했다. 무언가 건설적인 일을 했으니 이제 쉬어도 돼.

10

나는 여전히
같은 사람일까

—— 2015년 여름이 계속해서 나를 괴롭히고 주변 세상을 괴롭힌다. 무자비한 더위는 풀들을 죽이고 꽃들 또한 시들어 죽어간다.

유난히 푹푹 찌는 어느 날, 문을 열자 습하고 뜨거운 공기가 훅 몰려들며 얼굴을 때린다. 나를 죽일 수도 있는 거대한 오븐을 연 것 같다. 그러나 나는 죽을 준비가 안 됐다. 문을 쾅 닫고 낮이고 밤이고 에어컨이 돌아가는 시원한 둥지로 후퇴한다. 의사들이 운전을 못 하게 했기 때문에 나는 하루의 대부분을 거실 소파에 앉아 노트북 컴퓨터로 뇌 은행 업무를 처리하거나 추억을 기록하며 보낸다.

내가 복용하는 스테로이드가 뇌의 염증을 가라앉히고 있다. 하지만 그 약은 동시에 몸에 만만치 않은 피해도 입힌다. 평소 마르고 길던 얼굴이 달처럼 동그래졌다. 스테로이드를 복용하는 환자들에게 전형적으로 나타나는 현상이다. 체형도 너무 빨리, 너무 극적으로 달라져 보기만 해도 무서울 지경이다. 내 근육과 운동선수 같던 몸매는 몇 주 만에 사라져버렸다. 몸이 무거워지고 유연성이 사라졌다.

한때 사이클 선수의 허벅지였고 달리기 선수의 종아리였던 다리를 두려운 마음으로 내려다보면 도저히 옛 모습을 찾아볼 수 없다. 너무 여위고 약해졌다. 늘어진 뱃살은 아무리 힘주어 집어넣으려 해도 불룩하게 튀어나온다. 내가 그렇게 자랑스러워했던 수영 선수의 근육, 그러니까 삼두근과 이두근, 활배근, 넓은 견갑근은 자취조차 찾아볼 수 없고, 대신 젤리 같은 지방이 피부를 가득 채우고 있다. 목 바로 아래로 이어진 등 상부에도 지방층이 생겨서 등이 약간 굽은 것처럼 보인다. 옷 사이즈는 몇 주 만에 4호에서 8호로 올라갔다. 지난번의 방사선치료 뒤로는 머리카락도 빠지기 시작했다. 몇 움큼씩 왕창왕창 빠진다. 거울 속의 나를 보는 게 싫다. 지금의 나는 과거의 나를 늙고 대머리가 된 모습의 캐리커처로 바꿔놓은 상태다. 나는 여전히 같은 사람일까? 내가 나라고 인식하는 내가 완전히 지워지려면 여기서 얼마나 더 변해야 할까?

운동은 꾸준히 하고 있지만, 달리기와 자전거 타기 대신 아침 이른 시간과 늦은 오후에 근처 숲을 산책하는 것이 활동량의 대부분이다. 미레크와 함께 장을 보러 가기도 하는데 길을 잃을까, 넘어질까 두려워 그를 꼭 붙들고 다닌다. 내 다리는 나를 제대로 지탱하지 못하고 균형 감각도

무너졌다. 나를 둘러싼 세상은 흔들리면서 초점이 맞춰졌다가 흐트러지기를 반복한다. 이유가 뭔지는 확실히 모르겠다. 그 이유는 뇌에 있을까, 몸에 있을까? 정신의 문제일까, 신체의 문제일까? 어느 한쪽이라고도 단언할 수 없다. 그 둘은 서로 분리되지 않는다.

하지만 나는 낮이고 밤이고 쉬지 않고 글을 쓰고 일할 수 있다. 1월 뇌 수술 후 회복할 때 그랬듯이 스테로이드가 내게 열의를 불어넣는다. 나는 또다시 조증 환자처럼, 무언가에 사로잡힌 사람처럼, 투지에 넘치는 불면증 환자처럼 군다. 운전을 할 수 없기 때문에 나는 집에서 일한다. 동료들과 긴 화상회의를 하고, 보고서를 작성하고, 이메일 답장을 쓰고, 실험 계획을 짜고, 행정 서류를 작성하고, 우리의 연구에 사용할 뇌를 수집하기 위해 시체안치소 측과 약속을 잡는다. 여전히 이런 일들을 할 수 있지만 많은 노력을 쏟아야 한다. 나는 단어들과 과제들을 잊어버린다. 내 뇌는 여전히 고장 난 상태다. 무시무시한 구멍들이 점점이 나 있고, 염증의 구름에 휩싸여 있다. 나는 헤엄을 치듯 실제 세계로 들어갔다 나오기를 반복한다.

그러나 하루하루 지날수록 정신이 맑아지는 순간이 조금씩 늘어간다. 내 뇌에서 무슨 일이 벌어지는 모르지만 정신이 돌아오고 있는 걸 보면 부종이 가라앉아가는 게 틀림없다. 나는 내가 무척 이상한 일들을, 아주 기괴하고 특이한 여정을 거쳐왔다는 사실을 차츰 깨닫는다. 또한 그 여정이 나를 데려간 곳이 정신이상 상태였다는 것도, 이제는 거기서 다시 돌아왔다는 것도 서서히 이해하기 시작한다.

마치 전생에 겪었던 어떤 일처럼, 가장 짙은 인식의 안개 속에 묻혀 있던 일처럼, 최근에 지나간 일들의 이미지들이 의식 표면으로 떠오른다. 나는 일상의 삶과 현실 장악력을 되찾아가는 중이다. 마치 그동안 빠져 있던 검은 구덩이에서 기어 올라와 서서히 주변을 파악하고 태양을 바라보는 느낌이다. 그리고 이제야 그 구덩이가 얼마나 깊었는지 깨닫는다.

나는 미레크와 아이들에게 지난 몇 주에 관해, 내가 어떻게 행동했고, 무슨 말을 했는지, 어떤 점에서 내가 달라졌는지 묻는다. 그들은 그다지 말하고 싶어 하지 않는다. 최소한만 알려준다. 그들은 나의 이상한 행동들과 여전히 도사리고 있는 죽음의 가능성으로 정신적 상처를 입었다. 그리고 나 같지 않지만 나인 척하던 내가, 가차 없이 그들을 비판하고 친밀함도 사랑도 잃어버린 채 혼란에 빠져 화만 내던 내가 또다시 돌아올지 몰라 두려워한다.

하지만 때로 그들은 조심스럽게 내가 무엇을 기억하고 있는지 시험해본다. 지난 두 달이 나에게, 그리고 그들에게 어떤 시간이었는지를 내가 기억하는지 알아보려는 것이다. 비테크는 우리가 얼마 전 걸어서 약국에 다녀왔던 이야기를 꺼낸다.

"기억나요, 엄마? 바로 30분 전에 봤던 쓰러진 나무를 처음 보는 것처럼 굴었던 거 말이에요."

처음에 나는 아무것도 기억나지 않았다.

내가 거기 간 적이 있었나? 언제 그런 일이 있었지? 그게 정말 나였다고?

나는 눈을 감고 집중한다. 눈을 꼭 감고 뇌를 열심히 굴리자 잊고 있던, 내 삶을 감싼 층들이 한 꺼풀 한 꺼풀 벗겨지기 시작한다. 거대한 폭풍우가 지나간 뒤의 습한 냄새가 느껴지고, 부러진 가지와 파편이 흩어져 있는 길을 따라 걸어가던 나와 비테크의 모습이 머릿속에 그려진다. 조지타운대학병원 현관에 장식된 표어가 머리에 떠오른다. **우리는 모두 부서졌고, 빛은 그 틈으로 들어온다**We are all broken, that's how the light gets in. 그 표어가 마음에 강렬하게 와 닿아, 나는 혼잣말로 이렇게 속삭인다. "내 뇌는 모두 부서졌고, 빛은 그 틈으로 들어온다."

지난 두 달의 기억들이 서서히 되돌아오고 있다. 내 정신의 귀퉁이에 겁먹은 작은 짐승처럼 숨어 있던 그 기억들은 먼저 지반이 튼튼한지 시험해본 다음, 손상된 뇌의 주름 속에서 조심스럽게 밖을 내다보며 모습을 드러낸다. 열심히 노력을 기울이자 마침내 아들이 말하는 장면이 떠오르고 언급한 사물들이 보인다. 나무의 줄기, 보도, 손상된 자동차까지. 나는 점점 더 많은 사건을 기억해낸다.

그러나 이상하게도 그 당시 느낀 감정들은 온전히 되살려낼 수가 없다. 내가 어떻게 반응했고 무엇을 느꼈는지는 기억하기가 훨씬 어렵다. 그리고 자주는 아니지만 가족들이 기묘한 사건에 관해 말해줄 때, 나는 주의 깊게 귀를 기울이기는 하지만 그들이 묘사하는 사실과 그들이 경험했던 마음의 동요를 좀처럼 연결시킬 수가 없다. 감정이 전혀 기억나지 않는다. 마치 감정적 기억은 어딘가 다른 장소에 자리 잡고 있고, 내가 아직 그곳까지는 접근하지 못한 것처럼. 어쩌면 그 감정들은 내 뇌에 전혀 기록되지 않았던 것인지도 모른다.

미레크가 묻는다.

"우리가 당신을 병원에서 데려온 날, 그 끔찍했던 저녁 식사 기억나? 당신이 텅 빈 눈빛과 싸늘한 표정, 신랄한 말들로 내 마음을 얼마나 아프게 했는지. 정말 너무 고약하고 너무 차가웠어."

나는 열심히 기억을 더듬으며 세부적인 사항들을 묻는다. 그날 저녁 내가 무엇을 만들었는지, 우리가 어디에 앉아 있었는지, 누가 무슨 말을 했는지.

"카시아와 나는 식탁에서 일어나 주방으로 가서 울었어. 평소와 너무 다른 당신을 보는 게 견딜 수 없더라고. 당신이 영원히 사라졌다고 생각했어." 벅찬 감정으로 미레크는 목멘 소리를 낸다. "당신을 보고 있자니 안데르센 동화 〈눈의 여왕〉에 나오는 어린 소년 카이가 떠오르더라니까."

남편의 눈에 눈물이 가득 고인다. 다시 한 번 뇌를 쥐어짜니 수년 전 영화에서 본 장면 같은 이미지들이 떠오른다.

그래, 그 저녁, 기억나. 내가 요리를 했는데 기대한 대로 만들어지지 않았지. 그날 저녁에는 뭔가 이상한 점이 있었어. 그런데 그게 뭐였지? 내가 고약하고 차가웠다고? 그들이 울었다고? 그들이 슬퍼했었나? 기억이 안 나. 혹시 또 다른 나한테, 그러니까 완전히 다른 사람한테 일어난 일은 아닐까?

하지만 카이라는 어린 소년의 이야기는 기억난다. 어린 시절 그 동화를 처음 읽었을 때, 나는 그 이야기가 너무 무서웠다. 카이와 게르다라는 두 아이가 동화답게 행복하게 살고 있었지만, 아름다움을 추함으로 바꾸는 사악한 도깨비가 자신의 마법 거울을 깨뜨리면서 두 아이의 행복도 깨진다. 수억 조각의 유리 파편들이 전 세계에 흩어지고, 그 파편 중 하나는 카이의 심장에, 또 하나는 눈에 박힌다. 그러자 카이의 심장은 얼음덩어리로 변하고 눈은 악한 것만을 보게 된다. 카이는 잔인하고 공격적인 사람으로 변한다. 게르다와 자신의 사랑하는 가족을 버리고 영원히 겨울이 계속되는 눈의 여왕의 궁전에서 살기로 선택한다.

심술궂은 도깨비가 내 뇌에 거울 조각 하나를 심어놓고 내가 사랑하는 사람들에게 무심해지도록 만든 게 틀림없어. 도깨비가 나를 냉담하고 사랑 없는 캐리커처로 바꿔놓았던 거야.

이제 나의 얼음 심장이 녹기 시작했고, 나는 천천히 기어서 삶으로 돌아가고 있다. 꿈 같은 기억들을 한 번에 하나씩 되찾아가면서.

이 기억들이 돌아오는 건 어찌 된 영문일까?

다양한 종류의 부상을 입고 공격을 당한 후에도 스스로 치유하는 뇌의 놀라운 능력. 과학자들과 의사들도 놀라는 현상이다. 심각한 뇌 손상을 입은 환자도 때로는 거의 완전하게 회복한다. 훌륭한 의술과 치료가 뇌 손상으로부터 회복하는 데 도움을 주는 것은 분명하지만 그 치유 과정이 어떻게 이루어지는지는 여전히 미지의 영역이다. 2013년에 시작된 오바마 전 대통령의 브레인 이니셔티브BRAIN Initiative[1]는 뇌가 부상이나 질병으로부터 어떻게 회복하는지를 포함해 뇌에 관한 우리의 이해를 혁명적으로 확장하는 것을 목표로 삼는다. 그러나 솔직히 말하자면, 스스로 치유할 수 있는 뇌의 능력은 사실상 기적에 가까운 일로 여겨진다.

신체 다른 부위의 세포들은 끊임없이 새것으로 교체되지만 이와 달리 뉴런은 원칙적으로 재생되지 않는다. 생쥐를 사용한 실험을 통해 기억을 저장하는 영역이자 알츠하이머병이 가장 먼저 영향을 미치는 뇌 영역 중 하나인 해마에서 제한된 수의 새 뉴런이 자라날 수 있다는 사실이 밝혀지긴 했어도 그 수치는 의미 있는 수준이 아니며, 새로운 뉴런들이 온전히 기능할 정도로 자라는지의 여부도 분명하지 않다. 게다가 생쥐가 아닌 인간의 해마에서도 같은 일이 일어나는지는 우리는 알 수 없었다. 우리가 아는 건, 전전두피질처럼 사고 능력에 결정적인 역할을 하는 주요 뇌 영역에서는 유아기나 어쩌면 그보다 더 이른 시기에 생겨난 뉴런이 평생 한결같이 유지된다는 사실이다.

삶의 시작부터 끝까지 동일한 뉴런을 유지하기 때문에 우리가 스스로를 '나 자신'이라고 여길 수 있는 것인지도 모른다. 그러나 뇌세포들 사이의 연결과 뇌 영역들 사이의 연결은 달라질 수 있다. 어떤 연결은 더 강해지고 어떤 연결은 시들어가고 어떤 연결은 손상을 입는다. 뇌의 한 영역이 손상을 입으면 세포들 사이의 새로운 연결이 생성되어 장애가 생긴 기능의 일부 또는 대부분을 회복하도록 돕는다. 하지만 이런 과정이 우리 존재의 본질까지 바꿔놓는 것일까?

사람이 평생에 걸쳐서, 심지어 정신적 외상을 입고 심각한 질병에 걸린 뒤에도 좀처럼 잘 변하지 않는다는 사실이 나는 늘 놀랍다. 뇌의 3분의 1이 심하게 부었을 때도 나는 대체로 나 자신이었고, 나 자신의 한 버전이었다. 계속 회복해가는 지금도 나는 여전히 나 자신이다. 그러나 종양과 방사선치료, 뇌부종 또한 모두 내 뇌와 성격에 각자의 흔적을 남겨놓았을지 모른다. 그것들은 흉터를 남길 수 있고, 뇌에 오래도록 남는 손상을 초래할 수 있다. 뇌에 방사선치료나 화학치료 혹은 면역치료를 받은 사람들은 기억 문제를 포함해 계속 진행되는 인지 문제를 겪을 수 있다.

누군가 내게 상태가 어떠냐고 물으면(이 질문은 내 뇌가 예전처럼 작동하느냐는 뜻이다) 나는 "전과 똑같이 작동한다"고 말한다. 하지만 그게 정말일까? 주의 지속 시간이 짧아진 것 같을 때가 많고 전보다 훨씬 쉽게 피곤해진다. 집중하기도 더 어렵다. 예전처럼 빨리 달리거나 수영하거나 자전거를 탈 수 없고 균형 감각도 예전만 못하다. 가족들에게 내가 변했느냐고, 어떻게 변했느냐고 물어보면 그들도 확실히 모르겠다고 대답한다. 하지만 이 시련이 우리 모두에게 영향을 끼쳤다는 것만은 명백하다. 그것이 나를 늙게 했고 가족들까지 늙게 했다는 점에는 의문의 여지가 없다.

스테로이드가 뇌부종을 가라앉히고 방사선치료가 눈에 보이는 종양들을 죽이고 있다는 사실에 안도하면서도, 가족들과 나는 여전히 내 몸속에 흑색종 세포들이 도사리고 있음을 첨예하게 의식한다. 새 종양들은 더 자랄 가능성이 크고, 아마 곧 그렇게 될 것이다. 그것들은 걷잡을 수도 통제할 수도 없이 퍼져나가 단정하게 가꾼 꽃밭을 침범하는 잡초들처럼 내 뇌를 차지할 것이다. 나는 방사선치료와 두 가지 약물을 조합한 면역치료를 포함해 다양한 치료를 받았지만, 아직 더 많은 치료가 필요하다. 어쩌면 존재하는 모든 종류의 치료가 필요한지도 모른다.

그래서 앳킨스 박사는 표적치료를 추가했다. 흑색종 발견 초기에도 제안받았던 표적치료가 이제는 마지막 선택지로 내 앞에 놓여 있다. 몇 가지 새로운 약물에 관한 연구가 진행 중이라는 소식을 듣기는 했지만, 지금으로서 내가 시도할 수 있는 방법은 표적치료뿐이다. 앳킨스 박사의 말에 따르면, 나는 즉시 트라메티닙trametinib과 다브라페닙dabrafenib을 병용한 표적치료를 받아야 한다. 구체적으로 말하자면 이 두 약물은 흑색종과 관련된 BRAF라는 특정 유전자의 돌연변이를 표적으로 삼으며, 트라메티닙은 MEK1 단백질과 MEK2 단백질을 억제하고 다브라페닙은 BRAF 단백질을 억제한다. 세 단백질은 모두 동일한 세포 신호 전달 경로에서 작용하는데, 이 전달 경로가 과도하게 자극되면 흑색종 세포는 통제할 수 없이 성장하고 증식한다. BRAF V600E와 BRAF V600K라는 두 가지 돌연변이가 흑색종 환자에게서 발견되는 BRAF 유전자의 돌연변이 가운데 95퍼센트 이상을 차지한다. 흑색종 환자의 BRAF 유전자에 돌연변이가 일어나지 않았다면 그는 정상형 BRAF 유전자를 갖고 있다는 뜻이며, 그럴 경우 이 약물들로부터 도움을 받을 수 없다. 그 사람의 흑색종은 이 약물들이 작용하는 경로가 비정상적으로 과잉 활성화된 결과가 아니기 때문이다.

2015년 3월, 후두피질에 생긴 종양을 제거한 직후 유전자 검사를 실시한 결과 내 종양은 흑색종 종양에 5퍼센트 이하의 확률로만 나타나는 매우 드문 돌연변이인 BRAF A598T라는 돌연변이를 갖고 있는 것으로 밝혀졌다. 유전체 내에서 이 돌연변이는 상대적으로 더 흔한 BRAF V600E와 BRAF V600K 돌연변이와 매우 가까운 곳에 위치하고 있으므로, 그 두 돌연변이처럼 결함 있는 BRAF 단백질을 만들 가능성이 있었다. 그러나 확실한 건 누구도 알 수 없었다. 만약 내 돌연변이가 흔한 다른 돌연변이들과 똑같이 행동한다면 BRAF, MEK1, MEK2 단백질을 억제하는 약물들이 흑색종 세포에서 일어나는 혼란스러운 활성화도 차단해 증식을 멈출 수 있을 터였다. 어쨌든 계획상으로는 그랬다. 우리는 두 약물의 병용 치료가 내 암을 끝장내주기를 소망했다.

이 신약들이 내 삶의 마지막 기회 같았다. 그 약들은 투과하기 어려운 혈뇌장벽을 쉽게 뚫고 뇌에 도달할 수 있을 만큼 작은 분자로 이루어져 있다. 이와 달리 면역치료에 사용하는 항체는 경구를 통해 복용할 경우 우리가 먹는 다른 단백질 식품처럼 재빨리 소화되기 때문에 정맥주사로 혈류에 직접 주입해야 한다. 또한 면역치료 약물들은 사실 뇌로 들어가는 것이 아니라 뇌에 도달할 수 있는 면역세포(T세포)를 수정하는 역할을 한다. 트라메티닙과 다브라페닙은 아주 평범해 보이는 알약 형태라 정맥주사보다 훨씬 간편하다. 약물을 주입받기 위해 병원에 갈 필요도 없다.

그러나 이 약들을 나의 희귀한 돌연변이에 사용하는 것은 아직 식품의약청의 승인을 받지 못했기에 우리는 그 비용 지불과 관련해 보험사를 설득해야만 했다. 약들이 내게 효과가 있으리라는 과학적 증거가 매우 희박하기 때문에 무척 힘겨운 과정이 될 것 같았다. 게다가 치료비도 수십만 달러에 달하는 엄청난 액수가 될 터였다. 앳킨스 박사는 보험사가 자신의 첫 번째 요청은 거부할 거라고 예측했고, 며칠 뒤 그의 말대로 되었다. 그러자 제이크의 부모님이 그 약에 대한 비용을 전액 내겠다고 제안해왔다. 폴란드에 있는 미레크의 어머니도 노후를 대비해 모아둔 돈을 우리에게 보내고 싶어 하셨다. 그러나 앳킨스 박사는 기다려보라고 말했다. 그는 내게 그 약을 무료로, 혹은 최소한의 비용으로 제공할 만한 과학적 근거를 찾으리라는 희망적인 기대를 갖고 있었다.

앳킨스 박사는 내가 가진 희귀한 BRAF 돌연변이의 경우 이 약물들로 치료하는 것이 어째서 합당한지 그 이유를 자세히 설명하는 편지를 썼다. 우리는 하루를 기다렸고, 이틀을 기다렸다. 그리고 또 하루. 나흘째인가 닷새째 되던 날, 앳킨스 박사가 내게 전화를 걸어 왔다. 제약회사가 약물의 "온정적 사용"을 위해 나에게 그 약을 제공하기로 동의했다는 것이다. '온정적 사용'이란 선택할 만한 다른 방도가 하나도 없는 환자에게 승인되지 않은 신약을 사용하는 것을 뜻한다. 아마 이 정도로 바꿔 말할 수 있을 것이다. **'어차피 그 사람은 죽을 테지만, 이 약이 도움이 될 수도 있다는 미미한 가능성이나마 있긴 하니 마지막 지푸라기라도 잡는 심정으로 시도해 보죠.'** 치료비는 무료였다.

며칠 뒤 나는 상자 두 개를 받았다. 하나는 미니 냉장고만 한 것으로 아주 값비싼 꿈의 약물 트라메티닙과 얼음이 가득 차 있었고, 더 작은 상자에는 다브라페닙이 들어 있었다. 신이 난 나는 그 상자들의 사진을 찍었다. 얼마나 기쁜지, 꼭 7월의 크리스마스 같았다.

효과가 있어야 해. 아무 효과도 못 보고 끝나버리기에는 너무 비싼 약이잖아.

나는 당장 첫 복용분을 삼켰다. 그러고서 기다렸다.

별 효과라 할 만한 것 없이 며칠이 지난다. 그러다가 발진이 생긴다.

피부 염증은 트라메티닙과 다브라페닙 병용 치료의 가

장 흔한 부작용 중 하나다. 이 두 약을 복용하는 환자의 절반 이상이 경험하는 반응. 둘을 함께 복용하면 각각의 약을 따로 복용할 때보다 독성이 더 강해진다. 느닷없이 나타난 유일하게 즐거운 부작용도 하나 있는데, 속눈썹이 아주 길고 풍성하고 새카맣게 자라더니, 아래 속눈썹은 뺨 윗부분을 스칠 정도로 길어진 것이다.

나는 스테로이드로 인한 불면증 때문에 밤에 두세 시간 정도밖에 자지 못한다. 그래서 아주 피곤하고 자주 선잠이 든다. 점점 불어나는 나의 약품 무기고에 진정제와 수면제도 추가한다. 그런데도 매일 파워워킹을 이어간다. 햇빛과 더위를 피하기 위해 아침이나 해질 무렵 13킬로미터나 걷는다. 발진이 생기고 피부가 너무 건조해 수영은 할 수 없지만, 때때로 이른 아침에는 자전거를 타고 가끔은 한 시간 반 동안 쉬지 않고 타기도 한다. 암과의 장기전에서 언제라도 전투를 치를 준비를 하는 병사처럼, 나는 체력을 유지하겠다는 단호한 결심을 지킨다.

7월 중순이 되자 발진이 예상하지 못한 기세로 폭발하듯 증가한다. 몸의 넓적한 부위마다 보기만 해도 무시무시한 붉은 띠로 뒤덮인다. 마치 피부에 불이 붙은 것만 같다. 앳킨스 박사는 다브라페닙의 용량을 반으로 줄인다. 트라메티닙보다는 다브라페닙이 발진을 초래할 가능성이 더 크기 때문이다. 그러고서 며칠 뒤, 그러니까 내 모든 희망이 걸려 있던 그 약을 복용한 지 2주가 채 지나지 않아, 앳킨스 박사는 내게 복용을 멈추라고 지시한다. 온몸이 끔찍한 반점들로 뒤덮였기 때문이다. 이 정도로 통제가 안 되는 발진은 실제로 내 목숨을 위태롭게 만들 수도 있다고 그는 말한다.

그래도 정신은 제대로 작동하는 것 같다. 나는 글을 읽을 수 있고, 메모할 수도 있고, 직장 동료들과 화상회의를 할 수도 있다.

나는 삶으로 돌아가고 있다. 그래도 나와 가족들은 내 정신이 붕괴했던 시기에 겪은 일에 관해서는 좀처럼 언급하지 않는다. 아무런 경고도 없이 그런 상태가 다시 돌아올까봐, 우리는 두려워하고 있다.

7월 21일, 또 한 번의 뇌 스캔이 예정되어 있다. 뇌부종과 새로운 종양들의 존재를 알린 6월 19일의 비참한 MRI 이후 처음으로 받는 뇌 스캔이다. 이상하게도 나는 다가오는 이 검사가 걱정되지 않는다. 어차피 다시금 나쁜 소식을 듣게 되리라 생각하고 체념한 채, 죽음에 대비한 준비를 계속해나갈 뿐이다. 옷장과 서랍을 청소하며 평생 함께한 물건들을 정리한다. 그러나 온갖 암울한 근거에도 불구하고 내 내면 깊은 곳에서는 기적을 바라고 있다.

7월 21일, MRI를 실시하고 몇 시간 뒤, 미레크와 카시아와 나는 롬바르디종합암센터의 한 방에 모여 앳킨스 박사의 판결을 기다린다. 긴 기다림이다. 어느새 늦은 오후에 이르렀고, 우리는 모두 몹시 지쳐 있다. 극심한 불안에 사로잡힌 탓에 서로 말도 주고받지 않는다. 손톱을 물어뜯고 심호흡을 하고 한숨을 내쉬며 각자 먼 곳만 응시하고 있다.

마침내 앳킨스 박사가 방으로 들어온다. 그는 환하게 웃고 있다.

"정말 좋은 소식입니다!" 그가 말한다. "효과가 있었어요!"

우리가 그의 말을 채 이해하기도 전에 박사는 말을 잇는다.

"종양이 모두 상당히 줄어들거나 완전히 사라졌고, 뇌에 새 병변은 전혀 생기지 않았어요. 트라메티닙과 다브라페닙의 병용 치료가 성공한 겁니다!"

나는 이 엄청난 희소식에 초점을 맞추는 대신 시시비비를 따지기 시작한다.

"앳킨스 박사님, 그걸 어떻게 확신하죠? 어떤 근거로 내 상태가 호전된 것을 다브라페닙과 트라메티닙 덕으로

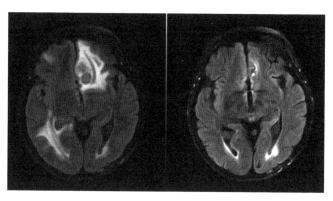

6월 19일의 뇌 스캔(좌)과 7월 21일의 뇌 스캔(우). 부종을 의미하는 흰색 영역이 급격히 감소했고, 전두피질에 있는 것까지 포함해 종양들도 거의 사라졌다.

돌리시는 거죠? 그 약들을 복용한 기간은 아주 짧아요. 그렇게 빨리 효과가 나는 게 가능한 일일까요? 면역치료와 방사선치료, 혹은 그 둘에 표적치료가 더해져서 효과를 냈을지도 모르잖아요. 아, 맙소사, 우리는 확실한 답을 알 기회를 놓쳤어요! 어떤 게 진짜 마법의 총알이었는지 결코 알 수 없게 됐어요!"

앳킨스 박사는 쓸데없는 생각이라는 듯 희미하게 미소 짓는다.

"어떤 것이 효과를 냈는지 난 관심 없고 립스카 박사님도 그런 데 신경 쓸 필요 없어요." 그가 말한다. "종양들이 사라지고 있어요. 우리는 그 사실에 감사해야 해요."

물론 나는 감사한다. 하지만 내 안의 과학자는 약이 오른다. 아마 과학자들만이 이런 내 마음을 이해할 수 있으리라. 나는 이 유일무이한 실험, 나 자신을 대상으로 한 이 실험을 성공으로 이끈 요인이 무엇인지 정확한 답을 얻지 못한 것이 못내 불만이다.

앳킨스 박사가 컴퓨터로 뇌 스캔을 보여주자, 카시아는 그 변화에 깜짝 놀란다.

"정말 급격한 변화네요. 종양이 거의 다 사라졌어요."

나는 그 영상을 보지 않는다. 내 병든 뇌의 사진을 본다는 건 생각만으로도 움츠러든다. 미레크와 나는 말없이 앉아 있을 뿐이다. 행복한 마음을 표현하기에는 그간의 정신적 상처가 너무 크다. 이날은 경이로운 도약의 날로 기록되지만, 아직 우리는 그 도약을 완전히 확신할 마음의 준비가 되어 있지 않다.

이튿날인 7월 22일 아침, 미레크는 일기장에 짤막하게 기록한다. **우리는 우리가 할 수 있는 최대한으로 그 소식을 기뻐했다.**

그다지 중요하지 않은 일에 대한 주석 같은 무덤덤한 일기다. 진실을 말하자면, 우리는 모두 일종의 충격에 빠진 상태다. 우리의 감정은 몇 달 동안 맹공을 받아왔다. 다들 내가 죽으리라 예상했고, 그러다 일종의 사면이 주어졌는데, 이윽고 나쁜 소식들이 또 찾아들었고, 이제 또 한 번의 유예를 받은 셈이다. 종양이 사라졌다니.

우리 중 그날 다른 어떤 일이 있었는지 기억하는 사람은 아무도 없다.

앳킨스 박사는 그렇게 극적인 효과가 나타난 것이 다브라페닙과 트라메티닙의 병용 치료 덕분이라 믿었고, 그래서 내게 다브라페닙을 용량을 절반으로 줄여 다시 복용하라고 권했다. 다음 며칠과 몇 주는 새로운 부작용들이 나타나 힘들었다. 손과 입술과 얼굴에 출혈을 동반한 염증이 생긴 것이다. 밤에 자다 깨어나 화장실에 가보면 거울에 비친 모습이 무시무시했다. 입술에서 난 피가 입가와 목으로 흘러내려 말라붙어 있었다. 꼭 밤새 열심히 활동한 뱀파이어 같았다. 베개와 침대 시트에도 피 얼룩이 묻어 있었다. 발은 건조하고 갈라져서 한 걸음 한 걸음 내디딜 때마다 아팠고 뒤꿈치에서도 피가 났다.

어떤 날 밤에는 열이 섭씨 39.5도까지 올라갔고, 그런데도 몸에 심한 한기가 들어 한여름인데도 두꺼운 누비이

불 두 장에 담요를 몇 장이나 포개 덮고 머리에는 회색 털모자를 쓰고 잤다. 덜덜 떨다가 침대에서 떨어질 뻔하기도 했다.

더 나쁜 일도 기다리고 있었다. 어느 날 아주 이른 아침 미레크가 지하실에서 운동을 하다가 쿵 울리는 이상한 소리를 듣고 계단을 달려 올라왔다. 그는 욕실 바닥에 의식을 잃고 쓰러져 있는 나를 발견했는데, 내 몸은 땀에 젖어 미끄러웠고 파자마도 흠뻑 젖어 있었다. 정수리에서는 피가 흐르고, 옆에 의자가 넘어져 있었다. 내가 기절을 하면서 타일이나 돌로 된 바닥에 머리를 찧은 모양인데, 미레크로서는 어느 쪽인지 알 수가 없었다. 나는 금방 정신이 돌아왔지만 무슨 일이 일어났는지는 전혀 기억하지 못했다. 그때부터 미레크는 내 상태가 심각해졌을 때 자신이 소리를 들을 수 있도록 집 안의 모든 문을 열어두어야 한다고 고집했다.

앳킨스 박사는 내가 다브라페닙과 트라메티닙의 복용을 중단해야 한다고 판단했다. 약물을 끊자 내 피부는 나아졌고 기분도 좋아졌다. 그리고 2주 동안 아무런 치료도 받지 않았는데 9월 1일에 실시한 다음 MRI에서도 새 종양은 보이지 않았다. 예전 종양들도 더 많이 쪼그라들거나 완전히 사라져 있었다. 나는 6주에 한 번씩 뇌 스캔을 받았다. 이후 몇 달에 걸쳐 작은 종양 몇 개가 나타났지만 모두 사이버나이프 방사선치료를 받았다. 그 종양들은 조금 자라다가 쪼그라들었다. 앳킨스 박사는 이제 다브라페닙은 그대로 두고 트라메티닙만 다시 복용하라고 지시했다.

2015년 가을 내내, 계속해서 발진이 생기고 손과 팔과 정수리에서 출혈이 있었다. 그래도 나의 인격만큼은 이 모든 일이 시작되기 전으로 돌아온 것 같았다. 이제는 동네를 걸어 다니다가 길을 잃는 일도 없었다. 좋아하는 요리들을 조리하는 법도 기억해냈다. 가족들에게 끊임없이 쏘아붙이는 짓도 그만두었다. 평소의 나답게 다정한 태도로 매일 카시아와 마리아와 통화했다. 미레크와 나는 친구들을 초대해 편안하게 식사를 함께했다. 손자들이 찾아왔을 때는 그 애들과 행복한 시간을 보냈다.

시간이 지나면서 미레크는 지난 6월과 7월에 내가 어떤 행동을 보였는지 조금씩 들려주었다. 자신이 알던 예전의 나와 너무 달라서 마치 내 자아의 그림자만 남은 것 같았다고, 진짜 나는 영원히 사라졌을까봐 모두들 얼마나 걱정했는지 모른다고.

나는 가족들에게 다시는 그렇게 고약하게 굴지 않겠다

고, 절대로 그런 일은 없을 거라고 약속했다. 그러나 마음 속으로는 알고 있다. 만약 뇌가 또다시 내 기대를 저버린다면, 그것은 지키지 못할 약속이 되리라는 걸.

이따금 나는 다시 제정신을 잃어버린 척, 내가 어디 있는지 모르는 척, 멍청한 장난을 치기도 했다. 미레크는 웃지 않았다. 그것이 잔인한 장난이라는 걸 깨닫고 그런 짓을 그만뒀다. 따지고 보면 실제로 벌어진 일을 목격하지 않은 유일한 사람이 바로 나였다. 어떤 면에서는 가장 덜 고통받은 사람인 셈이다.

적극적인 암 치료와 반복되는 뇌 스캔의 고통, 다시 새로운 종양이 발견되지 않을까 하는 불안을 견디며 1년을 보낸 뒤 2016년 1월 어느 날, 나는 거실 소파에 앉아 있었다. 팔은 부어서 물렁물렁했다. 유방암 때문에 생겼다가 흑색종 면역치료로 악화된 림프부종 탓이다.

왜 일찌감치 이 문제를 해결하지 않았지? 내가 이런 문제를 그냥 방치해왔다니 믿을 수가 없어.

나는 인터넷 검색을 통해 림프부종 전문 물리치료사가 있는 가까운 클리닉을 찾아보았다.

아, 가까운 이노바페어팩스병원에 한 군데 있네.

전화를 들고 클리닉 사무실로 전화를 걸었다. 접수원

이 며칠 뒤인 1월 15일로 일정을 잡아주었다. 나는 그날이 오기만을 인내심 있게 기다렸다.

1월 15일 아침, 나는 네비게이션을 이용해 이노바페어 팩스병원을 찾아가 주차장으로 들어섰다. 빈 주차 공간이 없어서 제일 위층까지 올라가 차를 세웠다. 나는 차에서 내려 주위를 둘러보았다.

아주 익숙한 느낌인데…….

언젠가 이곳에 와본 적이 있는 듯한 묘한 기분이었다. 하지만 그게 언제였는지는 기억이 나지 않았다.

나는 계단으로 1층까지 내려가서 표지판을 따라 병원 건물을 찾아갔다. 올라갔다 내려갔다, 왼쪽으로 갔다 오른쪽으로 갔다, 길은 아주 복잡했다. 이 복도, 이 엘리베이터, 이 표지판…….

전에 여기 왔었나?

한 걸음 한 걸음 내디딜수록 뭔가 거북하고 수수께끼가 숨어 있는 듯한 느낌이 점점 더 강해졌다. 마침내 대기실의 접수 데스크에 도착했다. 흐릿한 기억 속에서 이 장소가 떠오르는 것 같기는 한데, 내가 어떤 상황에서 왔었는지는 기억나지 않았다. 잠시 뒤 내 이름을 부르는 소리가 들리고, 고개를 드니 문간에 서 있는 한 여자가 보였다.

"이럴 수가, 당신이군요!" 그녀의 목소리가 높아졌다. "절대로 다시 오지 않을 줄 알았는데."

어렴풋이 그녀를 알아볼 것 같았다. 그리고 서서히, 마치 전생의 기억이 떠오르는 것처럼, 테리사라는 그녀의 이름이 기억났다. 치료실로 들어가니 그곳 역시 흐릿하고 불분명하지만 예전에 와본 곳임을 알아볼 수 있었다.

테리사는 내게 그동안 어떻게 지냈는지, 왜 다시 왔는지 물었다.

나는 설명하려고 노력했다. 내 병과 그간의 치료에 관해, 뇌에 생긴 종양에 관해 이야기했다. 바로 조금 전까지만 해도 내가 전에 이 병원에 왔던 기억이 전혀 없었다고, 그녀의 얼굴과 이름은 떠오르지만 나머지는 별로 생각나는 것이 없다고도 털어놓았다.

그녀가 미소를 지었다.

"우리 모두 당신이 절대로 다시 오지 않을 거라고 확신했어요." 테리사는 이렇게 입을 열었다. "지난번에 왔을 때 당신은 무척 화를 내며 우리의 충고를 무시했거든요. 우리가 당신을 다시 볼 일은 절대 없을 거라고 직원들에게 얘기했죠."

내가 몸을 움츠리자 그녀는 재빨리 덧붙였다.

"다시 오셔서 정말 기뻐요."

그제야 기억들이 몰려들었다. 그녀에게 시비를 걸었던 일, 무례하고 장황하게 비난을 퍼부었던 일, 그녀의 말을 듣지 않았던 일이 모두 떠올랐다. 화를 내며 박차고 나갔던 것도 기억났다. 나는 연거푸 사과했다. 내가 했던 행동들을 생각하니 끔찍한 기분이었지만, 테리사는 그런 나를 위로했다.

"이해해요." 그녀가 친절하게 말했다. "자신에게 맞지 않는다고 느껴 치료를 거부하는 환자는 늘 있어요. 차라리 고통을 감수하는 편이 낫다고 생각하는 거죠."

그러면서 테리사는 내 팔을 살펴보았다.

"다시 시작해보죠."

나는 12회의 개인 트레이닝 세션에 등록했고, 다음 두 달 동안 테리사의 지도를 정성껏 따랐다. 내 팔에 붕대 감는 법을 배우고, 내게 필요한 림프부종용 특수 압박 소매를 주문했다. 테리사가 지시하는 모든 것을 했고, 그러자 팔 상태는 급격히 개선됐다. 어느 날은 테리사가 싱긋 웃으며, 내가 자기 환자들 중 "가장 많이 좋아진" 환자라고 말했다.

나의 회복을 위해 함께 노력하면서, 테리사와 그녀의 동료들은 나의 절친한 친구들이 되었다. 마침내 트레이닝 세션이 끝났을 때 우리는 눈물을 글썽이며 작별의 포옹을 나누었다.

이제 나는 그 시기에 일어났던 다른 일들도 흐릿하기는 하지만 차츰 기억해내기 시작한다. 우리 집을 찾아왔던 해충 방제 회사의 젊은 직원도, 스프레이에 어떤 화학물질이 들어 있는지 대답하지 못했다고 화를 내며 내가 그를 해고하겠다고 했던 일도 기억난다. 길을 잃고 온몸에 소변을 묻힌 채 다녔던 날도 떠오른다.

그리고 나에게 살구버섯의 의미는 영원히 망쳐졌다. 내가 제일 좋아하는 버섯이자 정말 좋아하는 요리 중 하나였고, 폴란드와의 정서적 연결 고리로 내 유년 시절의 특별한 부분을 차지하고 있던 살구버섯이었는데 말이다. 이제는 살구버섯이라는 단어조차 큰 소리로 입에 올리기 어렵다. 살구버섯의 이름만 들어도 나는 공원에서의 그 끔찍한 날로 되돌아간다. 그 일은 나뿐 아니라 가족들에게도 일종의 트라우마를 남겼다. 그날 나의 행동이 정신적 붕괴 과정의 일부였음을 깨달은 뒤로는 살구버섯이라는 말을 들으면 곧장 정신을 잃는 상황이 떠오르게 되었다. 다시 그런 일이 일어날까 두렵다. 이것은 매일 나를 따라다니는 공포다.

그 사건 이후 거의 1년이 지나서야 마침내 그 일에 관한 대화를 감당할 수 있게 된 미레크는, 그날 아침 내가 12킬로미터가 넘는 공원길을 활보하는 것이 안전하지 않을 것 같아 걱정이 되었다고 털어놓는다. 그랬지만 내가 괜찮다고 우기자 나를 믿어도 될 이유가 충분하다고 판단했다는 것이다.

2015년 1월, 시야에 영향을 미친 뇌종양 제거 수술을 받은 지 6주 뒤에 나는 수술 부위 주변에 남아 있는 암세포들과 종양 두 개를 죽이는 방사선치료를 받았고, 바로 다음 날 미레크와 함께 워싱턴 D.C.에서 하와이까지 열두 시간을 비행했다. 하와이에 도착해서는 자전거를 타고 300킬로미터가 넘는 길을 달렸으며 이어 5킬로미터 달리기 시합에도 참가했었다.

그 긴 여행을 하기 전, 우리는 브리검여성병원 방사선종양학과의 아이저 박사에게 괜찮겠냐고 물었다. 그는 "당연히 괜찮습니다! 맘껏 즐기세요!"라고 대답했다. 그가 옳았다. 그 야심 찬 휴가에서는 어떤 나쁜 결과도 없었다. 그로부터 몇 주 뒤에는 뉴잉글랜드에서 크로스컨트리 스키를 하고도 아무 문제가 없었다. 그게 나였다. 2010년 유방암 화학치료 중에는 콜로라도 400미터 고도에서 스키를 타고 활강했다. 헬멧으로 민머리를 감싼 채였고 한쪽 팔은 림프 부종으로 부어서 스키 스틱조차 간신히 쥘 수 있는 상태였는데도 말이다.

그런 개인사를 갖고 있었기에 사이버나이프 시술을 받은 뒤에도 쉬어야 한다는 생각은 전혀 들지 않았다. 내가 괜찮다고, 충분히 견딜 수 있다고 말했을 때 가족들이 나를 믿었던 것도 그래서였다. 우리 모두에게는 그것이 아주 당연한 일이었다. 공원을 걷는 일은, 그러니까 공원을 걷는 일일 뿐이라고 말이다.

지금 카시아는 그때 모두들 내가 괜찮을 거고, 죽지 않을 거라고 믿고 싶은 마음이 너무 간절했다고, 그래서 의사인 자신마저 마음에 떠오르는 걱정들을 무시해버린 거라고 말한다.

"질서를 회복하기를, 정상적인 생활로 돌아가기를 정말 간절히 원했으니까요."

물론 우리처럼 강인한 체력에 집착하지 않는 다른 가족들에게는 그날 숲에서 격렬하게 운동하기로 한 우리의 결정이 미친 짓처럼 보일지도 모른다. 그러나 우리에게 그건 미친 짓이 아니다. 함께 운동을 해야 한다고 고집을 부리던 나의 태도는 내 본연의 투지 넘치는 성격에도, 가족의 스케

줄을 관리하는 평소의 역할에도 딱 맞아떨어졌다. 나는 완전히 다른 사람이 되었던 것이 아니다. 사실은 정반대였다. 암과 방사선치료에도 불구하고 계속 평소의 나 자신이기를 고집했던 것이 문제였다.

카시아와 비테크, 샤이엔은 그날 내가 차를 몰아 살구버섯 들판에서 미레크를 찾게 내버려둔 것을 후회한다고 털어놓는다. 자기들 중 하나가 운전을 맡겠다고 끝까지 고집했어야 했다고, 그러나 내가 그 순간 너무 화가 나 있었기 때문에 내 뜻에 반대하다가 괜히 긴장을 더 고조시키게 될까 두려웠다는 것이다. 비테크는 이렇게 말한다.

"사실상 차가 한 대도 다니지 않는 공원길이었으니 엄마가 고속도로로 나가지만 않는다면 괜찮을 거라고 생각했어요."

비테크의 기억에 가장 강하게 남아 있는 생각은, 내 심술궂은 행동이 이제 나의 새로운 일상으로 자리 잡으면 어쩌나 걱정했던 것이다. 그중에서도 최악은 사랑이 싹 사라진 엄마, 그것이 죽기 전 마지막으로 그들과 함께할 내가 될지 모른다는 걱정이었다.

정신질환의 영향에 시달리는 다른 많은 가족들처럼, 우리도 새로운 일상으로 자리 잡은 것들에 적응하느라 힘겹게 노력했다. 나의 정신이 손상되었던 시기에 가족들이 겪어보았듯이 그런 적응은 극도로 어려운 일이다. 그들은 내 성격이 변하고 있다는 것도 좀처럼 알아차리지 못했다. 특히 내가 괜찮다고 계속 우겼기 때문에 더 그랬다. 그러나 변화가 명백해졌을 때도, 새로운 나의 모습이 너무나 충격적이었기 때문에 우리 가족은 계속해서 그러한 현실을 부인하고만 있었다. 어머니나 아내가 더 이상 자신들에게 익숙한 방식으로 행동하지 못한다는 사실이 그들에게 고통을 안겼다. 상황의 변화를 인정하는 것은 오랫동안 작동해 온 방식을 수정해야만 한다는 것을, 그리고 항상 책임자였던 나의 역할을 다른 누군가가 대신해야 한다는 것을 의미했다. 게다가 내가 더 이상 그 역할을 수행할 수 없다면, 누가 내게 그 말을 전할 것인가? 그들은 내게서 어떻게 그 책임을 거둬들여야 했을까? 우리 가족 구성원 중에서 누가 내 위치를 차지할 것이며 나는 그것에 얼마나 저항했을까? 그들이 내게 그걸 강제할 수 있었을까?

우리 가족 중 우리의 행복한 삶이 달라지기를 원한 사람은 아무도 없었다. 그래서 우리는 모두 내 병이 초래하는 현실을 온하게 받아들이기를 거부했다. 트라이애슬론 훈련! 살구버섯 채취! 이것들은 우리가 사랑하는 일이었다.

그래서 그날, 내가 곧 죽을 수도 있다는 사실을 막 알게 된 날, 우리는 아무 일도 없었다는 듯 공원으로 간 것이다. 사람들은 운동이 스트레스를 덜어준다고 주장할 수도 있을 테고, 그것은 사실이기도 하다. 하지만 그것이 그날 우리가 밖으로 나간 주된 이유는 아니다. 우리가 공원에 간 건 그게 우리가 늘 하던 일이었기 때문이고, 우리 중 아무도 달라진 현실을 받아들이고 싶지 않았기 때문이다.

사랑하는 사람이나 동료가 갑자기 털썩 쓰러지고 몸 한쪽이 마비된다면 대부분은 그것이 뇌졸중 증상임을 알아차리고 즉시 응급 전화를 걸 것이다. 이런 급성 증상은 알아보기 쉽다. 그러나 행동의 변화는 그 위험이나 심각성을 알아차리고 인정하기가 훨씬 더 어려울 수 있다. 점진적 기억 상실이나 육체적 능력에 일어나는 작은 변화처럼 더디게 진행되는 경우라면 더욱 그렇다. 대부분의 경우 그저 이렇게 중얼거릴 뿐이다. "엄마는 그냥 늙어가는 거야. 깜빡깜빡하는 것도 당연하지." 혹은 "어머니는 관절이 아파. 그래서 우리에게 더 이상 다정하고 애정 어린 태도를 보여주지 않는 거야." 내가 경험한 것과 같은 성격의 왜곡(분노, 짜증, 자제력 상실, 공감 결여)은 뇌에 심각한 물리적 문제가 생겼다는 신호일 가능성이 있다. 이를 받아들이고 의사의 도움이 필요하다는 걸 인정하기란 매우 어려운 일일 것이다.

내가 공원에서 심하게 화를 냈을 때, 사실 우리 가족은 뭔가 잘못되었다는 걸 알아차렸을지도 모른다. 하지만 동시에 그들은 이 상황에서 자신들이 할 수 있는 일이 거의 없다는 것 또한 느꼈을 것이다. 나는 피곤했고, 심술궂었으며, 평소의 야심 차고 꼼꼼하며 성취욕 높은 성격이 더욱더 과장되게 부풀려져 있었다. 하지만 심각한 경보를 울릴 만큼 극단적인 일은 없었다. 그들은 내게 무리하지 말라고 말했다. 하지만 내가 그 말을 들었던가? 그날 밤 가족을 위해 저녁 식사를 준비한 사람은 나였다. 그러느라 쩔쩔매고, 내 주방 안에서 어디에 뭐가 있는지 찾지도 못하면서 말이다. 그것이 내 역할이었고, 나는 그 역할을 포기할 생각이 전혀 없었다.

11

그리고
나는 돌아왔다

—— 그렇게 오랜 세월 뇌 장애를 연구해왔으면서도, 나는 자신의 정신이 제대로 기능하지 않는다는 것이 얼마나 극심한 불안을 야기하는 일인지 평생 처음으로 깨달았다. 그리고 광기를 겪었던 그 시기에 겪은 일을 더 많이 기억해낼수록 또다시 정신을 잃지 않을까 하는 두려움도 더욱 커진다. 광기라니, 어쩌면 그 시기의 내 상태를 설명하기에는 적절한 용어가 아닐지도 모른다. 어차피 공식 진단명은 아니지만, 광기란 종종 정신적 불안정이나 정신이상, 분노와 혼란에 빠진 행동을 의미하는 비공식적인 용어로 쓰인다. 나는 내가 특정한 범위에 속하는 정신장애들과 연관되는 여러 증상을 경험한 것이라고 생각한다. 달리 말하자면, 정신이상을 가볍게 스치고 지나간 셈이다.

그리고 나는 돌아왔다.

30년 이상 정신질환에 관해 연구해오는 동안, 뇌가 어떻게 작동하는지, 그리고 정신이 제대로 작동하지 않는 것이 얼마나 무서운 일인지를 내게 진정으로 가르쳐준 것은 바로 나 자신이 겪은 고통이다. 도저히 의미가 파악되지 않는 세계. 과거는 순식간에 잊히고, 미래는 계획할 수도 예측할 수도 없으며, 어떤 논리도 없는 세계에서 사는 것이 얼마나 무서운 일인지 나는 몸소 경험했다. 그 결과 나는 내 정신을 점검하는 일에 집착하게 되었다. 내 정신이 또다시 오류를 저지르지 않는지 끊임없이 스스로를 시험한다. 수학 문제를 풀고, 날짜를 기억하려 애쓰고, 깜빡 잊고 제대로 마무리하지 못한 것은 없는지 점검한다. 마라톤 출전을 준비하며 훈련을 하듯 내 정신을 운동시킨다. 혹시 겪었을지 모를 모든 상실을 벌충하기 위해 나는 더욱 호기심 왕성하고 탐구적이고 예리하고 논리적인 사람이 되려고 노력한다. 정신이상이 다시 돌아올지도 모른다는 공포를 매순간 느끼며 살고 있기 때문이다.

또한 내가 겪은 일을 기억하기 위해 나는 쓰고, 쓰고, 또 쓴다. 내 경험을 다른 사람과 나누고 싶다는 커다란 충동을 느낀다. 내 경험을 공유함으로써 나 자신의 공포를 덜고 어쩌면 다른 사람의 공포도 달랠 수 있다는 생각, 이것이 내게 새로 생긴 집착이다.

내가 처음 전이성 흑색종 진단을 받은 지 1년이 조금 지난 2016년 3월 13일, 일요판 〈뉴욕타임스〉에 나의 에세이 〈정신병에 걸린 신경과학자〉가 실렸다.[1] 반응은 즉각적이고 압도적이었다. 전 세계 곳곳의 사람들이 200통이 넘는 이메일을 보내 정신질환의 경험에 관해 솔직한 글을 써줘서 고맙다는 인사를 전했다. 내 글은 그주 〈뉴욕타임스〉에서 가장 많은 이메일 피드백을 받은 글이었다. 정신질환을 앓는 많은 사람과 그들의 가족이 이메일을 보내 왔다. 정신건강 분야에서 일하는 의사들은 이 사안에 사람들의 관심을 모아줘서 고맙다고 했다. 국립정신보건원장을 지낸 토머스 R. 인셀Thomas R.Insel 박사도 편지를 보내 "당신은 심각한 정신질환을 앓고 있으면서도 자기 병변을 눈으로 볼 수 없는 사람들에게 대단히 중요한 일을 해주었습니다. 우리 모두에게 정신질환이 뇌의 질병이라는 것을 상기시켜줬을 뿐 아니라 희망을 가져야 한다는 점도 되새겨줬어요. 회복하는 사람들이 있다는 사실을 알려줬습니다."

그 글의 어떤 점이 그렇게 많은 사람의 마음속 현을 울렸던 것일까?

뇌는 그 복잡성과 신비로움으로 우리를 매혹한다. 우리가 꿈꾸고 생각하고 느끼고 행하는 모든 것, 그러니까 우리를 우리로 만드는 모든 것은 뇌에서 온다. 우리는 우리의 뇌다. 병이나 노화 때문에 뇌가 망가져 자신과 사랑하는 사람들에게 가장 소중한 것, 바로 우리의 페르소나를 잃게 되는 것은 끔찍한 일이다. 우리는 정신에 관해, 그리고 언젠가는 설명되고 치료되기를 모두가 소망하는 정신질환에 관해 더 많이 알기를 갈망한다.

2016년 4월, 평범해 보이는 봉투 하나가 우편함에 도착한다. 봉투를 연 나는 나를 가리키는 새로운 명칭, 한때는 상상도 할 수 없었던 엄청난 명칭을 발견하고 깜짝 놀란다. 암 생존자. 2016년 5월 6일 롬바르디종합암센터에서는 연례 흑색종 생존자 오찬회가 열리고, 앳킨스 박사와 그의 의료 팀의 초대로 나도 참석하게 된 것이다.

생존자라. 내가 생존자라고? 그들이 착각한 게 틀림없다. 나는 아직 완치되지 않았다. 최대한 잘 봐줘도 진정 국면에 있을 뿐이다. 진단을 받은 지 16개월이 지난 지금까지 살아 있는 것은 사실이고, 이는 4~7개월 시한부라는 흑색종의 암울한 예후를 감안하면 경이로운 결과다. 하지만 나는 여전히 온몸에 돋아난 발진에 시달리고 있다. 게다가, 종양으로 싹틀 순간만을 기다리며 발견되지 않은 채 내 몸속에 도사리고 있는 암세포들이 얼마나 많을지 누가 알겠는가?

그러나 내가 기억할 수 있는 그 어떤 명예보다 더 소중한, 그리고 예상하지 못한 명예가 이 공식적인 편지에 담겨 있다.

생존자란 무엇을 의미할까? 이 특별한 클럽에 가입 허가를 받으려면 무엇이 필요할까?

오찬회가 열리기 전 며칠 동안 나는 이 놀라운 새 정체성에 관해 스스로 묻고 또 묻는다. 이 단어가 정말로 무엇을 의미하는지 궁금하다. 가장 기본적인 의미로 생존자란 심각한 병에 걸렸지만 죽지 않은, 적어도 아직은 죽지 않은 사람이다. 반대의 경우를 생각하면 나쁜 꼬리표는 아니지만, 어떤 면에서 전적으로 흡족한 꼬리표도 아니다. 어쩌면 당장 감지할 수 있는 병의 징후가 없는 모든 사람이 생존자에 포함될지도 모른다. 나에게 이 정의는 너무 임의적이고, 현재 우리가 가진 진단 도구의 정확성에 지나치게 의존하는 것으로 여겨진다. 흑색종 세포는 때가 오기를 기다리며 몇 년이나 잠든 채 숨어 있을 수 있고, 그러다 조건이 맞는 순간 몸속 깊숙한 곳에서 나와 재빨리 공격을 개시해 목숨을 앗아 갈 수 있다. 단순히 주최자들이 오찬회 초대장을 발송하는 시점에 기존의 진단 도구로는 감지할 수 없는 암을 가진 사람이라는 뜻으로 생존자의 의미를 규정한다면, 이는 논쟁의 소지가 많은 범주일 것이다.

나는 구글을 통해 생존자에 관한 일반적 정의를 검색해 생존자란 살아남아 있는 사람, 고난과 충격에도 불구하고 계속 버티고 이겨내며 기능 또는 쓸모를 유지하고 있는 사람이라는 사실을 알게 된다. 이 정의가 훨씬 고무적이다. 특히 마지막 부분의 '기능 또는 쓸모를 유지하고 있다'는 부분이 그렇다.

나는 기능과 쓸모를 유지하고 있나? 다른 참석자들은 어떨까? 그들은 정상적으로 살아가는 능력을 얼마나 잃었을까? 아직 기능과 쓸모를 유지하고 있을까?

나는 이런 생각에 집착해 나 자신의 인생을, 좋고 나쁨을 가리지 않고 내가 해왔고 되어왔던 모든 것을 점검하기 시작한다. 내가 사랑한 사람을 생각하고, 특히 내가 이 세상에 내어놓고 양육했던 카시아와 비테크를 생각한다. 나는 한 인간으로서 성공적이었나? 내가 이룬 것은 무엇일까? 직업적 성공으로, 내가 치러온 수백 차례의 과학 강연과 발표한 논문들로 내 삶을 측정할 수 있을까? 아니면 가족에게 헌신했던 것이 나의 성취일까? 겨울처럼 암울하고 비극적인 날들이 지나가는 동안 가족들은 내 곁에서 버팀목으로 그 헌신을 돌려주었다. 워싱턴 D.C.의 두 손자, 사랑하는 할머니가 올 때마다 현관에 나와 기다리는 아직 순수하고 발랄한 서배스천과 루시언의 모습도 떠오른다.

하지만 나는 실패도 했다. 첫 번째 결혼을 깨버린 것, 첫 남편이 흑색종과 이기지 못할 싸움을 치르는 동안 곁에서 힘이 되어주지 못했던 것에 대한 죄책감과 후회가 여전히 나를 짓누른다. 그렇다면 지금의 나는 어떤 존재일까? 나는 기능하고 있는 걸까? 내 쓸모는 남아 있는 건가?

오찬회 날, 춥고 음울하게 비가 내린다. 내가 정말 거기 가서 모르는 사람들, 죽어가던, 어쩌면 지금도 죽어가는 사람들과 어울리고 싶은 걸까? 글쎄. 나는 내키지 않는 마음을 떨쳐내고 미레크와 비테크, 샤이엔과 함께 길을 나선다.

일흔 명이 넘는 사람들이 조지타운대학병원의 회의실에 모여든다. 앳킨스 박사를 비롯한 의사들과 간호사들, 그리고 가족과 친구들을 대동한 서른 명 정도의 흑색종 환자들이다. 그중에는 암센터를 드나들며 낯이 익은 사람도 있는데, 그때는 그들도 흑색종을 앓고 있는줄 몰랐다. 오늘은 다들 건강해 보이고 우리는 모두 미소 짓고 있다.

생존자의 연령대는 30대 후반부터 80세 이상까지 다양하지만, 짐작건대 대부분은 60대다. 그리고 대부분의 사람이 증상과 진단에서부터 치료에 관한 것에 이르기까지, 자기 이야기를 열심히 들려주고 싶어 한다. 전투에서 살아 돌아온 병사처럼, 그때 느낀 감정을 여전히 생생하게 안고 있는 그들은 정말로 자기를 이해해줄 수 있는 유일한 사람들, 그러니까 자기와 비슷한 역경을 겪은 전우들과 편안하게 서로의 경험을 나눈다.

한 여성은 자신이 15년 전에 흑색종 초기 진단을 받았다고 말한다. 불행히도 최근 몇 년 사이 그 병은 척추까지 포함해 온몸으로 전이되었다. 면역치료를 받아 목숨은 구했지만 걷는 데 어려움을 겪는다. 그녀는 정상형 BRAF 유전자를 갖고 있기 때문에, 다시 말해 나와는 달리 흑색종과 연관된 유전자인 BRAF 유전자에 변이가 생기지 않기 때문에, 내가 받은 표적치료가 그녀에게는 듣지 않는다. 그녀는 미소를 띤 채 자신의 이야기를 들려주고, 그러는 동안 그녀의 남편은 그녀의 손을 꼭 쥐고 있다.

일흔 살쯤 되어 보이는 키가 큰 한 남성은 은퇴한 의사로 6년 전에 진행성 흑색종 진단을 받았다. 처음에는 흑색종이 피부에 나타나지 않고(흔치는 않지만 전혀 없는 경우는 아니다) 그의 몸 내부부터 공격했다. 그는 미소 띤 얼굴로 조지타운대학병원 의료진이 자신의 목숨을 구한 과정을, 그리고 지금 자신의 상태가 얼마나 좋은지를 묘사한다. 그와 비슷한 나이에 몸집이 탄탄하고 건강해 보이는 신사는 자기가 맥주를 주중에는 스무 캔 이상을, 주말에는 서른 캔 이상을 마신다고 자랑하고, 남부 농장에 있다는 사랑스러운 말과 닭 이야기도 들려준다. 그는 진행성 흑색종 때문에 여러 가지 힘든 치료를 받았다. 일부는 그다지 성공을 거두지 못했고 또 다른 종류의 암도 발생했지만, 그래도 최근의 면역치료가 그에게는 효과가 있었다. 이런 역경에도 굴하지 않고 그는 승마를 하고 담배 피울 날을 기대하고 있다고 말한다. 우리 테이블에서 가장 먼 자리에 앉아 있는 부부는 플로리다에서 왔는데, 은퇴하고 겨우 몇 주 뒤에 아내가 흑색종 진단을 받았다. 플로리다의 의사들은 시도해볼 만한, 그리고 성공 가능성이 있는 치료법이 없기 때문에 그녀가 죽을 거라고 말했다. 그러나 그녀는 조지타운대학병원의 면역치료 임상 시험에 대해 알아냈고, 그 결과는 지금까지 성공적이었다. 부부는 몇 달에 한 번씩 롬바르디센터까지 와서 검사와 스캔을 받고 플로리다로 돌아가 햇빛 아래서 골프를 즐긴다.

우리는 다른 성공 사례들, 그러니까 다른 생존자들에 관한 짧은 비디오 두 편을 본다. 한 40대 여성은 허벅지에서 커다란 종양을 발견했는데 알고 보니 그것은 흑색종이었고 의사에게서 자신이 곧 죽게 될 거라는 말을 들었다.

그녀가 이야기를 들려주는 동안 아주 어린 두 딸과 양아들은 깔깔대면서 놀다가 다가와 그녀를 포옹한다. 그녀는 다리를 조금 절고, 수줍은 미소를 띤 모습이다. 80세를 훌쩍 넘긴 한 남성은 대머리 두피에 무섭게 보이는 커다란 종양이 생겼다고 한다. 그러나 면역치료 후에는 마치 마술 지팡이가 두피를 건드리기라도 한 듯 종양이 사라졌다.

다른 손님과 어울리던 중 나는 앳킨스 박사의 간호사인 브리짓과 마주친다. 그녀를 처음 만난 건 1년 전 임상 시험을 시작할 때였다. 브리짓은 내게 건강해 보인다며 덕담을 건넨다. 나는 묻는다.

"앳킨스 박사님 사무실에서 다들 내 주위에 둘러선 채 뇌종양들이 자라 뇌를 짓누르고 있다는 끔찍한 소식을 전해주던 그날 기억해요? 아무 희망도 없는 것 같다고 했던 그날의 얘기, 그리고 당신이 울었던 것도 생각나요?"

"절대 잊지 못할 거예요." 브리짓이 말한다. "울었던 건 정말 죄송해요. 사무실 밖으로 나갔어야 했는데."

"아뇨, 아니에요." 내가 말했다. "정말 인간적인 일이었어요. 그리고 이상하게도, 다른 사람들이 나를 걱정하고 내 아픔을 함께 아파하고 있구나, 내가 죽으면 슬퍼하겠구나 생각하니 힘이 되더라고요. 인간은 사회적 동물이잖아요.

우리는 서로의 마음을 느껴야 하고 서로를 위해 울어야 해요. 감정을 내보이는 건 전혀 잘못된 일이 아니에요. 나는 그저 그런 일이 더 자주 일어나길 바랄 뿐이에요."

나는 한 생존자의 아내와도 잠시 이야기를 나눈다. 8개월 된 쌍둥이 손자의 할아버지인 그녀의 남편은 종양이 생겼지만 면역치료 이후 금세 사라졌다고 한다. 그녀는 남편이 쌍둥이 손자들을 알아가고 할아버지 노릇을 즐길 기회를 갖게 되어 정말 행복하다고 말한다.

"남편은 대단한 낙천주의자예요. 그동안 남편이 약 부작용으로 심하게 고통스러워하는 모습을 봤어요. 죽을 만큼 고통스러워했지만 한 번도 불평하지 않았죠."

앳킨스 박사는 우리 생존자들을 치료한 면역요법에 관해 짧게 소개한다. 면역치료 임상 시험은 매우 성공적이었고, 생존자 대부분이 한동안은 더 살아나가리라 기대된다고. 이어 그는 임상 시험에 참가한 환자 중 단 한 사람만이 사망했다고 덧붙인다.

"몇 년 전만 해도 이런 오찬회는 상상할 수 없는 일이었습니다. 여러분 대부분이 이미 세상을 떠났을 테니까요."

그곳에 있는 누군가에게는 가혹하게 들릴지 모르지만 앳킨스 박사의 말은 진실이다. 그가 실시한 면역치료가 아니었다면 분명 나는 오늘 이 자리에 있을 수 없을 테고, 그 것은 여기 모인 사람들 상당수도 마찬가지였을 테니. 이 기 적적인 치료법이 나오기 전까지 진행성 흑색종 환자들 대 다수는 살아남을 가망이 없었다. 면역치료는 그야말로 기 적의 치료법이며, 흑색종뿐 아니라 몇 가지 다른 암에 대해 서도 그렇다. 아직 모든 사람에게 효과가 있는 것은 아니고 어쩌면 앞으로도 한동안은 가장 운 좋은 환자들에게만 효 과를 보일지도 모르지만 면역치료는 분명 효과가 있다. 우 리 진행성 흑색종 생존자들이 바로 그 살아 있는 증거다.

앳킨스 박사의 말이 끝나자 우리는 묻고 싶은 게 많아 진다. 물론 대부분은 우리 자신의 운명에 관한 것이다.

병이 다시 재발하지 않으리라고 어떻게 확신할 수 있을 까요? "보장할 수는 없습니다. 자주 검진을 받으러 오셔야 합니다."

흑색종에는 유전적 요인도 있는데 우리의 아이들을 병 으로부터 보호하려면 어떻게 해야 할까요? "현재로서는 명 확한 대처법이 없지만, 일단 자녀를 햇빛에서 보호하고 반 드시 자외선 차단제를 바르게 해야 합니다."

긍정적인 태도와 살고자 하는 강한 의지가 생존에 영향 을 미칠까요? "그럴 수도 있겠죠. 해가 되지 않는 것은 분명

합니다. 하지만 생존 의지의 영향력에 관해서는 명확하게 밝혀지지 않았습니다."

다른 흑색종 환자, 그러니까 임상 시험에 참가할 만큼 운이 좋지 못했던 환자는 대단히 고가인 면역치료 약물을 어떻게 마련할 수 있을까요? "아직 그에 대한 답은 없습니다. 분명한 건, 어떤 보험에 들어 있는가에 달려 있다는 겁니다."

매우 해로운, 때로는 목숨까지 위협하는 이 치료의 부작용에는 어떻게 대처해야 할까요? "우리는 부작용에 대처하기 위해 다른 의학 분야의 전문 지식을 최대한 많이 제공하려 노력하지만, 때로는 그렇게 해서 얻는 도움도 미흡한 경우가 있습니다."

사진가 한 명이 앳킨스 박사와 그의 의료 팀, 그리고 그들과 함께한 우리 모두의 모습을 촬영한다. 마치 졸업 사진을 찍는 기분이다. 우리는 버텨냈다. 우리는 기능과 쓸모를 유지하고 있다. 우리는 진짜 생존자다.

2016년 5월 말, 몇 차례의 스캔을 받고도 새 종양이 전혀 발견되지 않아 나는 트라메티닙 복용을 중단한다. 이는 크나큰 안도감과 동시에 또 다른 큰 걱정을 안겨준다. 계속

해서 나를 괴롭히던 끔찍한 발진이 순식간에 사라지고 컨디션도 훨씬 좋아지는 것은 사실이다. 하지만 약물 복용을 그만둔 지금, 내 두개골 안에서는 어떤 일이 벌어지고 있을까? 종양이 되살아나 공격을 개시하지 않을까? 앳킨스 박사는 내 몸 전체에 있는 흑색종 세포가 전멸했다고 확신한다. 그의 말에 따르면, 그것들은 "씨 뿌리기를 중단했다". 즉, 더 이상 혈류를 통해 몸의 나머지 부분으로 세포를 퍼뜨리지 않는다는 뜻이다. 내 암이 영원히 뿌리 뽑혔을 거라는 말은 물론 큰 안도감을 준다. 그러나 약을 쓰지 않으니 마치 구명조끼 없이 급류에서 카약을 타는 기분이다.

치료를 받지 않고 몇 달을 지낸 뒤 2016년 7월 말, 또 하나의 종양이 나타난다. 수의운동을 조절하는 영역인 소뇌에 생겼는데, 너무 작아서 아무 증상도 초래하지 않는다. 몇 주 뒤 사이버나이프로 그 종양을 제거한다.

2016년 여름을 보내면서 나는 서서히 과거의 모습으로 돌아간다. 달리기를 하고, 수영을 하고, 자전거를 타고, 미레크와 함께 가족들의 집을 방문한다. 멀리 갈 수 있게 된 건 좋은 변화다. 내가 더 이상 그들에게 가능한 한 자주 만나야 하는 사람, 만날 때마다 매번 그때가 마지막일지도 몰라 불안한 사람, 중병에 걸린 어머니이자 언니가 아니라는 사실도 내게 희망과 용기를 준다.

이제 종양은 없지만 내 머릿속에서는 또 하나의 재앙이 빚어지고 있다. 지금까지는 미뤄져왔지만 늘 치명적인 독을 품고 잠재되어 있던 것, 바로 방사선치료의 결과인 뇌 조직 괴사다. 방사선치료를 받으면 종양이 있던 자리에는 죽은 조직 부위가 생겨나고, 그 주위를 둘러싼 조직이 낫지 않으면 괴사가 일어난다. 괴사는 과거보다 요즘에 더 흔하게 발생하는데, 이는 정위방사선수술 및 사이버나이프 수술에 면역치료까지 병행하는 경우가 늘어났기 때문이다. 이런 병행치료는 서로 상승작용을 일으켜 종양을 죽이지만, 동시에 종양 주위의 건강한 조직도 죽인다.

뇌 조직 괴사의 증상들은 방사선치료 후 1년이 지날 때까지 나타나지 않을 수 있다. 내가 종양을 제거하는 방사선치료를 여러 차례 받은 지 14개월이 지난 시점, 그러니까 2016년 8월 말, 가장 큰 종양이 있었던 곳인 전두피질에 말썽이 생기기 시작한 것은 어찌 보면 딱 제때에 일어난 일인 셈이다.

마리아와 함께 뉴햄프셔의 화이트마운틴으로 하이킹 여행을 떠나려고 준비하던 중, 나는 왼쪽 눈의 위쪽 시야에서 맹점을 발견한다. 처음에는 별로 주의를 기울이지 않는다. 백내장 기가 좀 있는 건지도 모른다고 생각하며 무시한 채 잊어버리려 노력한다. 그러나 며칠 사이에 왼쪽 눈의 시력은 마치 눈 위에 쳐진 커튼이 위에서 아래로 내려오듯 급격하게 저하된다. 하루하루 점점 더 나빠지자 주치의는 뇌와 안구의 응급 MRI를 지시한다. 스캔 결과는 우리가 어렴풋이 짐작하던 사실을 확인해준다. 눈 자체가 아니라 시신경의 문제다. 왼쪽 시신경과 매우 가까운 곳에 생겼던 전두피질 종양을 방사선으로 치료한 여파로 그 시신경이 파괴되어버린 것이다. 나는 돌이킬 수 없는 시신경 병증 진단을 받는다. 이는 내 왼쪽 눈이 완전히 시력을 상실했다는 뜻이다. 치료 방법은 없다. 이제 한쪽 눈만으로 살아가는 법을 배워야 한다.

이틀 뒤, 나는 보스턴으로 날아가 동생을 만난다. 우리는 사흘간의 하이킹을 떠날 준비가 되어 있다. 출발 직전, 균형에 문제가 생길 경우를 대비해 등산용품점에서 등산용 지팡이를 사기로 한다. 이 지팡이는 아주 가볍고 편리하며, 만만치 않은 여행에서 내 인명 구조원 역할을 톡톡히 해낸다. 우리는 바위가 많고 가파른 워싱턴산을 오른다. 왼쪽 시력이 사라지자 더 이상 원근감이 지각되지 않는다. 트래킹을 시작할 때는 경사를 추정하기가 무척 어렵고 자주 넘어진다. 올라가기도 어렵지만 내려가는 건 더 지독하다. 발이 걸려 넘어지고, 비틀거리다 넘어진다. 그러나 아주 짧은 시간 안에 나는 적응해낸다. 우리는 사흘간의 하이킹 동안 계획했던 등산로를 모두 밟는다. 성공적으로, 그리고 기쁜 마음으로.

버지니아로 돌아온 나는 이제 아주 많은 것을 새로 배워야 한다. 넘어지지 않고 달리는 법(매일 달리기를 마치고 돌아올 때면 무릎과 손바닥이 까져 피가 나 있는 경우가 많았다)과 자전거 타는 법(내 왼쪽에 있는 대상과 충돌하지 않으려고 자전거에 사이드미러를 하나 추가했다), 균형이 어긋난 이 새로운 세계에서 타이핑하고 글을 읽는 법, 운전하는 법(차선을 바꾸기 전에는 고개를 아주 많이 돌려서 미레크는 내가 올빼미가 되어가고 있다고 농담한다). 또 원근감 없이 스키 타는 법도 배운다. 전문가 수준이었던 등급을 순순히 내리고, 더블다이아몬드 활강로에서 싱글다이아몬드 트레일로 기준을 낮춘다. 다행히 수영은 괜찮다. 물 말고는 무엇에도 부딪치지 않으니 풀장 바닥의 선만 따라가면 된다.

느린 과정이지만 기억은 계속 돌아오고, 2016년 봄에 이 책을 쓰기 시작하면서는 특히 더 그렇다. 두 달간 내 여정을 되돌아보며 일어난 일의 조각을 맞추려 노력하는 과정에서 여기저기 흩어진 작은 파편을 포착하고, 때로는 에피소드 전체가 기억나는 경우도 있다.

그러나 빠진 부분을 채우기 위해 가족들에게 물어보면, 그들은 대체로 이야기하고 싶어 하지 않는다. 주로 기억나지 않는다고 대답하는데, 아마 그 말은 진실일 것이다. 기억하기에는 너무 큰 상처인 탓이다. 그들의 마음이 너무도 괴팍한 버전의 나를, 나에 대한 마지막 기억이 될까봐 두려워하고 걱정했던 그때의 나를 되살리기 싫어하는 모양이다.

2017년 봄, 카시아는 서배스천에게 내가 심술궂게 굴었던 일을 기억하는지 물어본다. 그 일이 있은 지 2년이 지났고, 이제 서배스천은 열 살이다. 훌쩍 큰 키에 늘씬한 몸, 달리기 재능이 엄청난 소년으로 자라 있다. 서배스천은 엄마가 무슨 말을 하는지 모르겠다고 대답한다. 그 아이는 그런 일이 있었다는 걸 전혀 기억하지 못한다.

사실 그런 일들이 벌어지던 장면을 떠올리는 건 내게도 편치 않은 일이다. 첫 물리치료 방문 때 테리사를 대했던 내 태도는 생각하고 싶지도 않다. 나로서는 어쩔 수 없었고 테리사도 흔쾌히 용서해주었지만 부끄러움이 사라지지 않는다. 서배스천과 카시아와 비테크에게, 특히 미레크에게 했던 행동들을 생각해도 절로 얼굴이 찡그려진다. 내 마음

속에는 여전히 트라우마가 묻혀 있다. 아무런 전조도 없이 내가 또다시 폭발해 모두가 기피하는 난폭한 사람이 될지도 모른다는 두려움. 내가 내 행동을 통제하지 못하게 될지도 모른다는 불안. 내 안에 예측할 수 없는 것들이 너무 많이 도사리고 있다는 이 불안은 좀처럼 사라지지 않는다. 이제 그 불안은 내 존재의 일부가 되어 있다.

니나 시몬의 다큐멘터리를 본 지도, 슈퍼마켓이 개장한 지도 한참이 지났지만, 아직도 나는 여전히 그 빛과 소음과 시끄러운 음악의 기억을, 꿰뚫을 듯 날카로운 하얀 삶과 검은 죽음의 유령에 대한 기억을 떠올리며 몸을 떤다. 깊은 감정을 자극하는 그 영화를 보고 있을 때 죽음에 대한 생각이 굶주린 호랑이처럼 나를 덮쳤다. 시련을 겪는 내내 한 번도 의식적으로 죽는 것을 두려워한 적이 없고, 죽음이란 그저 악몽 없는 한없이 긴 잠일 뿐이라고 믿던 터였다. 즐거움도, 그 무엇도 없는 긴 잠. 그러나 돌이켜 보면 죽음의 코앞까지 갔던 경험을 그렇게 많이 했으면서도 평온하고 침착한 상태를 유지했다는 것이 놀랍다. 그 정도로 스스로에게 일어나는 일을 온전히 파악하지 못한 것은 일종의 자기 보호를 위한 무자각이었다고 나는 확신한다. 그러나 아주 드물게, 곧 죽을 수도 있다는 생각이 떠오를 때면 나는 내가 충만한 삶을 살았다는 사실을 의식했고, 그런 통찰이 내게 힘과 평온함을 주었다. 전에도 그랬듯 오늘도 나는 계속해서 살아내겠다는 열정과 기꺼이 죽을 준비가 된 마음을 함께 품고 있다.

나는 계속 내 정신에 대해 염려한다. 내 뇌는 결코 예전과 같아지지 않을 것이다. 내 뇌는 종양들로 상처 입고 방사선을 쏘였으며 약의 공격까지 받았다. 비유적으로도, 말 그대로도, 내 뇌에는 흉터가 생겼다. 그리고 뇌가 달라졌으므로, 나는 병에 걸리기 전의 나와 정확히 같은 사람은 아니다. 그러나 이상하게도 여전히 내가 완전한 나 자신이라는 느낌이 든다. 어쩌면 내 뇌가 원래의 구조와 기능을 회복하려는 원대한 노력으로 손상된 연결을 복구했거나 연결로를 새로 만든 것인지도 모른다. 아니면 단지 지금의 내가 새로운 나를 포용하고 새로운 기준을 받아들였기 때문에 나 자신에게 일어난 변화를 알아차리지 못하는 것인지도 모른다. 나의 가족은 진실이 그 둘 사이 어딘가에 있을 거라고 생각하지만, 진짜 진실이 무엇인지 우리는 끝내 알지 못할 것이다.

적어도 한 가지 면에서는 예전과 달라진 것이 있다. 나는 살아가는 일을 훨씬 더 깊이 의식하게 되었다. 나날의 평범한 것들에서 의미를 찾으려 그 어느 때보다 더 노력한다. 바람에 흔들리는 나무를 볼 때, 마당의 관목에서 떨어진 꽃잎들이 바닥에 흩어져 있는 것을 볼 때마다 나는 이렇게 생각한다. **세상은 정말 아름답구나. 이미 죽어 있었을지도 모를 이 순간에 이렇게 살아 있다니, 난 정말 행복한 사람이야.**

예견할 수 있는 가까운 미래에, 그리고 아마도 살아 있는 한 계속해서 나는 더 많은 뇌 스캔과 검사를 받을 것이고, 불안 속에서 결과를 기다릴 것이다. 치료를 이어가다 보면 예상하지 못했던 달갑지 않은 결과가 나올 수도 있다. 나는 유난히 사악하고 비뚤어진 상대, 이기기가 아주 어려운 질병과 겨루는 중이다. 최신의 과학적 성취에 더해, 강한 의지와 신체와 정신까지 요구되는 철인 경기를 치르는 기분이다. 이 경기에서 나는 결승점을 향해 서둘러 달려가지 않는다. 결승점이란 없기 때문이다. 따야 할 메달이나 트로피도 없고, 찬사도 응원도 없다. 또 하루를 살아냈다는, 내가 사랑하는 사람들과 또 하루를 보냈다는 깊은 만족감만이 있을 뿐.

다시 삶 속으로

나는 치료와 가족과 일에 집중하기 위해 어떤 경기에도 참가하지 않기로, 적어도 가까운 미래에는 참가하지 않기로 마음먹었다. 그러나 2016년 12월, 우리 가족은 코네티컷주 미들베리에서 열리는 콰시 레볼루션3Quassy Revolution3 트라이애슬론에 함께 등록하기로 했다. 매년 6월에 열리는 유난히 거친 경기로, '북동부의 야수'라고 알려진 대회다. 사이클링과 달리기로 언덕길 113킬로미터를 달려야 하고(이는 하프아이언맨 경기에 해당하는 거리다) 차가운 호수에서 2킬로미터를 헤엄쳐야 한다. 우리로서도 이렇게 어려운 대회는 도전해본 일이 없었다.

처음에는 계획을 세우는 것도 꺼려졌다. 내가 스포츠 경기에 참가할 수 있다며 스스로를 속이고 있는 건 아닐까? 다음 몇 달 사이에 새 종양이 생기면 어쩌지? 뇌가 다시 부어오르면? 6월까지 그 경기를 치러낼 만큼 충분히 좋은 컨디션을 유지할지, 아니, 최소한 살아있기나 할지 어떻게 확신할 수 있겠어? 그러나 아무에게도 이런 두려움을 말할 수 없었다. 나머지 가족들은 우리 모두가, 특히 내가 다시 경기에 참가한다는 기대로 잔뜩 들떠 있었다. 나는 두려움을 뒤로하고 훈련을 시작했다.

뇌에 종양이 발견된 2015년 1월 전에 계획했던 것처럼 전체 트라이애슬론을 혼자서 완주해낼 수는 없을 터였다. 그럴 만한 힘도 기력도 없었다. 그래서 우리는 세 사람이 한 팀을 이루어 각자 한 경기씩 해내기로 결정했다. 미레크는 자전거를 타고, 제이크는 달리기를 하고, 나는 수영을 하기로. 루시언과 서배스천도 어린이 트라이애슬론에 참가한다고 들떠 있었고, 카시아는 콰시 하프 아이언맨 경기에 혼자 참가하기로 했다.

2016년 겨울은 훈련으로 보낸다. 근처 수영장에서 일주일에 네 차례씩 수영을 하고, 에너지를 끌어올리고 전체적인 체력을 기르느라 며칠은 실내 자전거도 타고, 달리기도 한다. 재앙이 닥치기 전의 체형으로 돌아가려고도 무척 노력한다. 체력을 되찾는 과정은 생각보다 훨씬 힘들다. 병을 앓는 동안에도 거의 매일 긴 산책을 하고 달리기도 자주 하면서 활동적인 상태를 유지하기는 했지만 근육이 많이 약해져 있다. 신체적으로도 나는 예전의 나와 같은 사람이 아니다. 과거와 같은 유연성과 균형감은 사라졌고, 한쪽 눈으로밖에 볼 수 없어 시야도 좋지 않다. 잘 보지 못하므로 방향감각도 곧잘 잃는데, 새로운 환경에서만 그런 것이 아니라 집 뒤의 등산로에서도 그렇다. 그곳은 바닥이 울퉁불퉁하고 넝쿨 줄기도 많아 나는 자주 넘어진다.

이런 염려에도 불구하고, 몇 주 몇 달에 걸쳐 나는 매일의 훈련 과정을 계속 이어간다. 운동화 끈을 질끈 묶고서, 태양이 나무들 사이로 얼굴을 내밀고 새들이 정신 나간 듯 목청껏 소리를 질러대는 쌀쌀한 아침 공기 속으로 달려 나가는 순간을 나는 사랑한다. 봄이면 사람을 취하게 하는 강렬한 라일락 향기가 문을 여는 순간 거의 넘어뜨릴 기세로 내게 몰려든다. 매일 거리와 속도를 늘려간다. 아침 달리기를 마치고 돌아오면 몸이 아프고 피곤하지만 그래도 환한 기쁨이 넘쳐흐른다. 그러면 내게 주는 보상으로 뜨거운 커피와 아몬드 크루아상 하나를 먹어치운다.

수영장에서 고글을 끼고 물속 깊이 다이빙해 수영하는 것은 너무나 즐겁다. 두 팔은 실크처럼 부드러운 물을 가르고, 폐는 공기를 들이마시느라 넓게 열리며, 규칙적인 리듬으로 움직이는 강력한 스트로크가 나를 앞으로 밀어 보낸다. 하루하루 지날수록 동작은 점점 더 쉽고 부드러워져, 나중에는 아무 노력을 들이지 않아도 저절로 이루어지는 것만 같다. 전처럼 빠르지는 않지만 물이 내 몸을 어루만지는 기분 좋은 느낌과 성취감은 예전 그대로다.

그러다가 갑자기 문제가 또 불쑥 튀어나온다. 대회를 2주 앞둔 2017년 5월 어느 날 오후 국립정신보건원의 내 사무실에 앉아 있는데, 문득 왼쪽 다리가 씰룩거리기 시작하더니 통제가 되지 않는다. 가만히 붙잡고 진정시켜보려 해도 소용이 없다. 약 30초 정도 이어진 짧은 현상이지만 나는 몹시 겁에 질린다. 그게 무엇을 의미하는지 아는 까닭이다. 나는 작은 경련을 겪은 것이다. 즉시 MRI 스캔을 받으러 가고, 그 결과 오른쪽 운동피질, 그러니까 왼쪽 팔다리의 움직임을 통제하는 부위에 작지만 불길한 구멍이 생겼음을 알게 된다. 2년 전쯤 방사선치료를 받은 그 지점이 이제 괴사 조직으로 변해 죽은 세포들과 파편들이 건강한 뇌 세포들을 질식시키고 있다. 그것이 내 다리가 움찔거리기 시작한 이유였다.

괴사. 방사선치료의 후유증. 좋은 소식이 아니다. 내

뇌는 잘 회복해가고 있는 것이 아니었다. 이 사실을 알고 내게 처음 떠오르는 생각은, 뇌 치료에 집중하기 위해 대회 참가를 취소해야만 한다는 것이다.

앳킨스 박사는 괴사 때문에 생긴 뇌의 염증과 부종 치료를 위해 또다시 스테로이드를 처방하고, 상처 입은 뇌 조직 치료를 위한 장기 계획을 설명한다. 3주에 한 번씩 나는 애버스틴Avastin이라는 약을 정맥주사로 투여해야 한다. 이 약은 원래 고형 종양에 혈액 공급을 차단해 종양의 성장을 멈춤으로써 치료하도록 개발된 약이다. 내게 새로 생긴 종양은 없지만, 앳킨스 박사는 애버스틴이 내 뇌에서 새고 있는 혈관을 봉함으로써 상처 난 조직의 부종과 염증을 멈춰주리라고 기대하고 있다. 그게 효과가 있을지는 사실 아무도 모른다고 그는 덧붙인다. 내 경우처럼 방사선치료로 생긴 상처를 치료하는 데 사용하는 경우가 간혹 있기는 하지만 그 결과가 아직 분명하지 않다는 것이다. 그러나 시도할 만한 다른 치료법이 없으니, 최선의 결과가 나오기를 기대해보는 수밖에.

다가오는 쾨시 트라이애슬론 이야기를 꺼내자, 앳킨스 박사는 호수에서 수영하는 것은 권하고 싶지 않다고 말한다. "물속에서 경련이 일어나면 어떻게 하시려고요?"

며칠 동안 선택지를 저울질해본 뒤, 취소하지 않기로 결정한다. 내게 주어진 2킬로미터를 헤엄칠 작정이다. 나는 대회 주최 측에 전화를 걸어 내 곁에서 함께 수영하며 안전을 보장해줄 가이드를 구해달라고 요청한다. 곧 대회 진행 자원봉사자로 참여한 대니얼 드호요스Daniel DeHoyos가 내게 전화를 걸어 와 함께 수영하겠다고 제안한다.

"영광이에요." 그는 이렇게 말했다. "〈뉴욕타임스〉에 실린 선생님의 글을 읽었습니다. 정말 특별한 여정을 걸어오셨더군요."

비테크도 도와주겠다고 나서며, 대회 전날 수영 경로를 탐색하는 참가자들의 훈련 과정에 함께 참여한다.

대회는 카시아의 생일인 6월 4일 일요일이다. 궂은 날씨가 예보되었다. 6월 3일 토요일, 미레크와 나는 차를 타고 버지니아에서 코네티컷으로 북진한다. 회색 구름들이 흘러가고 가벼운 이슬비가 내린다. 시간이 갈수록 점점 더 추워진다. 우리는 오후에 코네티컷주 워터베리에 도착해 예약해둔 숙소에 짐을 푼다. 미레크도 나도, 다음 날 맞닥뜨릴지 모를 잠재적인 위험 때문에 불안하다. 언덕이 많고 비로 미끄러워진 길, 내게 경련을 일으킬 수도 있는 차가운 호수, 우리 각자가 신체적 난관을 이겨내며 가야만 하는 먼

거리까지. 그러나 우리는 돌아갈 수 없는 길에서 계속 앞으로 나아간다. 오후에는 훈련 삼아 트라이애슬론 경로를 따라 달리며 체력을 시험해보기로 하고, 근처에 있는 콰시 놀이공원으로 차를 몬다. 카시아가 기다리고 있다가 잠시 뒤 미레크와 함께 자전거를 타고 언덕으로 사라진다. 비테크도 피츠버그에서 막 도착한 참이라 나는 아들과 함께 물속으로 들어간다.

소매가 긴 잠수용 고무옷 차림이다. 물은 차지 않다! 향기롭고 달콤하다. 가벼운 파도가 일어 물결이 고르지는 않지만, 산들이 솟은 수평선에 이르기까지 초록 숲의 테를 두른 아주 아름다운 호수다. 비테크와 함께하는 수영은 즐겁다. 우리는 마지막까지 힘차게 팔을 저어 200미터쯤 헤엄친다. 사이클링을 마치고 돌아온 미레크와 카시아는 좀 무서웠다고 한다. 가파른 오르막과 내리막 때문에 불안정한데다 어제 내린 비로 길이 미끄러웠다는 것이다. 그래도 최소한 내일을 예상할 수는 있게 되었다.

그날 밤 미레크와 나는 여전히 우리의 운명에 대한 불안이 떨쳐지지 않아 잠을 이루지 못한다. 새벽 4시 30분, 다른 참가자들이 깨어나 위층과 바깥 복도에서 움직이는 소리에 우리도 일어나 준비를 한다. 가볍게 아침 식사를 한 뒤 차에 오른다. 해가 막 떠오를 무렵 호숫가에 도착한 우리는 이미 북적이는 주차장에서 좋은 자리를 찾아낸다.

전날 밤 내리던 비는 그쳤고, 아침은 쌀쌀하지만 평온하다. 구름 사이로 첫 햇살이 나와 호수를 금빛으로 물들인다. 아침 햇살을 받아 부드럽고 평온하게 빛나는 수면은 마치 꿀 같다. 우리는 장비를 모아 각자의 위치로 향한다. 대회의 첫 경기는 수영이고 자전거가 그다음, 그리고 마지막이 달리기다. 미레크는 물에서 나올 나를 기다리기로 한 지점에서 마지막으로 자전거 타이어에 공기를 채운다. 나는 호숫가에서 미레크에게 각 팀의 행로를 추적하는 타이밍 칩을 넘겨주고 작별의 입맞춤을 나눌 교대 장소까지 약 200미터에 달하는 경로를 다시금 확인한다. 수영을 끝내고 미레크가 있는 곳으로 질주할 때 길을 잃으면 안 되기에 경로를 몇 차례나 더 살핀다.

호숫가에 모인 수백 명의 참가자들 속에서 대니얼 드호요스가 나를 기다리고 있다. 큰 키에 근육질인 그의 다정한 기운이 내게 자신감을 불어넣는다. 게다가 카시아도 검은 잠수복을 입고 이곳에 와 있다! 그 작은 호숫가에 모인 우리는 꼭 바다표범 무리 같다. 나는 수영을 하는 도중 곤란을 겪을지도 모를 사람에게 주어지는 빨간색 수영모를 쓰고 있어서 눈에 띄는 모습이지만, 그들 중 한 명으로 참가할 수 있다는 게 한없이 자랑스럽다. 내가 포함된 그룹은 마지막에서 두 번째 그룹이고, 카시아는 나보다 5분 늦게 마지막 무리와 함께 호수에 뛰어들 것이다.

물에 들어갈 준비를 하고 있는데 확성기에서 안내 방송이 울려 나온다.

"여러 가지 암을 이기고 살아남은 바버라 립스카 씨가 지금 출발합니다!"

곧장 한 가지 생각이 뇌리를 스친다.

이렇게 이목을 끌게 한 건 분명 제이크의 소행이겠지.

경기가 있기 2주 전, 제이크는 우리 가족의 특별한 팀 출전에 관한 글을 〈월스트리트저널〉에 기고했었다.[1] 〈트라이애슬론은 소비에트와 소아마비에 비하면 아무것도 아니지〉라는 제목으로, 미레크와 나와 우리 가족 모두에게 바치는 아름다운 글이었다. (경기가 끝난 뒤에야 나는 그 안내 방송이 대니얼의 아이디어였다는 걸 알게 된다.)

사람들의 응원을 받으며 나는 마침내 물속으로 뛰어든다! 그 뒤로는 철썩이는 물소리와 팔이 물을 가르고 다리가 물을 차는 소리밖에 들리지 않는다. 나는 온 힘을 다해 대니얼을 시야에 붙잡아둔다. 그는 튼튼한 몸통에 밧줄로 구명부표를 매단 채 내 바로 앞에서 헤엄치고 있다. 대니얼 덕에 안전함을 느끼며 그의 뒤를 따라 수월하게 수영하는 기분은 정말 좋다.

첫 번째 반환점을 표시하는 거대한 주황색 부표에 다다랐을 때, 카시아가 내 옆에 나타난다. 나보다 나중에 출발했는데도 카시아는 이미 나를 앞지르고는 "엄마, 괜찮아요?" 하고 소리쳐 묻는다.

"당연하지!" 나도 소음을 뚫고 소리쳐 대답하고는 계속 헤엄친다.

대니얼을 따라가는 동안 기분이 점점 더 좋아진다. 긴장이 풀리면서 내가 진짜 경기에 참여해 겨루고 있다는 사실이 무척 행복하게 다가온다. 내가 2킬로미터를 완주하기까지는 50분이 걸린다. 얕은 물가에 도착한 대니얼과 나는 일어나 서로를 포옹하고, 그러자 호숫가에 있던 사람들이 다시 한 번 환호하며 우리를 응원해준다.

이제 할 수 있는 한 최대한 빠른 속도로 미레크가 있는 곳으로 달려갈 차례다. 미레크는 내게 입을 맞추고 우리의 타이밍 칩을 받아 쥔 뒤, 대니얼을 포옹하고 감사의 인사를 전한다.

"인생은 팀 스포츠야!"

미레크가 기쁨으로 환히 빛나는 얼굴로 말한다. 그러고는 자전거를 타고 출발하다가 다시 뒤돌아보며 우리를 향해 소리쳤다.

"그리고 기억해, 내 사랑, 우리는 이 짐승을 정복하고 말 거야!"

감사의 말

언제나 나의 곁에서 지지해주고 가장 힘겨운 시간에 나를 보살펴준 나의 가족에게, 특히 나의 남편 미레크 고르스키에게 감사를 전합니다. 또한 늘 사랑으로 내가 필요할 때 내 곁에 있어주는 나의 딸과 아들, 카시아 립스카와 비테크 립스카에게도 감사합니다. 내 목숨을 구하기 위한 최선의 방법들을 찾기 위해 경이로운 헌신을 보여준 나의 동생 마리아 체르민스카에게도, 또한 흔들림 없는 지지를 보내준 다정한 사위 제이크 헬펀과 딸이나 다름없는 샤이엔 노블, 제부 리샤르트 체르민스키에게도 고마움을 전합니다. 제이크는 〈뉴욕타임스〉에 기고한 칼럼을 쓰도록 나를 격려하고 도왔을 뿐 아니라, 이 책의 공저자이자 지금은 소중한 친구가 된 일레인 맥아들을 소개해주었죠. 제이크의 격려가 없었다면 이 책은 존재하지 못했을 것입니다.

나의 생존을 조용히 응원해준 아가타 케터릭과 제이슨 케터릭, 그리고 얀 체르민스키에게도 감사합니다. 그리고 나의 헌신적인 사돈들, 내가 가장 필요로 할 때 너무나 좋은 친구가 되어준 타마르 핼편과 폴 주이드호크, 다정하게 응원해준 스티븐 핼편과 베티 스탠턴에게도요. 마지막으로, 가장 어두운 시간을 계속 버티게 해준 나의 멋진 손자들 루시언과 서배스천에게도 감사 인사를 전합니다.

나를 치료하고 보살펴준 의사 선생님들께도 감사를 표하고 싶습니다. 30년 가까이 우리 가족의 훌륭한 주치의였던 유진 슈모르훈 박사, 워싱턴 D.C. 조지타운 롬바르디종합암센터의 마이클 앳킨스 박사와 켈리 가드너를 비롯한 그의 팀, 보스턴 다나파버암연구소의 의료 팀, 특히 흑색종 센터와 면역–종양학 센터를 이끄는 스티븐 호디 박사, 보스턴의 브리검여성병원의 신경외과의 이언 던 박사, 특히 탁월한 방사선 종양학자인 아얄 A. 아이저 박사에게 고마움을 전합니다.

또 나의 훌륭한 물리치료사 테리사 벨에게도 감사합니다. 이 책을 쓰는 과정에서 내용을 검토해준 나의 친구 조지 E. 자스키우 박사에게도 특별한 고마움을 전합니다. 브래드포드 C. 딕커슨 박사, 에리카 스웨글러 박사, 제이슨

칼라위시 박사, 에릭 폼본 박사, 웬델 팔스 박사를 비롯해 이 책의 여러 부분을 쓰는 데 도움을 준 다른 의사들에게도 감사의 말을 전합니다. 전두측두 치매학회 사무국장 수전 L. J. 디킨슨, 미국 통합운동장애재단 워런 프리드의 도움에도 감사드립니다.

나와 내 회복을 믿어준 국립정신보건원 대내 연구 프로그램 분과 동료들, 인간두뇌수집원의 동료들과 친구들에게도 크나큰 고마움을 느낍니다. 국립정신보건원 과학 분과장 수전 아마라 박사, 임상 분과장 메릴랜드 파오 박사, 총무부장 그웬돌린 신코에게 특별한 고마움을 표합니다.

공저자와 나는 우리를 격려해준 레오라 허먼에게 감사드리며, 지칠 줄 모르는 사랑과 지지를 보내준 잭 맥그레일에게도 특별한 감사를 표합니다.

우리를 이끌어주고 지지해주며 쾌활함을 잃지 않은 에비타스 크리에이티브 매니지먼트의 에이전트인 에스먼드 함워스와 낸 손턴에게도 감사합니다.

이 프로젝트를 처음부터 믿어준 훌륭한 편집자 알렉스 리틀필드와 호턴 미플린 하코트 출판사의 필라 가르시아-브라운을 비롯한 모든 직원들에게도 감사를 전합니다.

미주

프롤로그

1) Z. Steel et al., "The Global Prevalence of Common Mental Disorders: A Systematic Review and Meta-Analysis, 1980–2013" *International Journal of Epidemiology* 43, no. 2 (April 2014): 476–3, https://www.ncbi.nlm.nih.gov/pubmed/24648481.
2) National Institute of Mental Health, https://www.nimh.nih.gov/health/statistics/mental-illness.shtml.
3) World Health Organization, http://www.euro.who.int/en/health-topics/noncommunicable-diseases/mental-health/data-and-statistics.
4) https://www.nami.org/Learn-More/Mental-Health-By-the-Numbers.
5) https://www.usnews.com/news/best-countries/articles/2016-04-12/who-makes-economic-argument-for-mental-health-treatment.
6) https://www.nimh.nih.gov/news/science-news/2008/mental-disorders-cost-society-billions-in-unearnedincome.shtml.
7) World Health Organization, http://www.who.int/mental_health/prevention/suicide/suicideprevent/en/.
8) https://www.nami.org/Learn-More/Mental-Health-Conditions/Related-Conditions/Suicide.
9) https://www.washingtonpost.com/news/to-yourhealth/wp/2016/05/19/guess-what-medical-condition-is-the-costliestits-not-heart-disease-cancer-or-diabetes/?utm_term=.bbe1149ca97c.

1 쥐들의 복수

1) http://www.bic.mni.mcgill.ca/ServicesAtlases/ICBM152NLin2009;

https://surfer.nmr.mgh.harvard.edu/fswiki/FreeSurferMethodsCitation.

2) https://www.nimh.nih.gov/health/statistics/prevalence/schizophrenia. shtml.

3) Gordon M. Shepherd, *Creating Modern Neuroscience: The Revolutionary 1950s* (New York: Oxford University Press, 2010).

4) Barbara K. Lipska, George E. Jaskiw, and Daniel R. Weinberger, "Postpubertal Emergence of Hyperresponsiveness to Stress and to Amphetamine After Neonatal Excitotoxic Hippocampal Damage: A Potential Animal Model of Schizophrenia" *Neuropsychopharmacology* 9 (1993): 67–75, doi:10.1038/npp.1993.44.

5) "Rat or Mouse Exhibiting Behaviors Associated with Human Schizophrenia" U.S. patent no. 5,549,884, issued August 27, 1996, by the United States Patent and Trademark Office.

2 어느 목요일 아침, 오른손이 사라졌다

1) https://www.aimatmelanoma.org/stages-of-melanoma/brain-metastases/.

3 사형선고를 받은 뇌

1) https://www.aimatmelanoma.org/about-melanoma/melanoma-stats-facts-and-figures/.

2) Expanded Access Program with Nivolumab in Combination with Ipilimumab in Patients with Tumors Unable to Be Removed by Surgery or Metastatic Melanoma, ClinicalTrials.gov identi-fier NCT02186249, https://clinicaltrials.gov/ct2/show/NCT02186249?term=CA209-218&rank=1.

4 멈추어 생각하지 못하는 전두엽

1) "Phineas Gage: Neuroscience's Most Famous Patient" Smithsonian.com, http://www.smithsonianmag.com/history/phineas-gage-neurosciences-

most-famous-patient-11390067/.

5 나를 독살하려는 남자

1) Michele L. Ries et al., "Anosognosia in Mild Cognitive Impairment: Relationship to Activation of Cortical Midline Structures Involved in Self-Appraisal" *Journal of the International Neuropsychology Society* 13, no. 3 (May 2007): 450–61.
2) Mental Illness Policy, https://mentalillnesspolicy.org/medical/anosognosia-studies.html.
3) 위와 같음
4) Rachel Aviv, "God Knows Where I Am," *New Yorker*, May 30, 2011.
5) C. Arango and X. Amador, "Lessons Learned About Poor Insight" *Schizophrenia Bulletin* 37, no. 1 (January 1, 2011): 27–28.
6) Nadene Dermody et al., "Uncovering the Neural Bases of Cognitive and Affective Empathy Deficits in Alzheimer's Disease and the Behavioral-Variant of Frontotemporal Dementia" *Journal of Alzheimer's Disease* 53, no. 3 (2016): 801–16.
7) 2015 Alzheimer's Disease Facts and Figures, Alzheimer's Association, https://www.alz.org/facts/downloads/facts_figures_2015.pdf.
8) World Health Organization, http://www.who.int/mediacentre/factsheets/fs362/en/.
9) Association for Frontotemporal Degeneration, https://www.theaftd.org/understandingftd/ftd-overview.
10) Dermody et al., "Uncovering the Neural Bases".
11) K. P. Rankin et al., "Self-Awareness and Personality Change in Dementia" *Journal of Neurology, Neurosurgery, and Psychiatry* 76, no. 5 (2005): 632–9, http://jnnp.bmj.com/content/76/5/632.short.

6 왜 누군가는 지독히 이기적인가

1) G. Iaria et al., "Developmental Topographical Disorientation and Decreased Hippocampal Functional Connectivity" *Hippocampus* 24, no.

11 (November 2014): 1364–4, doi: 10.1002/hipo.22317.

9 무해한 소리조차 감당할 수 없는 존재

1) Ryuji Sakakibara et al., "Urinary Function in Elderly People with and Without Leukoaraiosis: Relation to Cognitive and Gait Function" *Journal of Neurology, Neurosurgery, and Psychiatry* 67 (1999): 658–60.
2) T. M. Hyde et al., "Enuresis as a Premorbid Developmental Marker of Schizophrenia" *Brain* 131 (September 2008): 2489–98, doi: 10.1093/brain/awn167.
3) T. Rees Shapiro, "Harvard-Stanford Admission Hoax Becomes International Scandal" *Washington Post*, June 19, 2015.

10 나는 여전히 같은 사람일까

1) https://www.braininitiative.nih.gov/.

11 그리고 나는 돌아왔다

1) Barbara K. Lipska, "The Neuroscientist Who Lost Her Mind" *New York Times*, March 12, 2016, https://www.nytimes.com/2016/03/13/opinion/sunday/the-neuroscientist-who-lost-her-mind.html.

에필로그

1) Jake Halpern, "A Triathlon Is Easy Next to Soviets and Polio" *Wall Street Journal*, May 22, 2017, https://www.wsj.com/articles/a-triathlon-is-easy-next-to-soviets-and-polio-1495492959.

옮긴이 정지인

부산대 독문과 졸업. 영어와 독일어로 된 책을 우리말로 옮긴다. 옮긴 책으로 《우울할 땐 뇌과학》,
《남보다 더 불안한 사람들》, 《남자는 불편해》, 《혐오사회》, 《트라우마는 어떻게 유전되는가》, 《여성
의 우정에 관하여》, 《무신론자의 시대》, 《무엇이 삶을 예술로 만드는가》 등이 있다.

나는 정신병에 걸린 뇌 과학자입니다

첫판 1쇄 펴낸날 2019년 3월 29일
        6쇄 펴낸날 2022년 2월 17일

지은이 바버라 립스카 · 일레인 맥아들
옮긴이 정지인
발행인 김혜경
편집인 김수진
편집기획 김교석 조한나 이지은 김단희 유승연 임지원 곽세라 전하연
디자인 한승연 성윤정
경영지원국 안정숙
마케팅 문창운 백윤진 박희원
회계 임옥희 양여진 김주연

펴낸곳 (주)도서출판 푸른숲
출판등록 2003년 12월 17일 제2003-000032호
주소 경기도 파주시 심학산로 10(서패동), 3층 우편번호 10881
전화 031)955-9005(마케팅부), 031)955-9010(편집부)
팩스 031)955-9015(마케팅부), 031)955-9017(편집부)
홈페이지 www.prunsoop.co.kr
페이스북 www.facebook.com/simsimpress   인스타그램 @simsimbooks

ⓒ푸른숲, 2019
ISBN 979-11-5675-782-5(03180)

심심은 (주)푸른숲의 인문·심리 브랜드입니다.

* 잘못된 책은 구입하신 서점에서 바꾸어 드립니다.
* 본서의 반품 기한은 2027년 2월 28일까지 입니다.